AF626860

Waldpfade Frankfurt

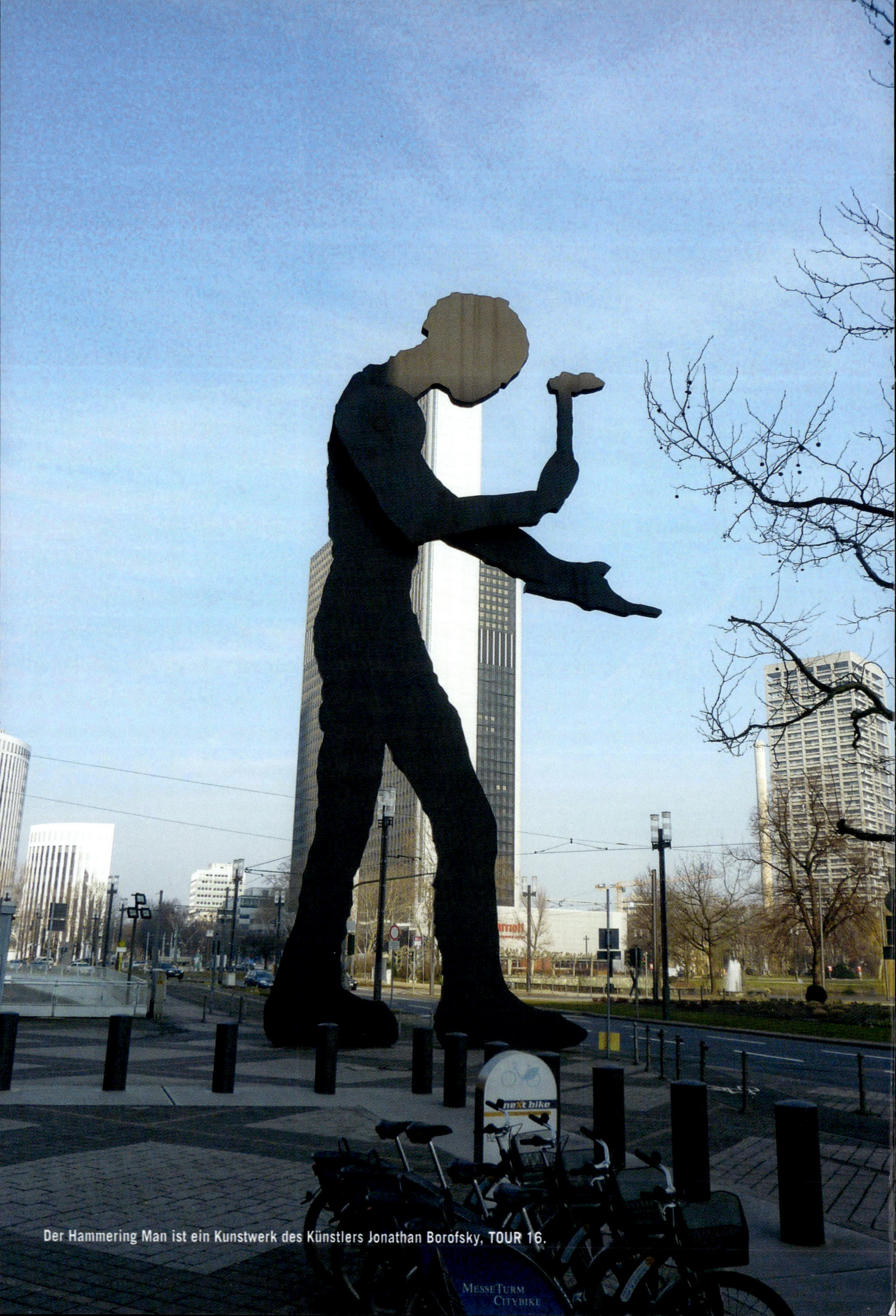

Der Hammering Man ist ein Kunstwerk des Künstlers Jonathan Borofsky, TOUR 16.

Antje Bayer

Waldpfade FRANKFURT

In 35 Touren den »Dschungel vor der Haustüre« mit allen Sinnen erleben

BRUCKMANN

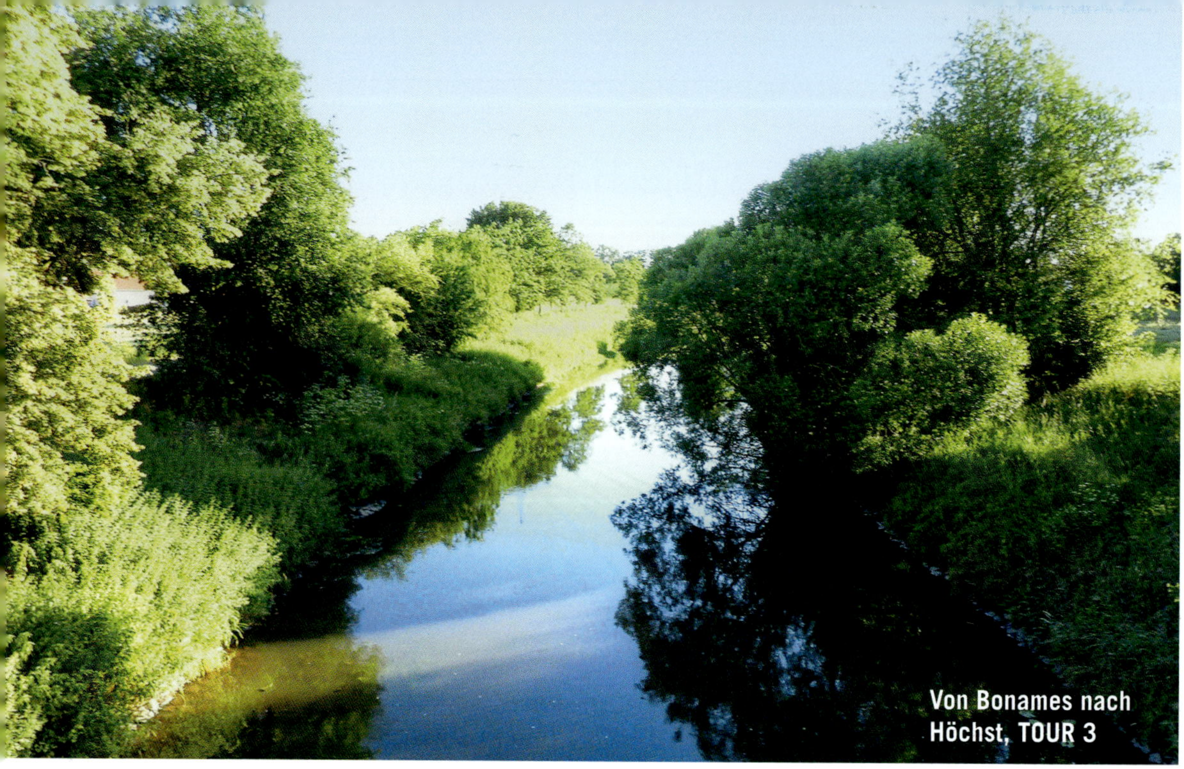

Von Bonames nach Höchst, TOUR 3

Inhalt

Das GrünGürtel-Tier an der Niddaaue, TOUR 2

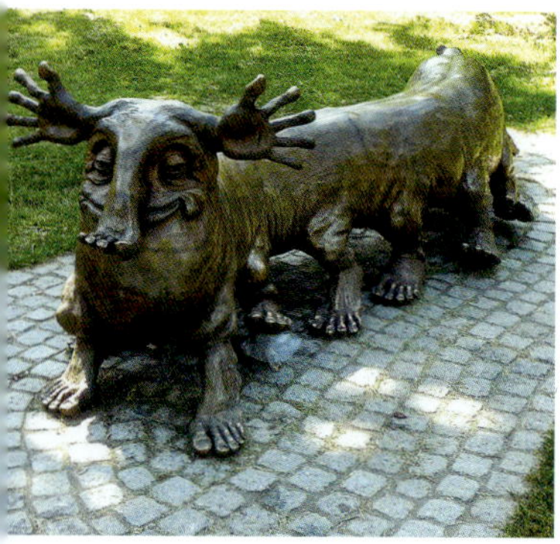

DIE TOUREN

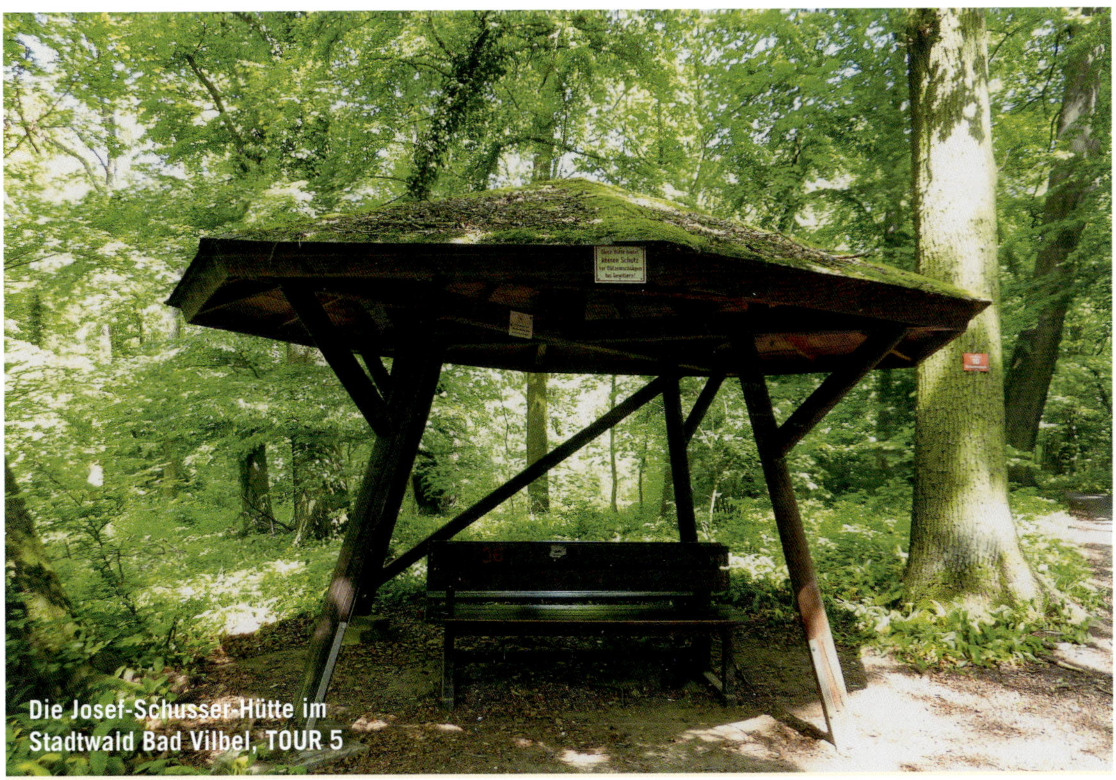

Die Josef-Schusser-Hütte im Stadtwald Bad Vilbel, TOUR 5

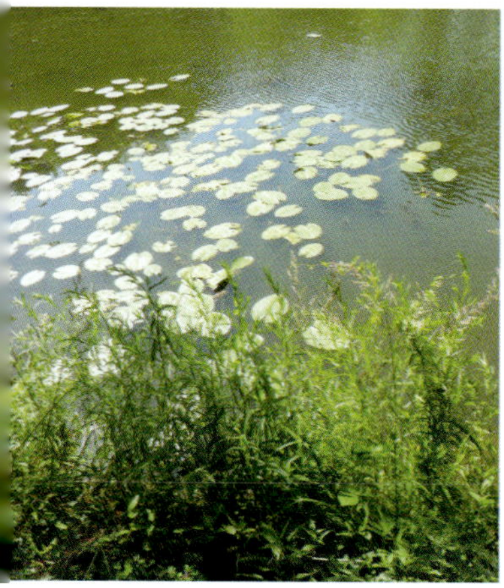

Dort, wo die Frösche quaken, TOUR 21

Im Osten der Stadt 56

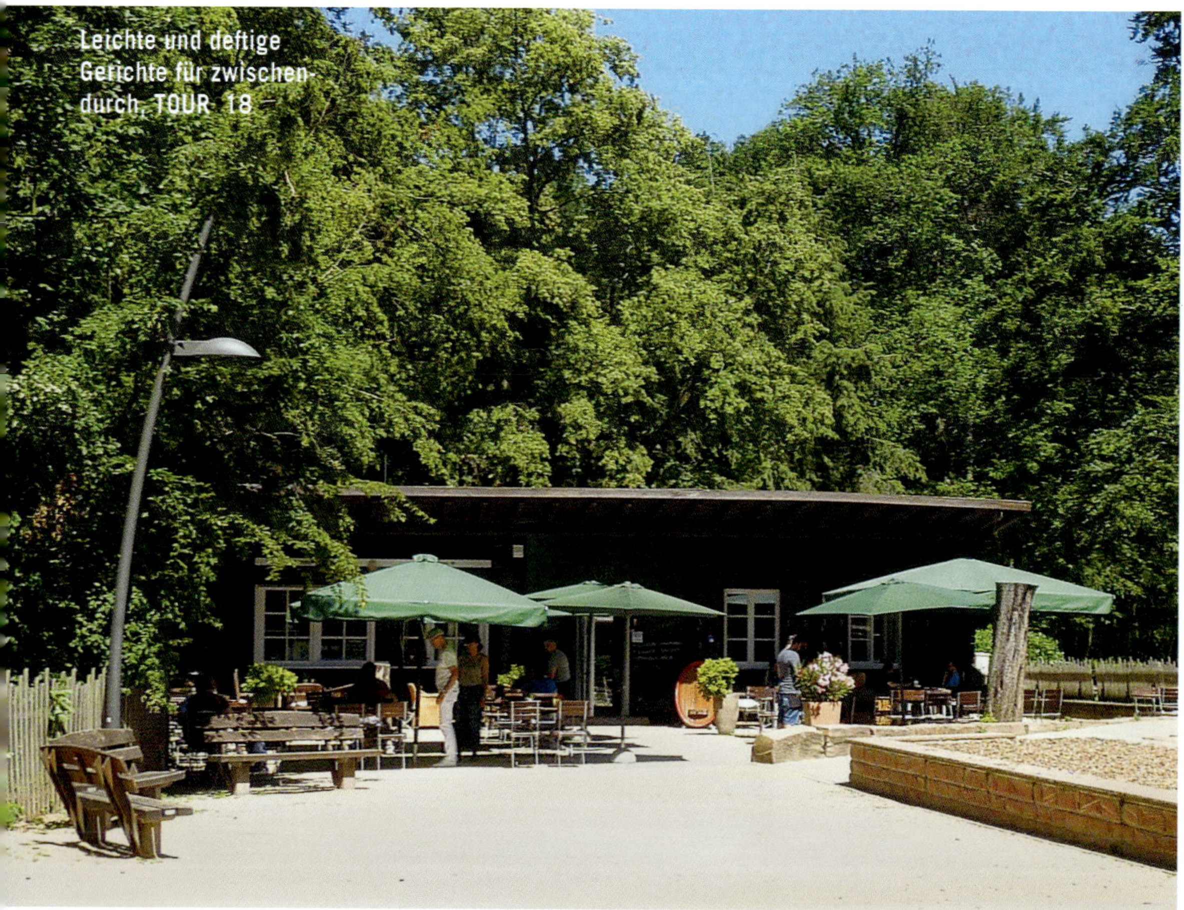

Leichte und deftige Gerichte für zwischendurch, TOUR 18

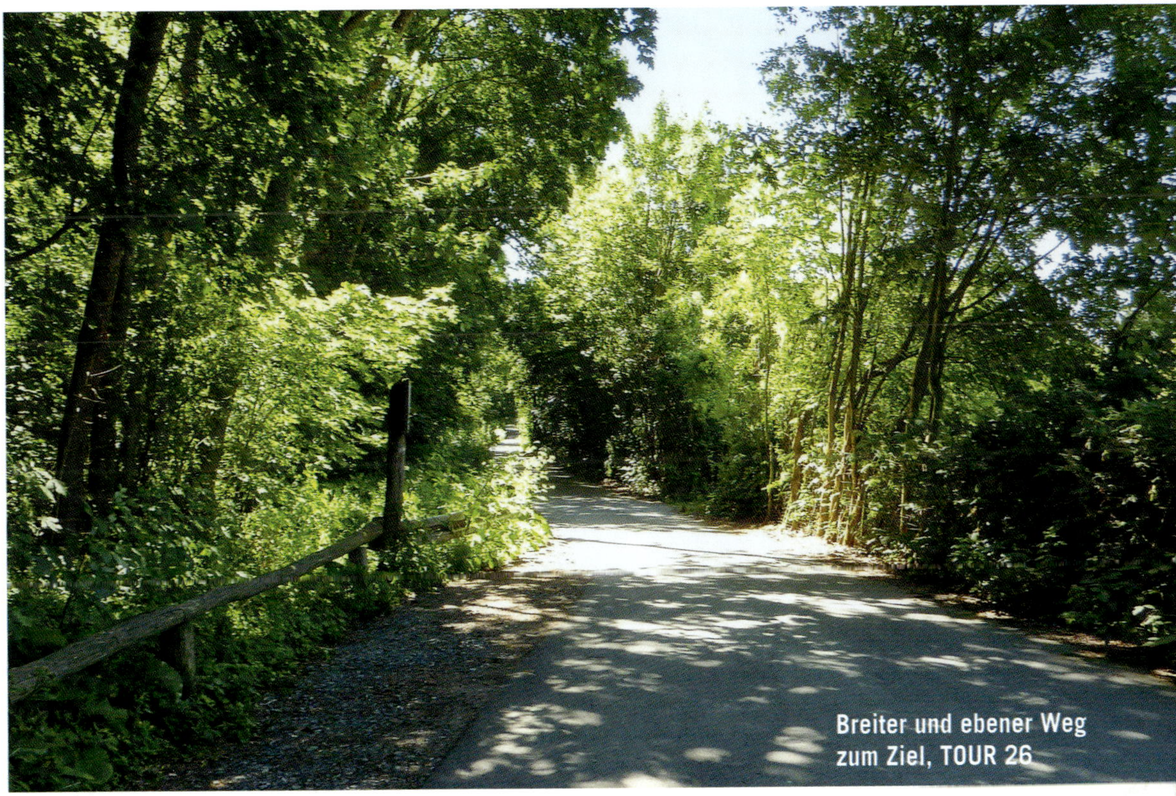

Breiter und ebener Weg zum Ziel, TOUR 26

Gedenkstein Marktrecht Hayn in der Dreieich, TOUR 35

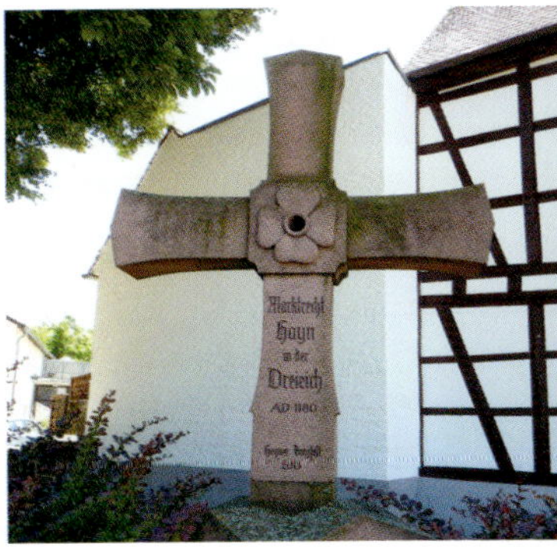

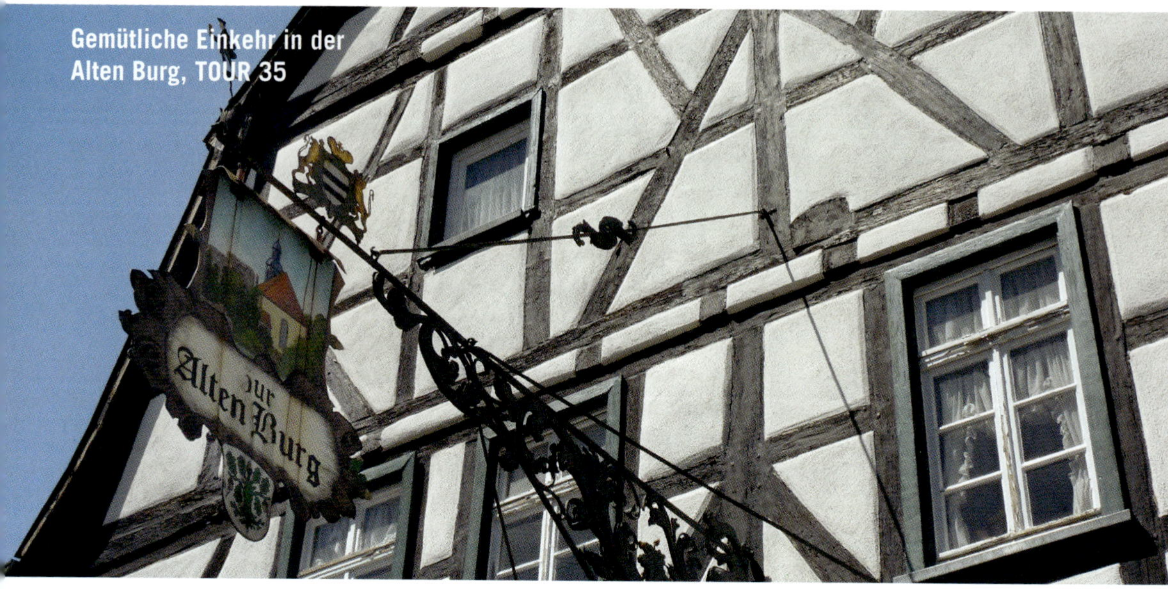

Gemütliche Einkehr in der Alten Burg, TOUR 35

Im Süden der Stadt 130

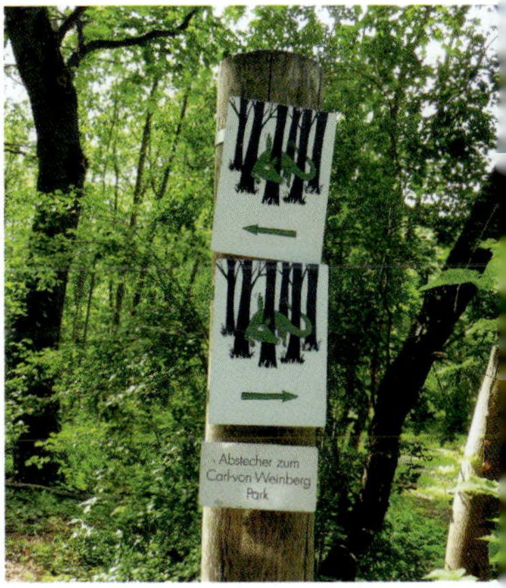

Wegweiser für einen Abstecher zum Carl-von-Weinberg-Park, TOUR 25

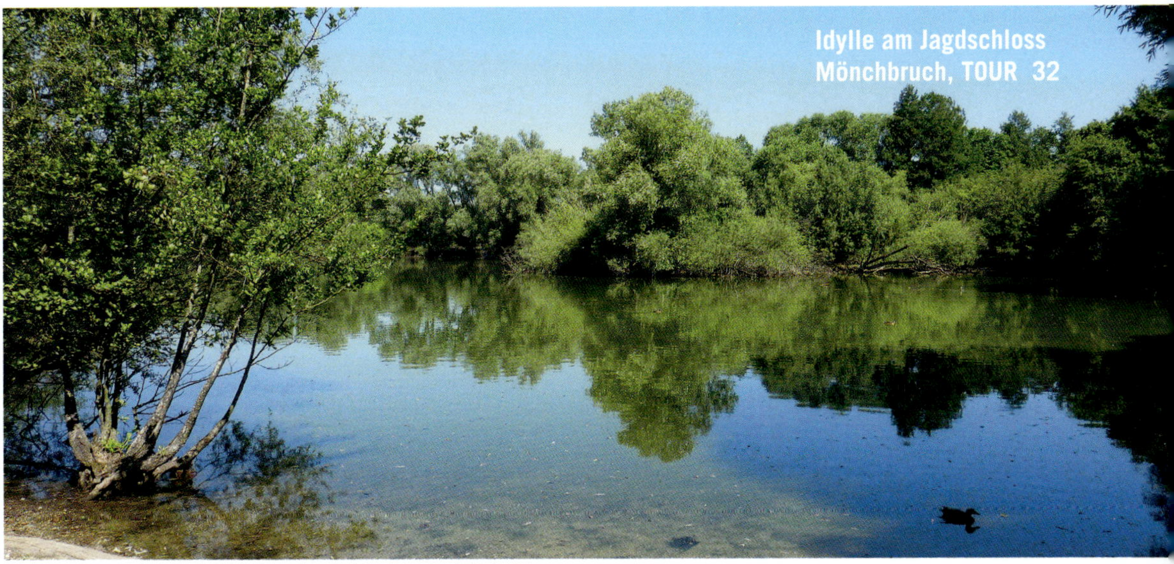

Idylle am Jagdschloss Mönchbruch, TOUR 32

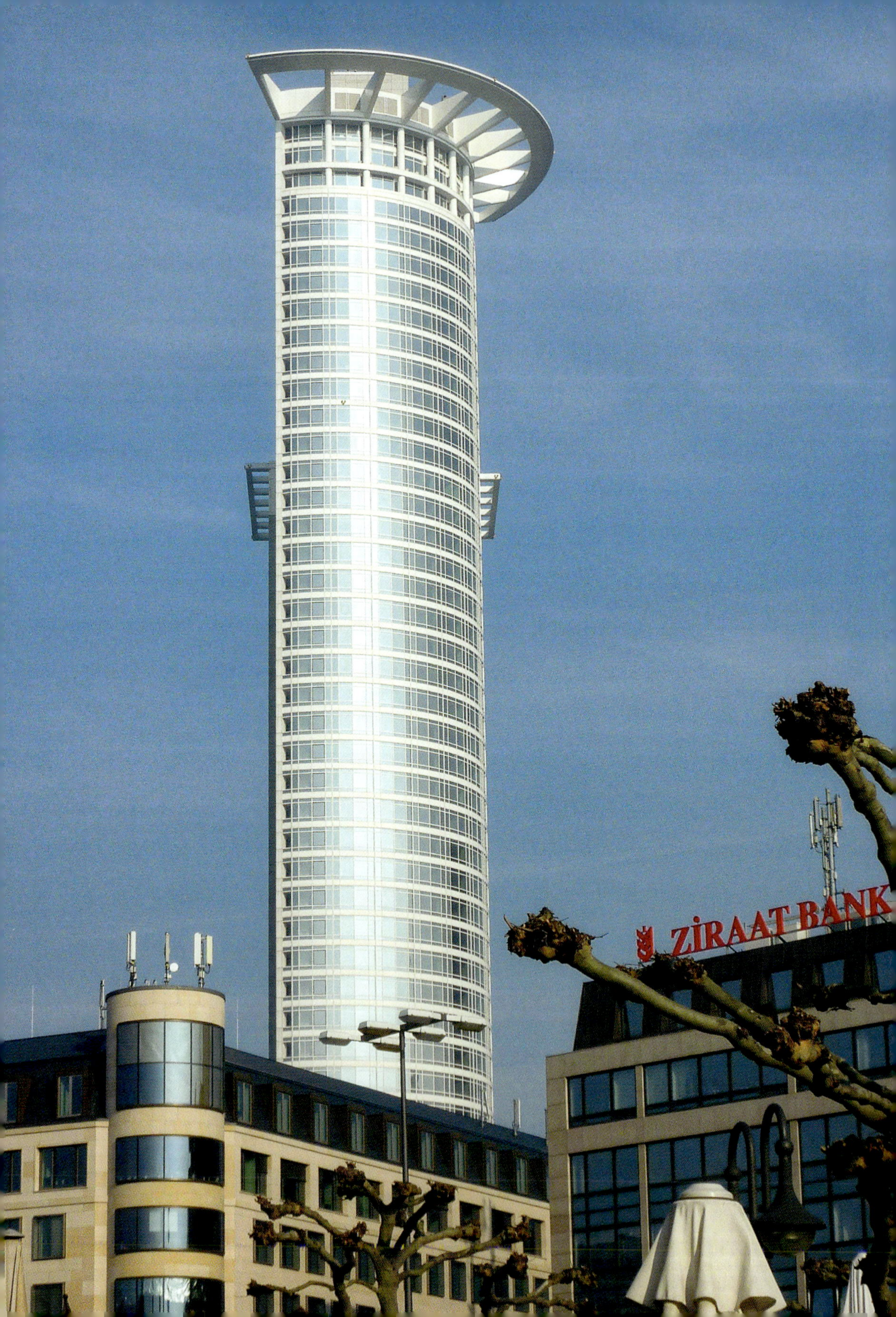
ZİRAAT BANK

Lauschige Fleckchen in der Großstadt

Waldpfade und die Metropole Frankfurt – passt das überhaupt zusammen? Wenn man an Frankfurt denkt, sieht man die langen Einkaufsstraßen und hohen Wolkenkratzer vor sich, Glamour und Glitzer, Promis, Geld und Börse. Deshalb war es doch selbst für mich, die im Taunus lebt, überraschend, dass es innerhalb von Frankfurt und in nächster Umgebung eine Vielzahl von Waldpfaden gibt. Zudem fand ich ganz anheimelnde Plätzchen, die man so innerhalb der Mainmetropole nicht vermuten würde und die selbst vielen Einheimischen nicht bekannt sind.

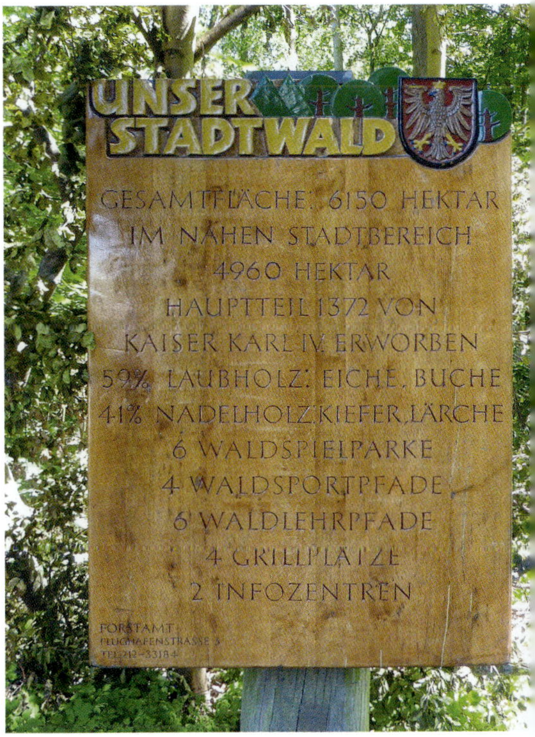

Infotafel zum Stadtwald, TOUR 18

Bei meinen Erkundungen lauschte ich den Vogelstimmen und den plätschernden Bächen und ich sah die vielen Farben der Landschaft vor der Skyline Frankfurts. Die Wege führten an Streuobstwiesen vorbei, durch Naturschutzgebiete und den Stadtwald. Am idyllischen Mainufer konnte ich herrlich entspannen. Ich beobachtete die Enten, aber auch die großen Schiffe auf dem Main, fuhr mit der Fähre oder streifte durch die Parks. Immer wieder traf ich auf Orte und Geschichten, die mit dem Dichter Johann Wolfgang von Goethe verbunden sind. Als Sohn der Großstadt hat er überall seine Spuren hinterlassen und viele Stätten erinnern noch heute an sein Leben und sein Wirken. Außerdem amüsierte ich mich an manch kuriosem Kunstobjekt wie dem »Pinkelbaum« oder den »Monsterkindern«, die sich mitten im Wald befinden. Ich suchte die vier Eichhörnchen auf dem Baum und den Struwwelpeter im Stadtteil Niederrad. Auf meinen Streifzügen kam ich an Apfelweinkeltereien vorbei, an romantischen Fachwerkhäusern, Schlössern und ihren Parks sowie Steinbrüchen, die sich zu einer Oase für Mensch und Tier entwickelt haben. Viele Angler sah ich, dazu Boote im Schilf, und ich beobachtete immer wieder Kaninchen.

Ich fand geheimnisvolle Brunnen und historische Stätten und ging ihren Geschichten auf den Grund. Meine Touren streiften auch Waldspielparks, wo sich Kleine und Große ausgiebig amüsierten, und Fitnessanlagen. Ich entdeckte Grillplätze, romantische Orte für ein Picknick und Liegewiesen zum Entspannen.

Zudem genoss ich die Frankfurter Gastfreundschaft in den »Ebbelwoikneipen«, lernte nebenbei ein paar hessische Redewendungen und genoss es, den Straßenkünstlern zuzusehen.

Ihre Antje Bayer

Linke Seite: Frankfurts Wolkenkratzer, TOUR 16

Einleitung

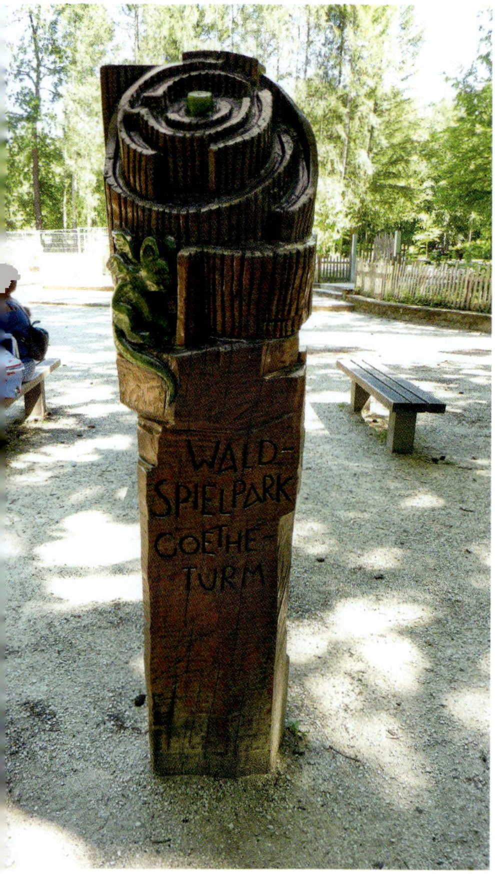

Spiel und Spaß im Waldspielpark Goetheturm, TOUR 18

Frankfurt blickt auf eine lange Geschichte als Messe- und Handelsplatz zurück. Auch heute ist die Stadt einer der bedeutendsten Finanzplätze und Messestandorte in der Welt. Zudem haben sich viele global agierende Unternehmen und Institutionen die Stadt als Standort gewählt. Mehr als 700 000 Einwohner leben in Frankfurt. Die Tendenz ist steigend.

Frankfurt am Main ist für seine Skyline bekannt, die immer weiter in den Himmel wächst und weswegen man die Stadt auch »Mainhattan« nennt. Die meisten Hochhäuser stehen auf engem Raum im Bankenviertel. Sein bekanntestes Wahrzeichen ist der Messeturm mit einer Höhe von knapp 257 Metern. Als ältestes Hochhaus in Frankfurt gilt der Mousonturm, der 1923 bis 1926 errichtet wurde. Ebenfalls berühmt ist der Main-Tower, das einzige Hochhaus mit einer öffentlich zugänglichen Aussichtsplattform auf dem Dach. Ein Fahrstuhl bringt Besucher rasant nach oben, wo sie ein fantastischer Rundumblick über die Stadt erwartet.

Die Metropole Frankfurt am Main ist eine der waldreichsten Großstädte in Deutschland. Gerade der Stadtwald mit einer Fläche von 5000 Hektar ist hier besonders hervorzuheben. Er gilt als der bundesweit größte innerstädtische Forst. Neben dem StadtWaldHaus und mehreren Waldspielparks wie Tannenwald, Scheerwald, Louisa und Am Goetheturm ist er ein geschätztes Ziel der Frankfurter, Offenbacher, Neu-Isenburger und Kelsterbacher. Im Frankfurter Stadtwald gibt es mehrere Gewässer. Einige wurden extra angelegt, um den Wasserhaushalt der Stadt zu regeln. Dazu zählen unter anderem der Jacobiweiher, der Tiroler Weiher, der Maunzenweiher, der Försterwiesenweiher oder auch der Kesselbruchweiher. Die Grastränke ist das einzige Gewässer im Stadtwald, das natürlich entstanden ist.

Der Jacobiweiher ist mit seinen sechs Hektar Wasserfläche das größte Gewässer im Stadtwald und wurde in den Jahren 1931/32 von Oberforstmeister Hans Bernhard Jacobi angelegt. Aufgrund seines Aussehens nennen ihn die Frankfurter auch Vierwaldstättersee. Im Stadtwald wachsen verschiedene Baumarten. Neben Eichen gibt es hier Buchen und Waldfichten. Mehr als 100 Vogelarten haben im Stadtwald ihr Zuhause, darunter Spechte, Graureiher, Eisvögel und Kormorane. Unter den hier vorkommenden Säugetieren sind Wildschweine, Damwild, Füchse, Wildkaninchen und Marder. Zudem lieben Feuersalamander, Erdkröten, Springfrösche oder auch Zauneidechsen diese Gegend.

Neben zahlreichen Waldschneisen, Wald- und Reitwegen sowie Rastplätzen gibt es im Stadtwald auch Waldlehrpfade und Waldsportpfade. An einigen Orten im Wald befinden sich mehrere Holzskulpturen nach Entwürfen des Frankfurter Zeichners, Karikaturisten und Autors F. K. Waechter. Zu den Objekten aus der Reihe »Komische Kunst im Frankfurter GrünGürtel« zählen die Eule im Norwegerpullover, der Monsterspecht und die Monsterkinder sowie der König der Eichhörnchen. Ein weiterer besonderer Ort im Stadtwald ist die Mendelssohnruhe. Der Gedenkstein mit Bronzetafel wurde im Jahr 1909 gestiftet und erinnert an den Komponisten Felix Mendelssohn Bartholdy. Zu seinen Ehren wurde im Juli 1839 an dieser Stelle ein Fest veranstaltet, bei dem einige seiner Werke uraufgeführt wurden.

Ein in Frankfurt sehr bedeutendes Fest ist der Wäldchestag, der jedes Jahr am Dienstag nach Pfingsten auf dem traditionellen Gelände in der Nähe des Oberforsthauses begangen wird. Der Wäldchestag hat eine lange Tradition. Früher hatten Frankfurts Geschäfte an diesem »Frankfurter Nationalfeiertag« ab Mittag geschlossen, und die Menschen wanderten ins Wäldchen zum Volksfest.

Frankfurt ist grün! Rund 200 000 Bäume wachsen in der Stadt – den Stadtwald nicht mitgerechnet. Weitere nahe gelegene Wälder im Raum Frankfurt sind der Schwanheimer Wald, der Fechenheimer Wald oder auch der Riederwald. Hinzu kommen über 40 Parks, die die Frankfurter zur Erholung einladen. Einige sind naturnah und weitläufig wie der Volkspark Niddatal, andere wurden zur Entspannung angelegt wie der Chinesische Garten des Himmlischen Friedens.

Erholungspause für die ganze Familie am Fluss, TOUR 2

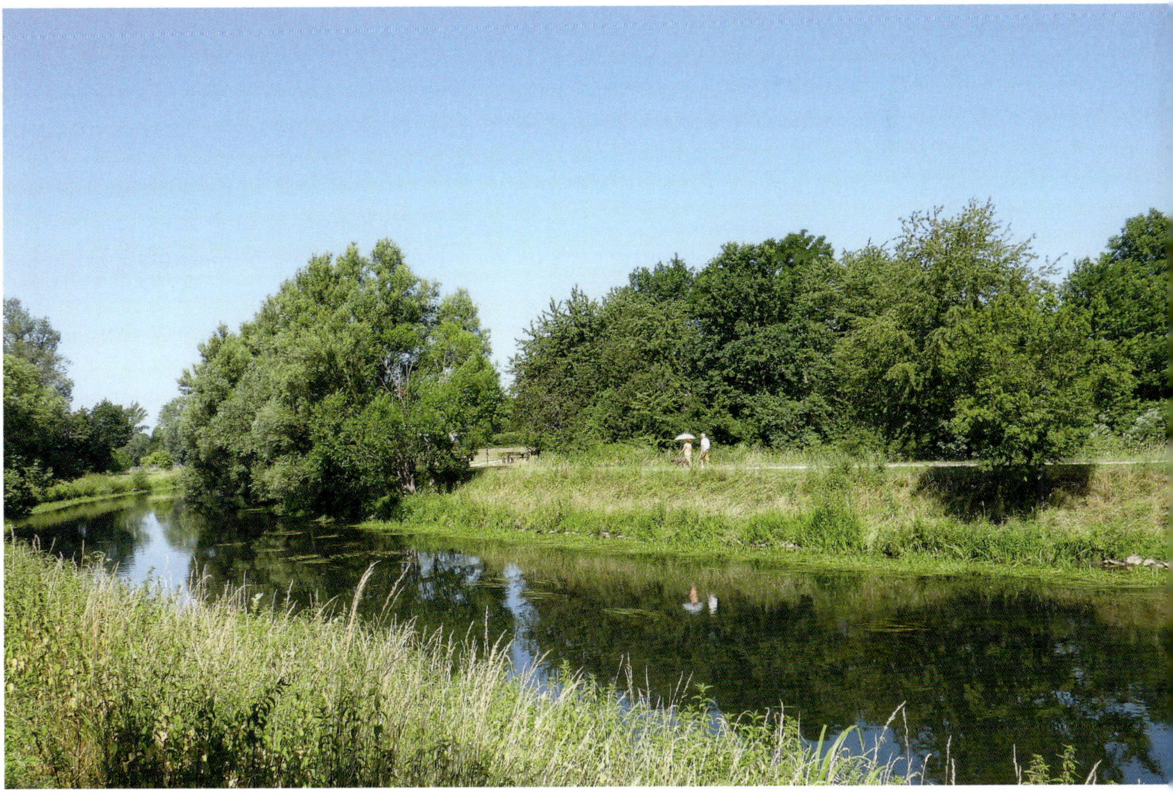

Eine Besonderheit ist der GrünGürtel Frankfurt, der mit seinen Wiesen, Wäldern, Parks, Gärten, Flüssen und Streuobstwiesen ringförmig um die Stadt verläuft. Der GrünGürtel führt durch das Niddatal, den Berger Rücken und auch durch den Stadtwald. Es gibt einen GrünGürtel-Rundwanderweg, der insgesamt 65 Kilometer misst und der in neun kleinere Etappen zwischen fünf und acht Kilometern Länge unterteilt ist. Am Ziel einer jeden Wanderetappe wurde eine Stele aufgestellt, an der Wanderer einen Stempel für ihren Wanderpass erhalten.

Ein weiterer Anziehungspunkt in Frankfurt ist das Mainufer mit seiner beeindruckenden Promenade. Sie ist von Wiesenflächen gesäumt, die zu einem ausgedehnten Picknick oder einem Nickerchen einladen. Wer auf der Promenade spaziert, dem fallen die großen Brücken wie der Eiserne Steg und der Holbeinsteg auf. Der Eiserne Steg ist eine Fußgängerbrücke und ebenso ein Liebling der Frankfurter wie der Dom, der Römer oder auch die Paulskirche. Mit einer Länge von 173 Metern und einer Breite von 5,5 Metern bietet er reichlich Platz für Einheimische und Besucher. Die Brücke wiegt etwa 500 Tonnen und verbindet die Frankfurter Innenstadt mit Sachsenhausen. Am 20. Juli 1868 erhielt der Bau die königliche Genehmigung und knapp ein Jahr später konnte der Oberbürgermeister Daniel Heinrich Mumm von Schwarzenstein den Eisernen Steg eröffnen. Heute zieren Tausende Liebesschlösser die Brücke – ein Brauch, der vor etwa zehn Jahren aus Italien in die Mainmetropole kam: Liebende hängen ein Vorhängeschloss an die Brücke und werfen den Schlüssel in den Main, um damit ihre Liebe zu besiegeln. Seither ist der Eiserne Steg ein wenig bunter geworden.

Von der Promenade aus haben Jogger, Radfahrer und Spaziergänger einen herrlichen Blick auf die Skyline, und am Mainufer gehen die Ausflugsschiffe auf große Fahrt. Zudem befinden sich hier einige Museen, etwa das Filmmuseum, das Architekturmuseum und mehrere Kunstmuseen.

Hessischer Dialekt

Die Altstadt der Metropole, TOUR 16

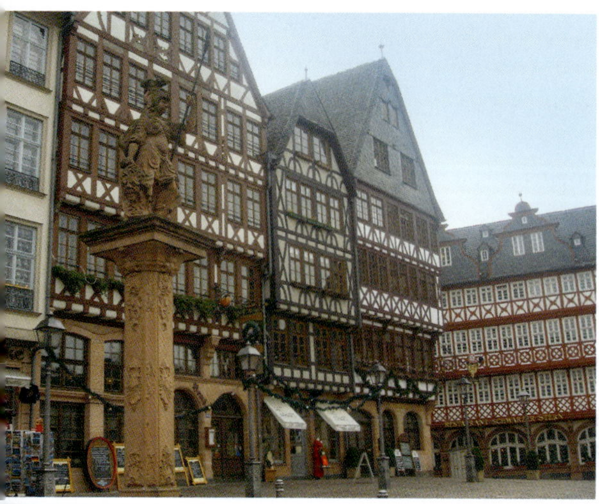

Selbst ein Frankfurter mit hochdeutscher Aussprache benutzt gern typisch hessische Wörter. Während die alten Dialekte der Region nach und nach verschwunden sind, hört man in Frankfurt und der näheren Umgebung heute vor allem das sogenannte Neuhessisch, das durch Komiker wie Bodo Bach überregional bekannt wurde. Im Frankfurter Raum kommen noch typische Begriffe hinzu. So zählen zum Frankfurterischen Ausdrücke wie *Jardengelsche* (kleiner Garten), *Dribbdebach* (südliche Mainseite) und *Hibbdebach* (nördliche Mainseite). Dass der Zugezogene als Eingeplackter bezeichnet wird und dass *Schawellsche* ein Hocker ist, erschließt sich nur Einheimischen. *Schneubisch* nennt man eine wählerische Person, der Hinterhältige heißt *Lumbeseckel*, der Einfaltspinsel *Hannebambel* und wenn jemand *ääbsch* ist, dann meinen die Frankfurter damit unfreundlich.

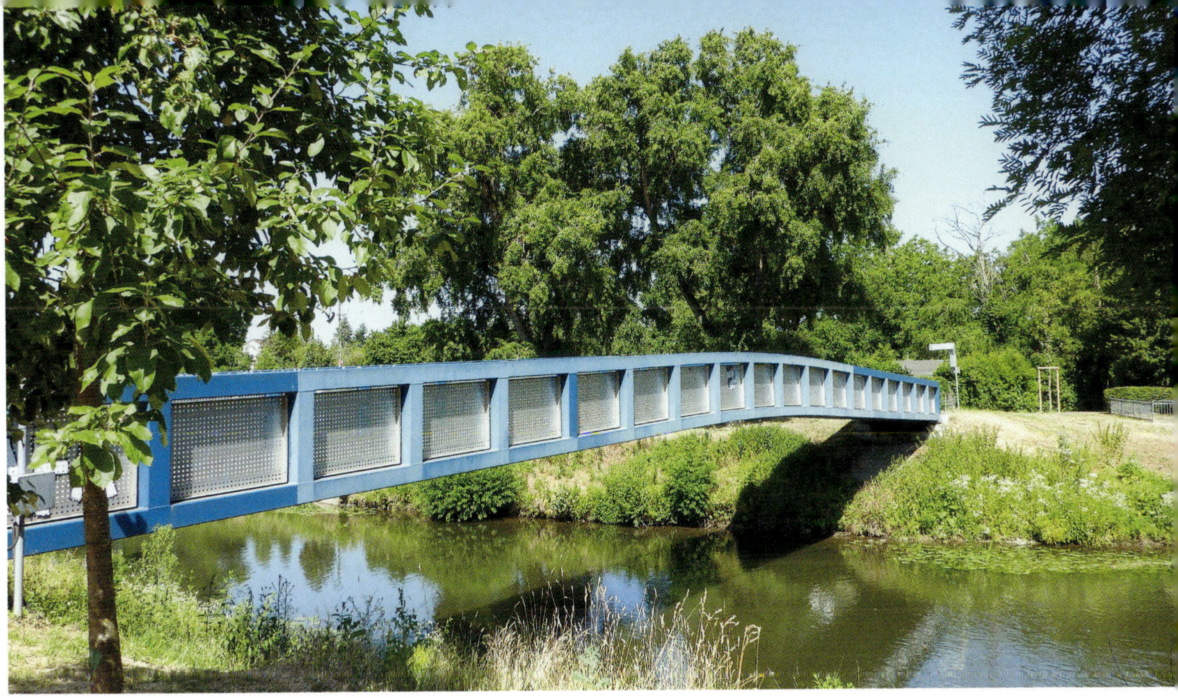

Praktische Informationen

Viele Brücken an der Nidda, TOUR 2

Reisen in Frankfurt

Mit den öffentlichen Verkehrsmitteln ist man in Frankfurt gerade an Werktagen am schnellsten und auch preisgünstig unterwegs. Neben Bussen können mehrere U-Bahn- und Straßenbahnlinien genutzt werden.
Wer motorisiert ist, findet ausreichende P+R-Parkplätze, an denen er sein Auto oder Motorrad abstellen kann und von wo die Frankfurter Innenstadt mit den regelmäßigen Bus- und S-Bahn-Verbindungen problemlos erreicht werden kann (Bahn: www.bahn.de; Bus: www.rmv.de).
Mit der Rhein-Main-Card sparen sowohl Einzelpersonen als auch Gruppen! Die Karte ist für zwei Tage gültig und gilt in allen öffentlichen Verkehrsmitteln (ausgenommen Fernverkehr) im gesamten RMV-Tarifgebiet. Zudem gibt es Ermäßigungen auf die Eintrittspreise von Freizeit- und Kultureinrichtungen. Online kann die Karte über www.frankfurt-tourismus.de bestellt oder persönlich an einer der ca. 50 Verkaufsstellen erworben werden.
Bei nur wenigen Touren in diesem Wanderführer sind Ausgangspunkt und Endpunkt verschieden. Hier ist eine sorgfältige Tourenplanung mithilfe der Karte nötig.

Beste Jahreszeit

Das Frankfurter Klima ist mild mit wenigen Niederschlägen. Klimatisch zählt Frankfurt zu den wärmsten Regionen in Deutschland.

Tourenplanung

Bei den Wanderungen ist es empfehlenswert, eine Karte mitzunehmen. Häufig fehlen Markierungen oder sie sind nicht mehr gut sichtbar. Die angegebenen Gehzeiten wurden großzügig vermerkt. Größere Pausen für ein ausgiebiges Picknick, zum Sammeln von Waldsouvenirs oder zum Fotografieren wurden hierbei allerdings nicht eingerechnet. An diesem Punkt möchte ich gern darauf hinweisen, dass sich die jeweilige Geschwindigkeit des einen Wanderers von anderen unterscheiden kann.

Ausrüstung

Ich empfehle generell bei Wanderungen ein gutes und festes Schuhwerk. Lockere, der Jahreszeit angepasste Kleidung im Zwiebellook und ein Rucksack für Snacks und Getränke sind bei längeren Touren unerlässlich. Sonnenschutz im Sommer und eine leichte Regenjacke sind je nach Bedarf und Jahreszeit zu empfehlen.

Wege und Karten

Neben gut markierten Wegen gibt es auch Routen, bei denen Spürsinn und Orientierungsvermögen gefragt sind. Als zusätzliche Wanderkarten sind KOMPASS Wanderkarte Frankfurt und Umgebung: Wanderkarten-Set mit Radrouten und Naturführer (1:50 000; Band 828) und die GrünGürtel-Freizeitkarte im Maßstab 1:25 000 mit Fahrradwegen, Wanderwegen und Regionalparkrouten, erhältlich bei allen Touristinformationen, empfehlenswert.

Rechte Seite: Zeitzeugen der Vergangenheit im Verkehrsmuseum, TOUR 24

Unten: Malerisches Ambiente, TOUR 3

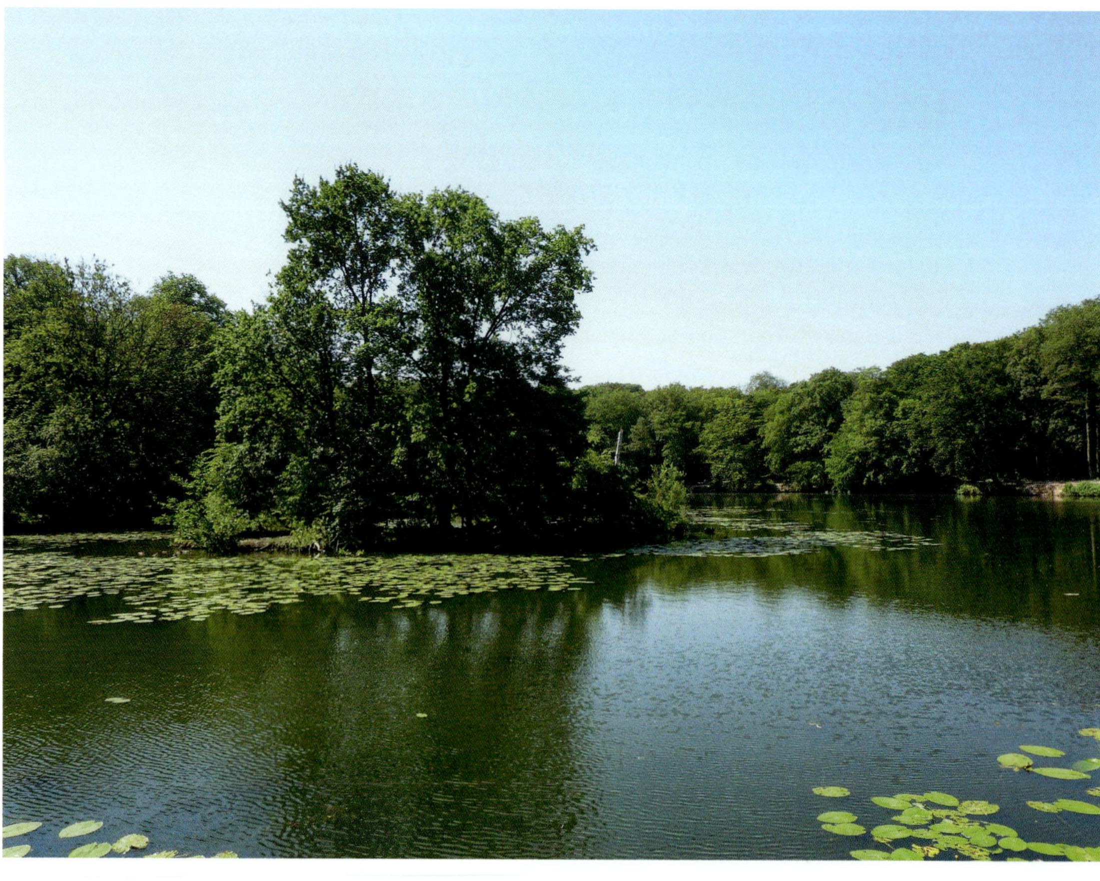

Auskunft

Tourist-Information Hauptbahnhof, Empfangshalle, Mo–Fr 8–21 Uhr, Sa–So 9–18 Uhr

Tourist-Information Römer, Römerberg 27, Mo–Fr 9.30–17 Uhr, Sa–So 9.30–16 Uhr

Köstliches für die Wanderpause

Zu jeder Tour gibt es Empfehlungen für Einkehrmöglichkeiten wie Cafés oder Restaurants. Die Küche in Frankfurt ist gutbürgerlich. Ob die berühmte Grüne Soße, Frankfurter Rippchen, Schweinshaxe oder Handkäs mit Musik mit oder ohne ein Glas frisch gekelterten sauer oder süß gespritzten Apfelwein – das Essen in der Region ist ein Genuss.

Bitte beachten Sie: Nicht alle Lokalitäten haben an allen Tagen im Jahr geöffnet. Um sich besser vorzubereiten, ist es empfehlenswert, die entsprechende Website zu besuchen oder vor einem geplanten Besuch telefonisch die Öffnungszeiten zu erfragen.

Schwierigkeiten

Die Touren sind drei Schwierigkeitskategorien zugeordnet. Es hängt aber auch vom jeweiligen Wanderer ab, ob eine Tour z. B. als leicht empfunden wird.

● **Leicht:** wenige Höhenmeter und kurze Strecken auf guten Wegen.

● **Mittel:** Hier ist ein wenig Ausdauer erforderlich.

● **Schwer:** Diese Wanderungen sind eine Herausforderung und durch eine längere Gehzeit geprägt.

Für alle Wanderungen gilt: Zum Teil fehlen Markierungen und Hinweisschilder und im Wald haben sich viele Trampelpfade gebildet. Auch wenn alle Wege mit größter Sorgfalt beschrieben sind, kommt es vor, dass Orte und Wege sich im Lauf der Jahre stark verändern. Ich möchte deshalb darauf hinweisen, dass weder der Verlag noch ich für die Aktualität der Angaben garantieren kann.

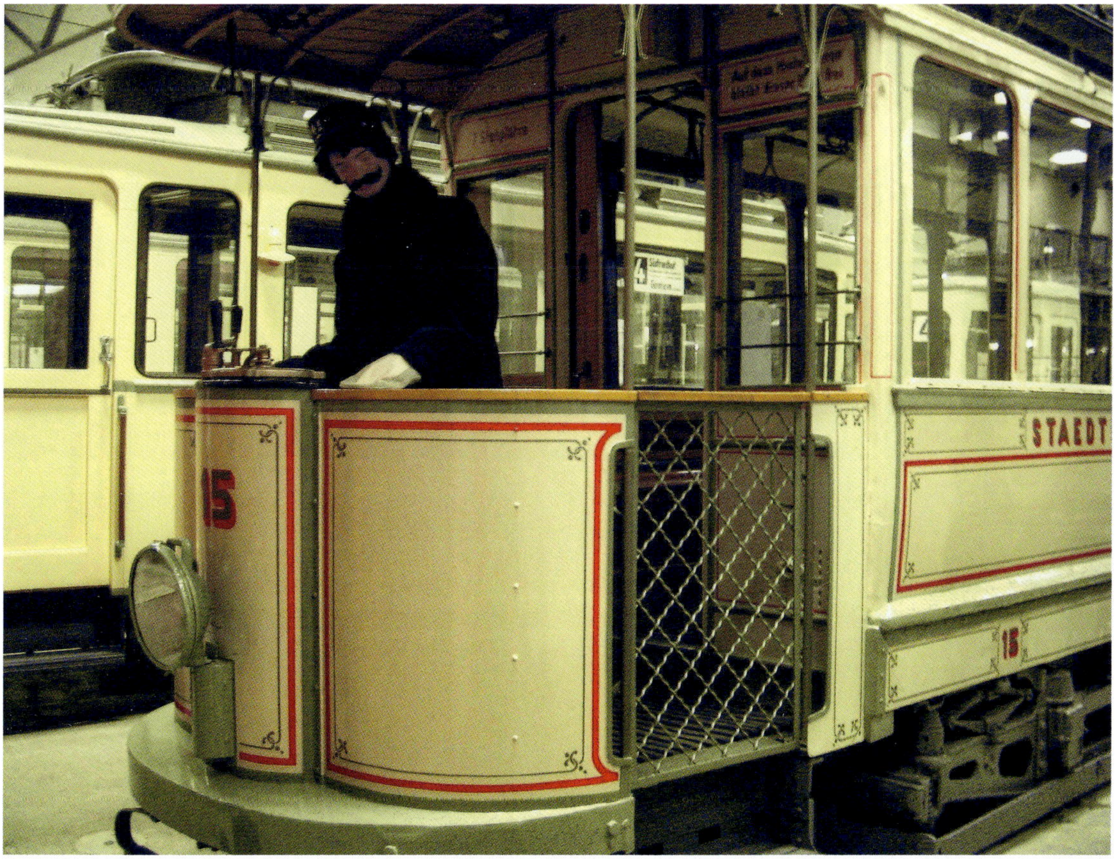

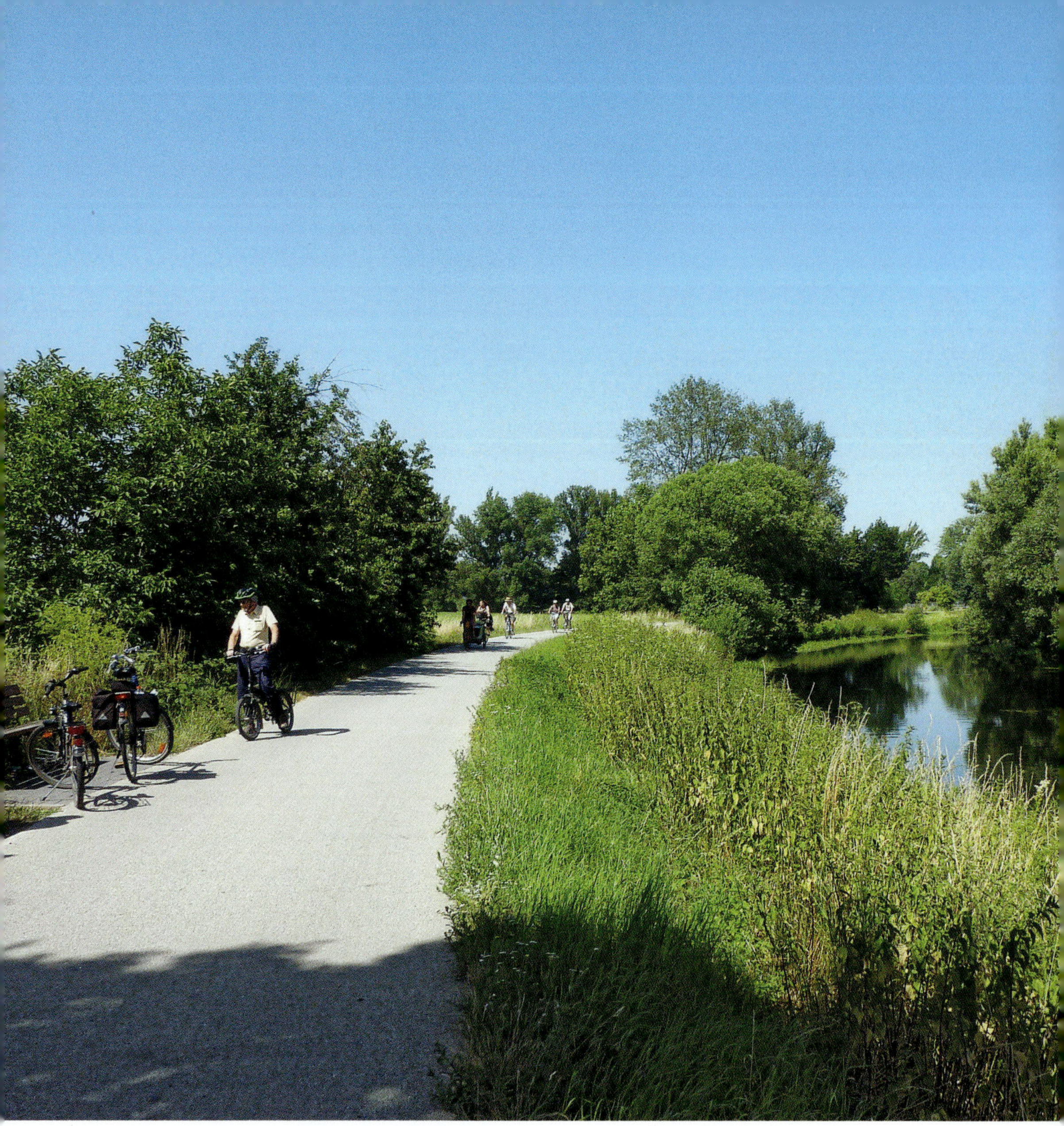

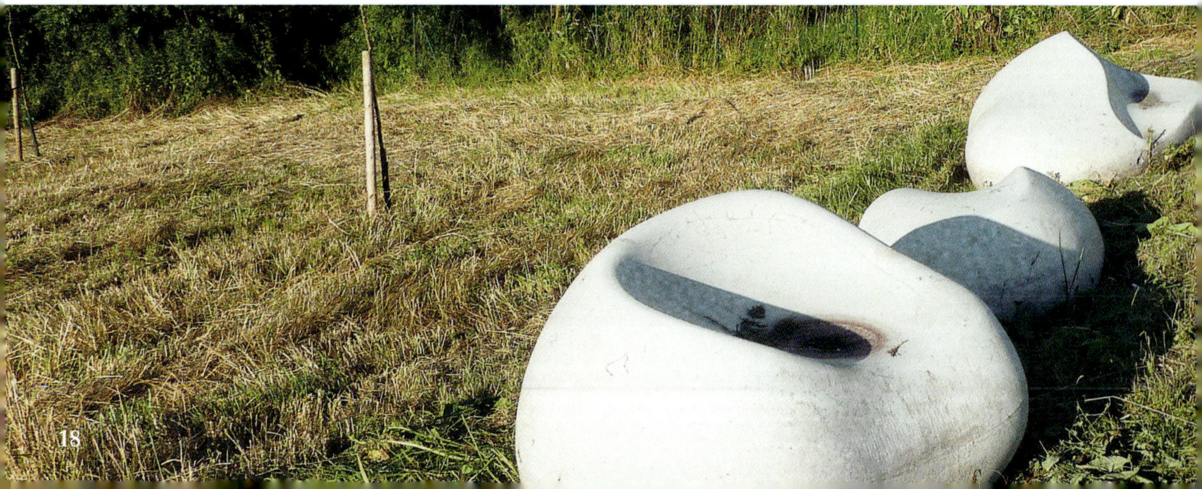

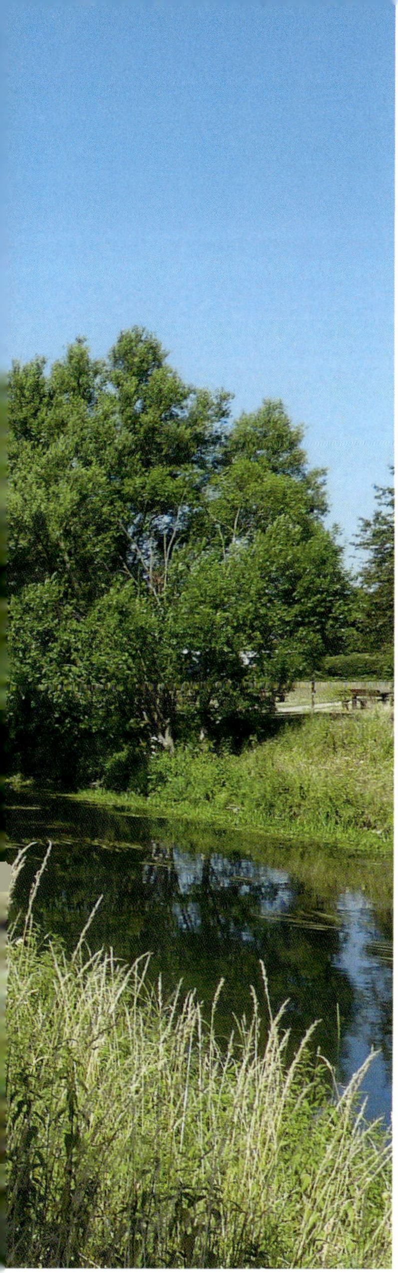

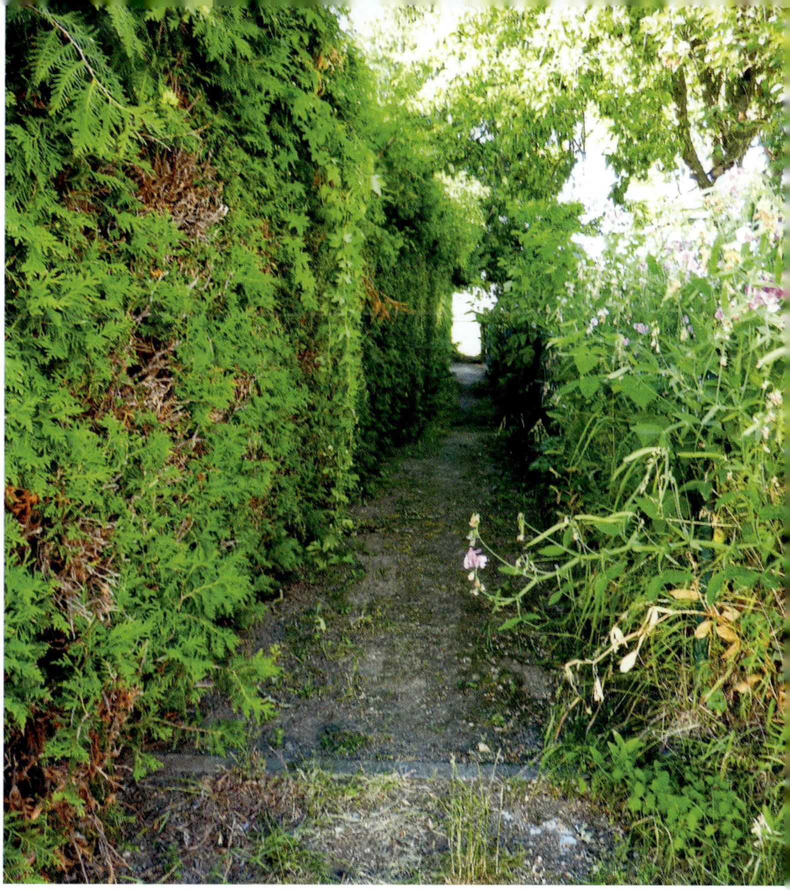

Im Norden der Stadt

Mit dem Fahrrad die Niddaaue erkunden (o. li., Tour 2); kleiner geheimnisvoller Pfad (o. re., Tour 2); Ziehbrunnen vor dem Alten Rathaus in Bad Vilbel mit den Wasserbuben (u. re., Tour 5), große Kieselsteine entlang des Weges (u. li.,Tour 2).

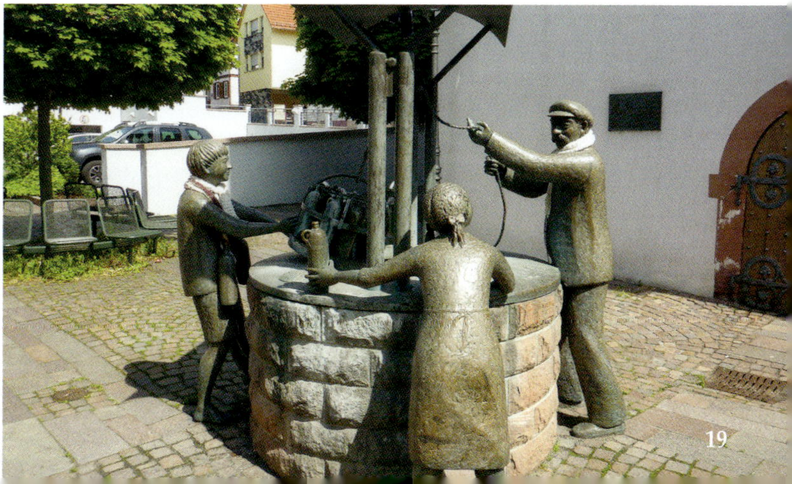

1

Im Stadtwald Karben

Ameisen im Wald

Mittel 3.5 Std. 181 Hm 16 km

Tourencharakter
Mittelschwere Rundwanderung auf überwiegend unmarkierten Wegen durch Wald und Feld

Ausgangs- und Endpunkt
Waldfriedhof Klein-Karben, Büdesheimer Straße, 61184 Karben

Höchster Punkt
Stadtwald (180 Hm)

Anfahrt
Auto: Über die B3 oder B521 nach Klein-Karben in die Rendeler Straße, von dort in die Büdesheimer Straße abbiegen
Bahn & Bus: Mit der S6 bis Groß-Karben Bahnhof, weiter mit dem Bus FG72 bis Haltestelle Friedhof

Gehzeiten
Waldfriedhof – Stadtwald Karben 1.5 Std. – Waldfriedhof 2 Std.

Beste Jahreszeit
Januar bis Dezember

Einkehr
Restaurant Fleißiges Liezchen, Günther-Reutzel-Weg 4, 61184 Karben, www.fleissiges-liezchen.de

Karte
Kompass Wanderkarte Frankfurt und Umgebung, Nr. 828

Infos
Rathaus Karben, Rathausplatz 1, 61184 Karben, www.karben.de

Die Wanderung führt auf ebenen Feld- und Waldpfaden zu idyllischen Plätzen im Karbener Stadtwald wie auch zum Buchwald. Schöne Aussichten auf die Umgebung und geologische Highlights für Kenner machen die Tour besonders erlebnisreich.

Der Ⓐ **Waldfriedhof in Klein-Karben** ist der Startpunkt für die idyllische Wanderung auf Feldwegen und durch den Stadtwald. Hier befindet sich auch gleich nebenan der ❶ **Rosenhang**, an dem über 700 Rosensorten wachsen. Neben Gallica- oder Essigrosen, Albarosen und Centifolien

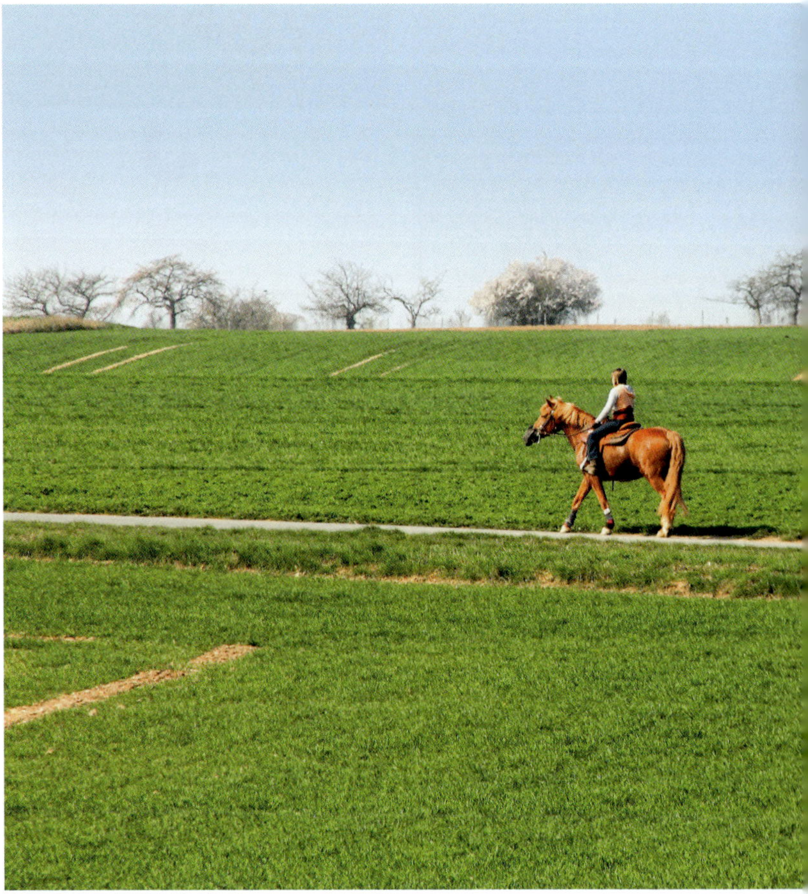

Weitläufige Felder rund um den Stadtwald

können Portland-, Bourbon- oder Remontantrosen auf dem 5000 Quadratmeter großen Gelände bestaunt werden. Gerade Ende Mai lohnt es sich, dem Rosengarten einen Besuch abzustatten. Die verschiedenen Düfte und die Farbenpracht verwöhnen die Sinne. Zudem gibt es viele Insekten und Vögel auf dem wildromantischen Gelände.

Am Ludwigsbrunnen

Im Jahr 1411 wurde der Ludwigsbrunnen erstmals erwähnt. Am modernen Brunnengebäude erläutern Inschriften in den Stelen die Zusammensetzung des Wassers. In direkter Nähe gibt es einen Ruhebereich, der mit Bänken und Liegen die Vorbeikommenden zum Verweilen und Entspannen einlädt.

Über die Felder Direkt vor dem Haupteingang des Waldfriedhofs stehend, wenden wir uns nach rechts und laufen auf dem gepflasterten Weg am Feld und an einer Streuobstwiese entlang. Bei schönem Wetter hat man hier einen wunderschönen Blick auf Rendel, einen Stadtteil von Karben, und die Umgebung von Klein-Karben. Ein kurzes Stück rechts entlang gelangen wir zur L3205 zwischen Karben und Rendel. Kurz bevor wir Rendel erreichen, führt uns ein Feldweg wieder links hoch zu einer Anhöhe. Geradewegs weiter können wir Büdesheim sehen. Büdesheim liegt direkt an der Niddatalbahn und wurde erstmals im Jahr 802 als Butensheim urkundlich erwähnt.

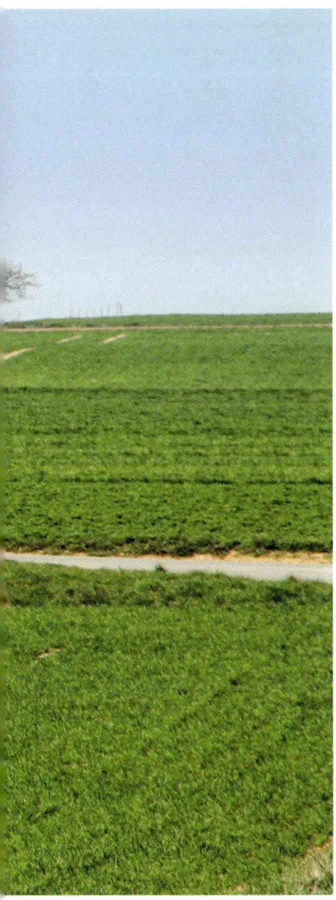

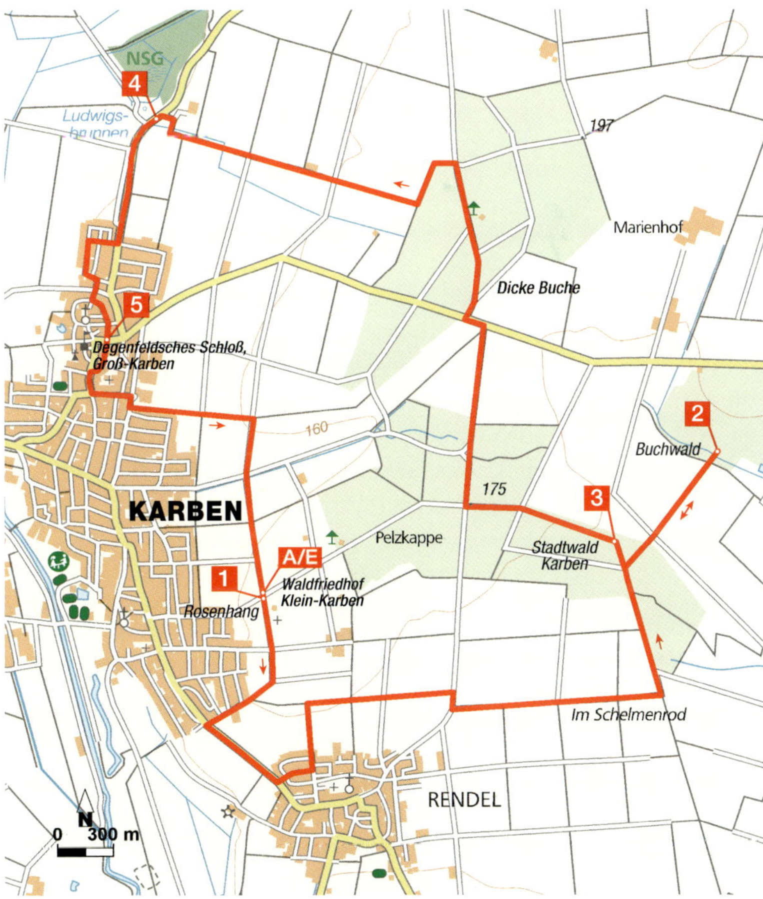

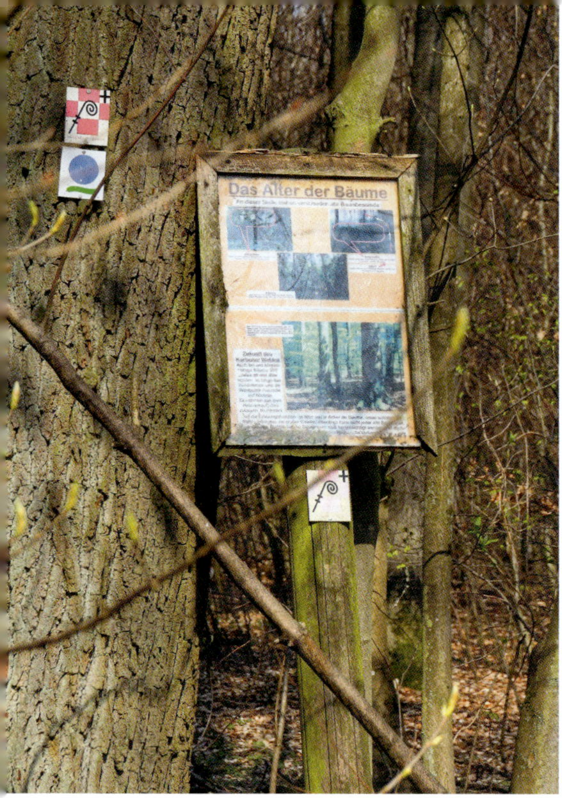

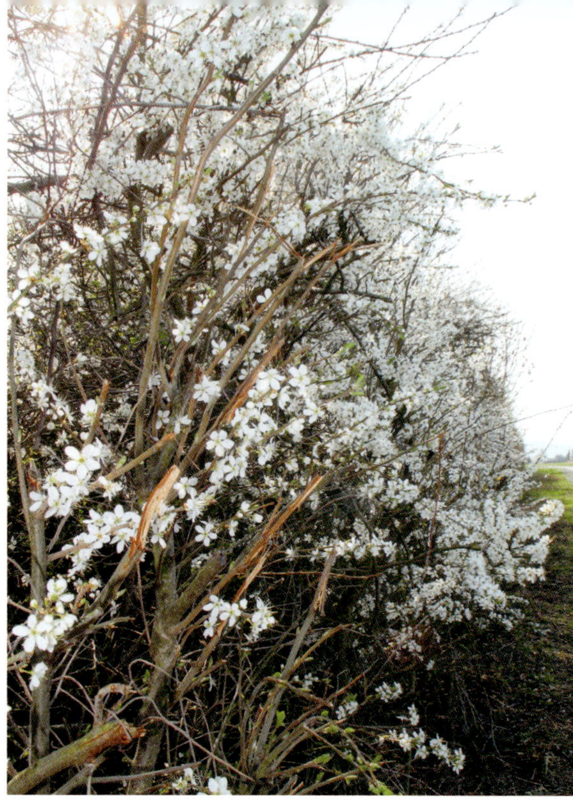

Links: Hinweistafel zur Altersbestimmung von Bäumen

Rechts: Blühende Sträucher auf den Feldern

In den Wald hinein Nachfolgend halten wir uns links. Jetzt können wir auch den Waldrand sehen, den wir auf direktem Weg ansteuern. Ein kurzes Stück am Rand des Waldes entlang, tauchen wir nun in den Stadtwald ein. Wunderschön sind die knorrigen Bäume, die ein Dach über dem Wanderweg bilden. Weiter auf dem Waldweg, erreichen wir eine Informationstafel und eine große hölzerne Waldameise. Hier sehen wir eine Reihe von kleinen Ameisenhaufen, die von den Ameisenwarten des NABU mit gelben nummerierten Pfosten gekennzeichnet wurden. Gerade nach der Winterpause lässt sich die Geschäftigkeit der fleißigen Tiere gut beobachten. Weiter auf unserem Weg kommen wir an eine Gabelung. Rechts führt uns der Büdesheimer Weg wieder in einen Waldabschnitt, der uns links auf einem kleinen Pfad auch wieder herausführt. Nun haben wir eine kleine Wiese erreicht und halten uns ein kurzes Stück links und gleich wieder rechts. Nach wenigen Minuten haben wir den ❷ **Buchwald** erreicht.

Vom Buchwald nach Klein-Karben Vom Buchwald führt die Route durch den letzten Waldabschnitt wieder zurück und wir halten uns auf dem Büdesheimer Weg weiter geradeaus. Tief tauchen wir in den ❸ **Stadtwald Karben** ein. An der Kreuzung biegen wir rechts Richtung Gräfenrode ab. Nachdem wir den Wald hinter uns gelassen haben, können wir den schönen Ausblick genießen. Nach Überquerung der L3351 kommen wir am ❹ **Ludwigsbrunnen** vorbei. Wieder zurück auf der L3351, halten wir uns Richtung Groß-Karben. Rechts biegen wir in die Limesstraße und gleich wieder links in die Straße Am Ludwigsbrunnen ein, die später in die Gräfenroder Straße übergeht. Rechts führt uns die Westliche Ringstraße zum ❺ **Degenfeldschen Schloss**. Dieses wurde von Anna-Maria von Hutten-Stolzenberg zu Steinbach im

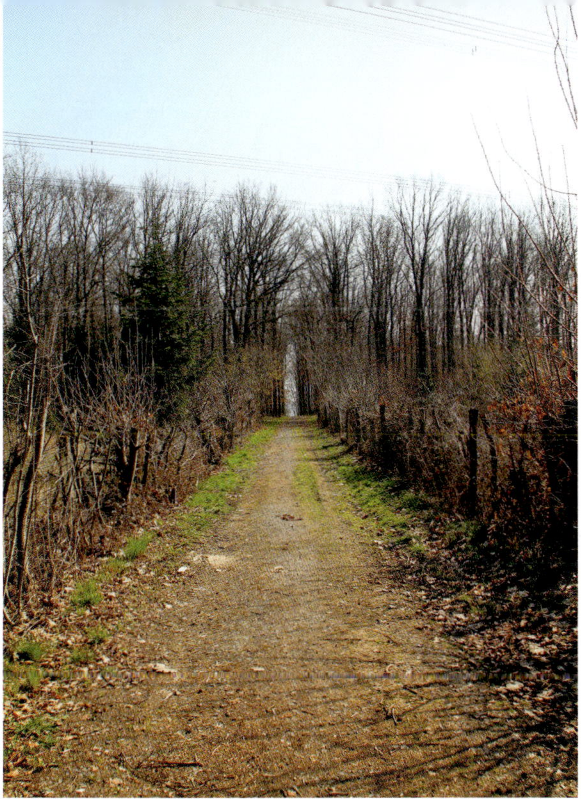

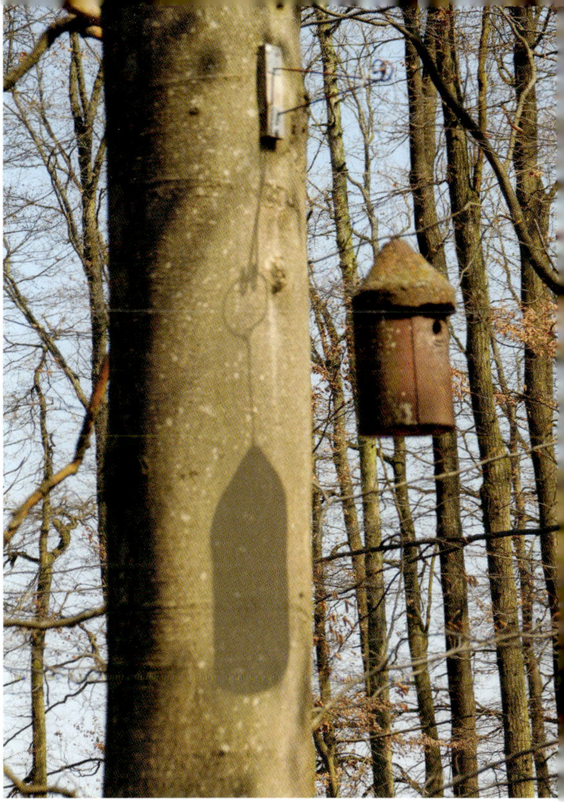

Jahr 1728 erbaut. Später, nach mehreren Besitzerwechseln, kaufte es der österreichische General von Degenfeld-Schomburg und schließlich erwarb die Gemeinde Karben das Schloss, bevor es im Jahr 2013 in Privatbesitz überging.

Weiter führt uns die Tour über die Burg-Gräfenröder-Straße, die Bahnhofstraße und dann links in die Weingartenstraße. Nun noch ein Stück auf der Straße Am Kirschenberg entlang, und wir erreichen in Kürze den E **Waldfriedhof Klein-Karben** und unseren Parkplatz.

Links: Gemütliche Waldwege im Stadtwald

Rechts: Nisthilfe für Vögel

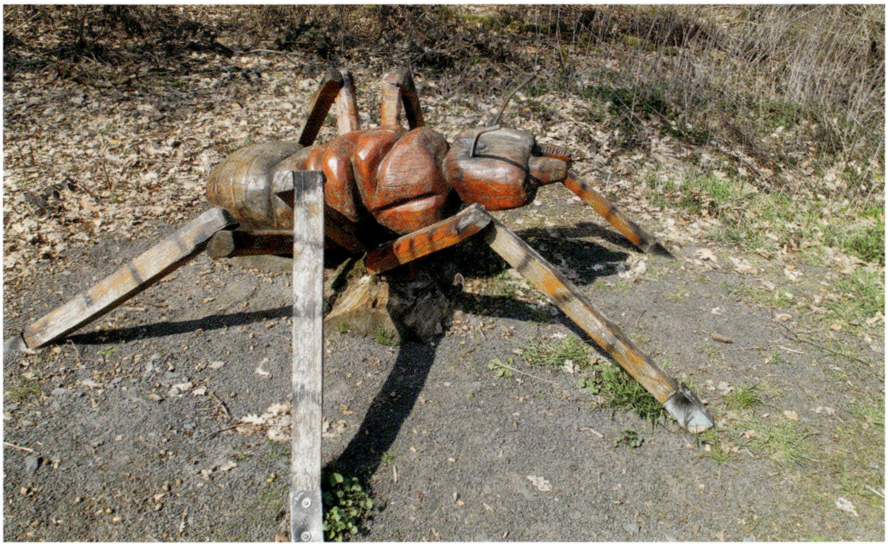

Die hölzerne Waldameise begrüßt jeden Wanderer.

2

Entlang der Niddaaue

Naturidylle in Dortelweil

Leicht | 1.5 Std. | 20 Hm | 6,5 km

Tourencharakter
Leichte und familientaugliche Wanderung entlang der Nidda

Ausgangs- und Endpunkt
Bahnhof Dortelweil, Bahnhofstr. 1, 61118 Bad Vilbel

Höchster Punkt
Bahnhof Dortelweil (120 Hm)

Anfahrt
Auto: Über die B3, Theodor-Heuss-Straße und Weitzesweg zum Bahnhof
Bahn & Bus: Mit der S6 ab Frankfurt Hauptbahnhof bis zum Bahnhof Dortelweil

Gehzeiten
Bahnhof Dortelweil – Gronauer Hof 0.75 Std. – Bahnhof Dortelweil 0.75 Std.

Beste Jahreszeit
Januar bis Dezember

Einkehr
Eiscafé Venezia, Dortelweiler Platz 2, 61118 Bad Vilbel, Tel. 06101/98 48 58, https://eiscafe-venezia-inh-colombu-alessandro.business.site/

Karte
Kompass Wanderkarte Frankfurt und Umgebung, Nr. 828

Info
Tourist-Info Bad Vilbel, Frankfurter Str. 74, 61118 Bad Vilbel, Tel. 06101/60 22 47, www.bad-vilbel.de

Eine Tour durch die Niddaaue bietet Erholungssuchenden Abwechslung und idyllische Naturerlebnisse. Neben anmutigen Baumgruppen an der Nidda, die zum Durchatmen einladen, können seltene Pflanzen und auch Tiere beobachtet werden.

Die leichte und familientaugliche Wanderung durch die Niddaauen ist sehr gut geeignet für einen Sonntagsausflug mit Kindern. Am A **Bahnhof Dortelweil**, einem Stadtteil von Bad Vilbel, beginnt die Tour durch das bedeutende Naturschutzgebiet.

An die Nidda Vom Bahnhof Dortelweil führt uns die Kreisstraße direkt in die Raiffeisenstraße. Diese laufen wir einige Minuten entlang. Am Ende biegen wir in die Theodor-Heuss-Straße ein. Der folgen wir, bis wir auf die Freiherr-vom-Stein-Straße stoßen. Nun gilt es, links und kurz darauf wieder rechts weiterzugehen; wir kommen zur 1 **Nidda** und halten uns

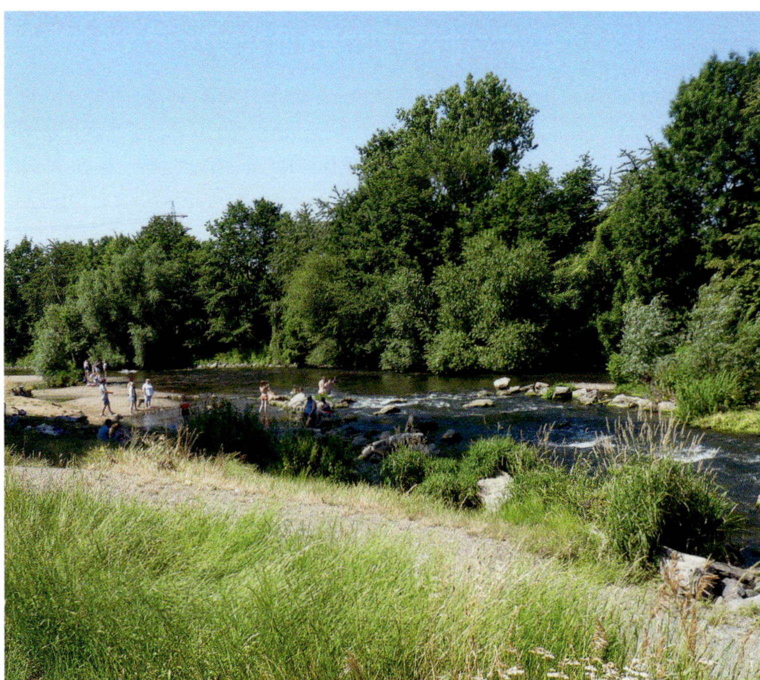

Badespaß im Sommer am Fluss

rechts. Nach wenigen Minuten erreichen wir das ❷ **Vogelnest**. Einige Ruheliegen laden gerade bei warmen Temperaturen zu einer kleinen Pause oder zum ausgiebigen Schmökern in einer mitgebrachten Lektüre ein.

Weiter geht es nun parallel der Nidda, bis der Ortsrand von Gronau, ein Stadtteil von Bad Vilbel, erreicht ist. Nach dem Überqueren der Nidda bringt uns der Nidda-Radweg zum ❸ **Gronauer Hof**, der uns zum Verweilen einlädt. Von 855 bis 1332 gehörte der Gronauer Hof zum Kloster Lorsch. Die erste urkundliche Erwähnung war allerdings erst 100 Jahre später. Der Gronauer Hof betreibt Rinderzucht mit einer Hereford-Herde. Die mehr als 90 reinrassigen Fleischrinder können das ganze Jahr über im Freien weiden.

Die Kerb in Dortelweil

Jeweils im September findet die Kerb in Dortelweil statt. Sie blickt auf eine lange Tradition, die sich bis 1825 zurückverfolgen lässt. Der Höhepunkt der Kerb ist das Aufstellen des Kerbbaumes durch die Kerbburschen am Samstagnachmittag, was von den Dortelweiler Erwachsenen und Kindern kräftig beklatscht wird.

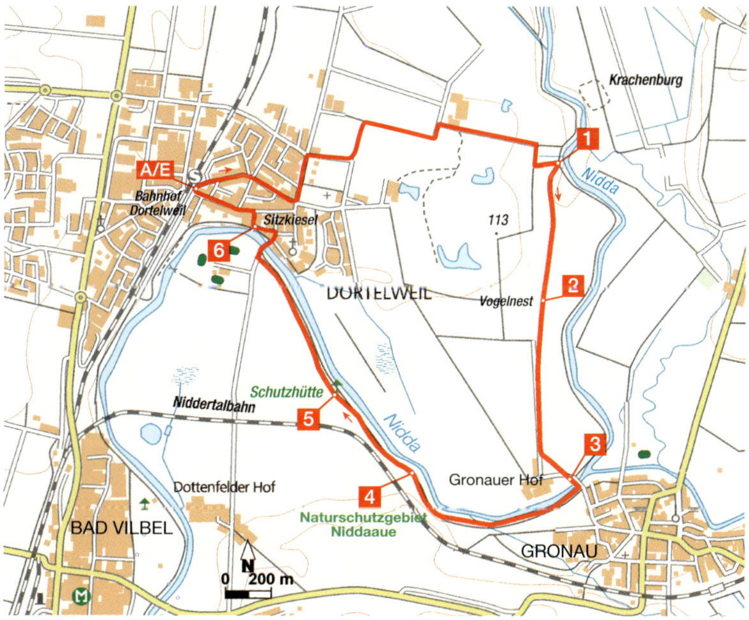

In die Niddaaue Nun geht es weiter entlang des Radwegs durch das ❹ **Naturschutzgebiet Niddaaue**. Die Uferläufe der Nidda wurden in den letzten Jahren neu gestaltet. Hierbei handelt es sich um eines der größten Renaturierungsprojekte in Hessen, getreu dem Motto »Der Landschaft einen Sinn – den Sinnen eine Landschaft«.

In den Niddaauen brüten Kibitze und Graugänse und seltene Pflanzen siedeln sich wieder an. Besonders schön anzusehen sind die Störche, die hier im Wasser waten. Das Gebiet ist ideal, um die Einsamkeit abseits des städtischen Trubels zu genießen. Immer weiter auf dem Radweg gelangen wir zur ❺ **Schutzhütte**. Von hier aus ist es nicht mehr weit zur nächsten Station, dem ❻ **Sitzkiesel**. Gleich überqueren wir wieder die Nidda und gelangen in die Untergasse. Links biegen wir in die Bahnhofstraße ein, wo sich die hübsch hergerichtete Pension Alte Schmiede in Dortelweil befindet. Weiter die Bahnhofstraße entlang, haben wir in Kürze unseren Ausgangspunkt, den Ⓔ **Bahnhof Dortelweil** wieder erreicht.

Ein lohnenswerter Abstecher ist der Besuch im Eiscafé Venezia. Vom Bahnhof führt der Weg über die Kreisstraße und Hohemarkstraße direkt dorthin. Neben leckerem Eis sind auch der Kuchen und der Cappuccino sehr zu empfehlen. Ein herrlicher Ausklang des Tages!

3

Von Bonames nach Höchst

Ein Stück auf dem Frankfurter GrünGürtel

Mittel | 3.5 Std. | 85 Hm | 15 km

Tourencharakter
Längere, aber meist ebene und durchgehend beschilderte Strecke entlang der Nidda

Ausgangs- und Endpunkt
Niddaufer, Nordpark; Homburger Landstraße, Frankfurt

Höchster Punkt
Bonames (110 m)

Anfahrt
Auto: Über die A661 und Homburger Landstraße Richtung Bonames
Bahn & Bus: Buslinie 27, Haltestelle Nordpark oder Alt-Bonames

Gehzeiten
Nordpark – Volkspark Niddatal 1.5 Std. – Brentanopark 0.5 Std. – Höchst 1.5 Std.

Beste Jahreszeit
Januar bis Dezember

Einkehr
Sommergarten Alte Schiffsmeldestelle, Schützenbleiche 9–11, 65929 Frankfurt am Main, Tel. 069/30 08 84 44, www.schiffsmeldestelle.de

Karte
Kompass Wanderkarte Frankfurt und Umgebung, Nr. 828

Info
Frankfurt Tourist-Information, Römerberg 27, 60311 Frankfurt am Main, www.frankfurt-tourismus.de

Die beschilderte Wanderung von Bonames nach Höchst führt durch Wiesen, Parks und Wäldchen direkt an der Nidda entlang. Geschichtlich interessante Orte sowie eine vielfältige Flora und Fauna machen die Tour besonders erlebnis- und abwechslungsreich.

Am Niddaufer, direkt am Ⓐ **Nordpark** von Frankfurt, startet die Wanderung. Im Nordpark darf sich die Natur im Zuge des Projekts »Städte wagen Wildnis – Vielfalt erleben« frei entfalten und somit neue Lebensräume für Pflanzen und Tiere entwickeln. Grillmulden, Wildwiesen und ein Naturspielbereich zeichnen das Areal aus.

Auf dem GrünGürtel-Weg Die Markierung mit dem GrünGürtel-Tier begleitet uns. Auf der anderen Seite der Nidda befindet sich der ❶ **Alte Flugplatz** in Bonames, der ein beliebtes Ausflugsziel ist. Der ehemalige Militärflugplatz wurde bis 1992 genutzt und dient heute als Natur- und Freizeitgelände, auf dem sich Kinder und Jugendliche gerade in der Sommersaison an der Lernstation über Frösche, Vögel und Pflanzen an der

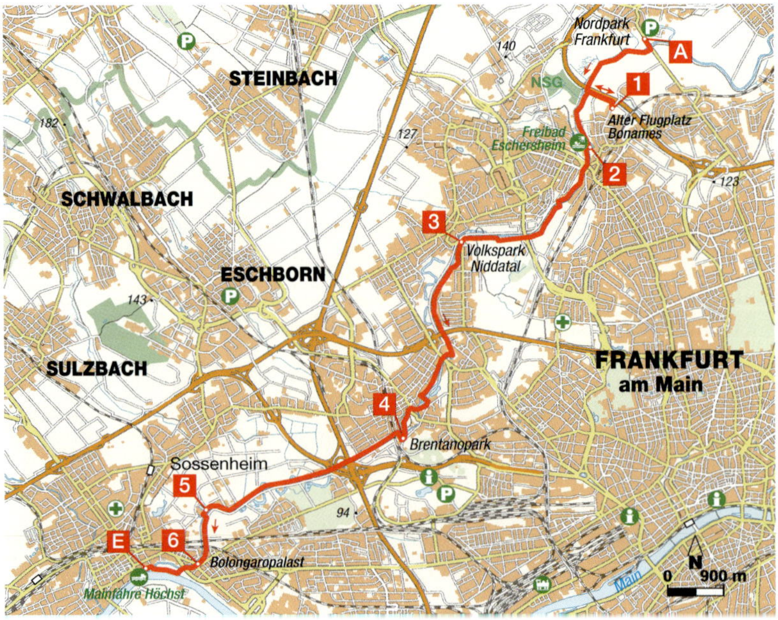

Rechte Seite: Verträumte Strecke am Fluss

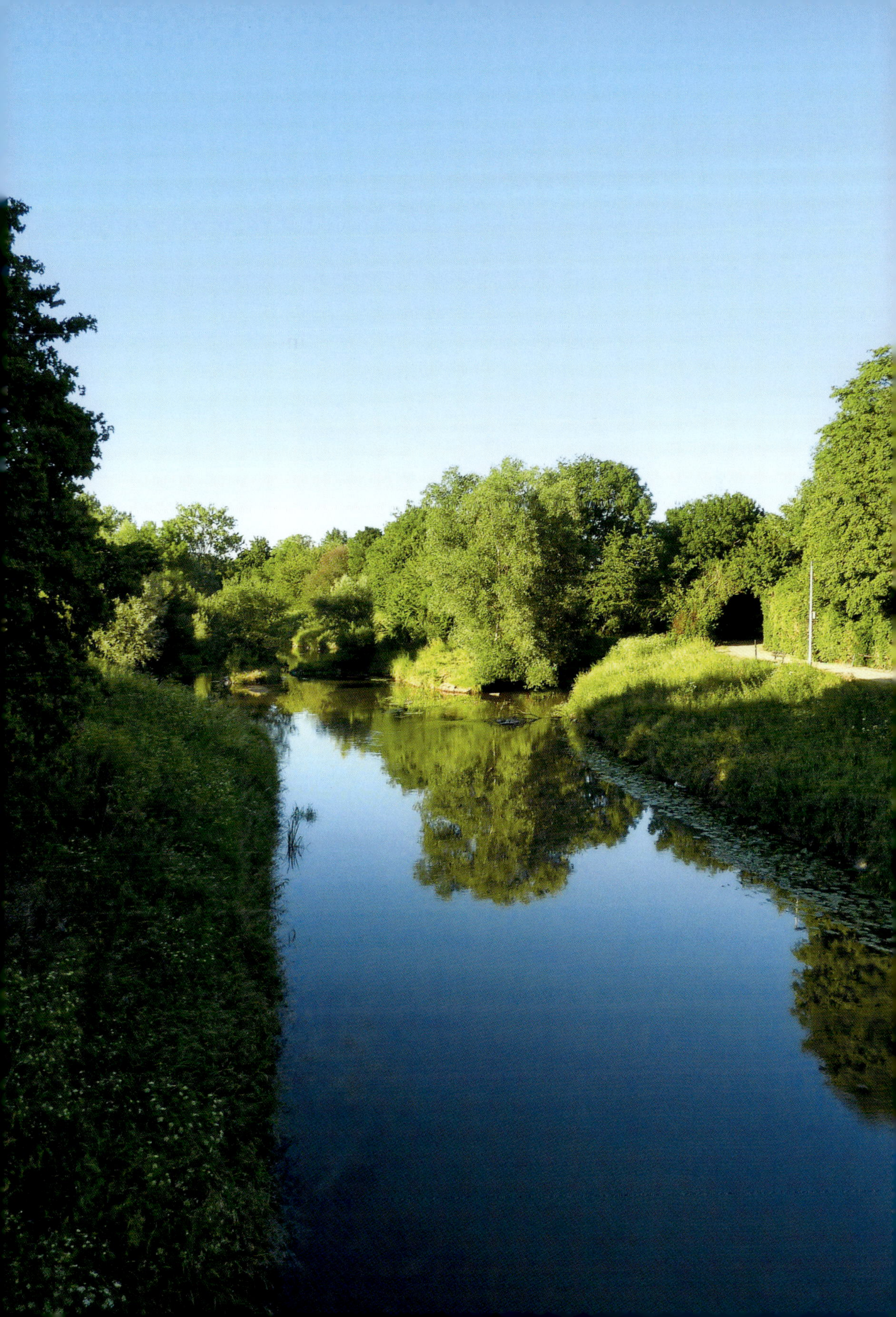

Nidda informieren können. Neben der langen Landebahn steht hier noch der Tower, der heute als Tower-Café dient.

Naturschutzgebiet Riedwiesen Jetzt wandern wir Richtung A661. Auf dieser Höhe können wir das Naturschutzgebiet Riedwiesen mit seinen Teichen sehen. Das Areal ist die letzte Fläche, die von den ursprünglichen Niddaauen übrig geblieben ist.

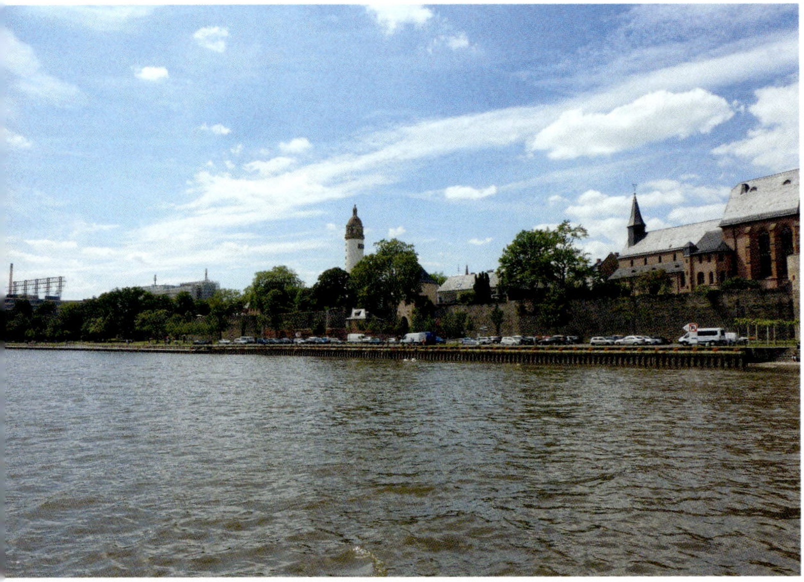

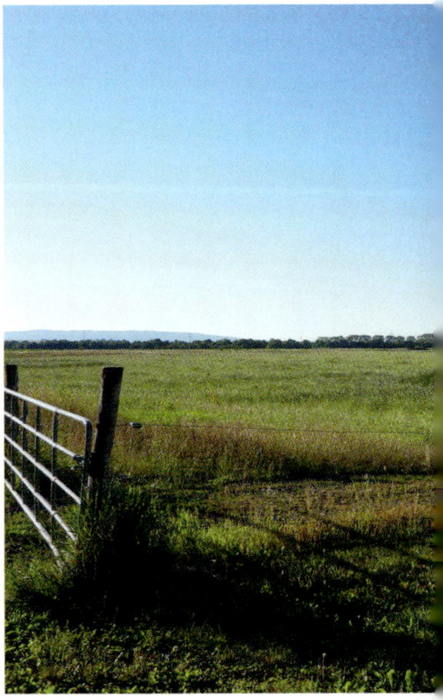

Neben Wasserfröschen und Kammmolchen sind hier Hängebirken (*Betula pendula*) und auch Mädesüß *(Filipendula vulgaris)* präsent.

Am ❷ **Freibad Eschersheim** wechseln wir die Uferseite und streifen den Parkplatz am Alexander-Riese-Weg. Vorbei am Gelände der SV 07 Heddernheim führt unser Weg unter der Maybachbrücke weiter an der Nidda entlang. Schon bald wechseln wir wieder die Uferseite. Weiter entlang der Nidda ist der ❸ **Volkspark Niddatal** nicht weit. Der Park misst ca. 168 Hektar und ist der größte in Frankfurt. Gerade am Wochenende ist er ein Ziel für Radfahrer, Läufer, Familien und Ausflügler. Neben Wiesen, Blumenbeeten und Baumgruppen lassen sich Spielflächen, Wasserspielplätze, Sportplätze wie auch ein Fitnessparcours entdecken. Sehr heimelig ist die 900 Meter lange Lindenallee mit ihren etwa 300 Kaiserlinden und das Nachtigallenwäldchen. Hier lässt es sich herrlich unter dem Blätterdach wandeln.

Bolongaropalast

Der barocke Palast wurde in den Jahren 1772 und 1775 im Auftrag der Kaufleute Josef Maria Marcus und Jakob Philipp Bolongaro errichtet. Neben den sehenswerten Räumen mit seinen Seidentapeten und Spiegelwänden können Interessierte die außergewöhnlichen Alt-Höchster Porzellanreproduktionen betrachten. Die Porzellanausstellung ist montags bis freitags von 9.00 bis 16.00 Uhr geöffnet, während die Besichtigung der Räumlichkeiten mit der Verwaltungsstelle Höchst unter Tel. 069/21 24 55 21 abgestimmt werden muss.

Im Brentanopark Weiter führt die Wanderung Richtung A66

und parallel zum Brentanobad, das als das größte Freibad Frankfurts gilt. Nach einem Uferwechsel ist der ❹ **Brentanopark** unser nächstes Ziel. Hier ist es empfehlenswert, ein wenig Zeit einzuplanen. Der Brentanopark wurde nach Georg Brentano benannt, die hier zu Beginn des 19. Jahrhunderts ein Landhaus mit Garten kaufte. Später folgte mit dem Ankauf von mehreren Gebäuden die Erweiterung des Parks. 1931 wurde im Brentanopark ein Pavillon mit Rosengarten errichtet,

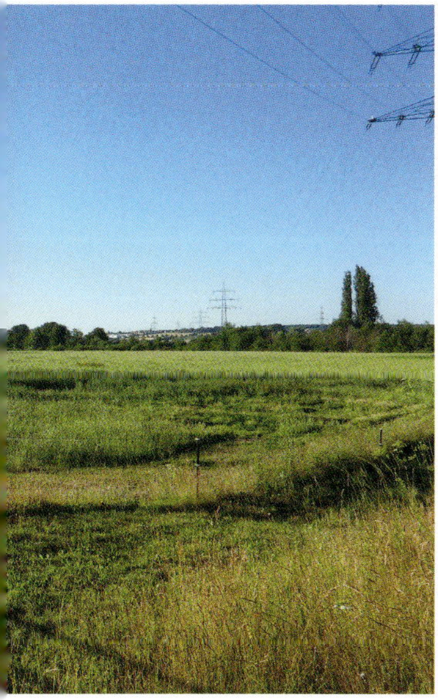

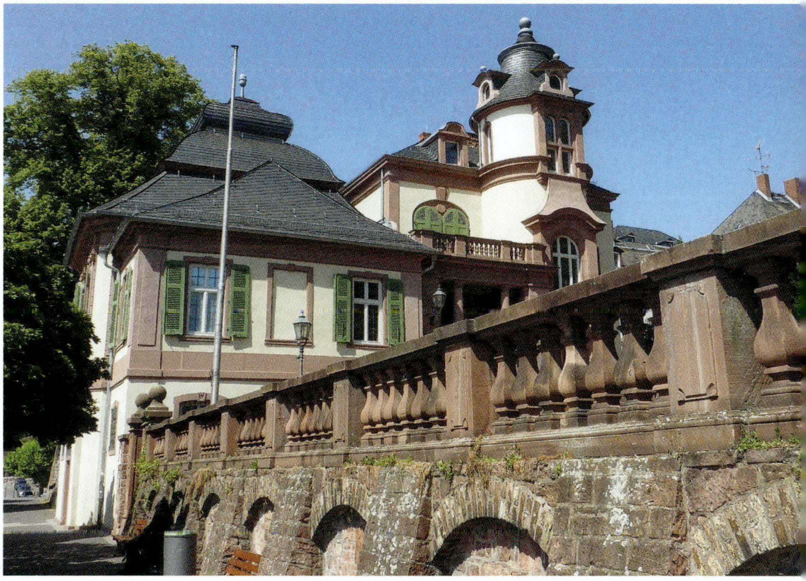

der heute ein beliebter Treffpunkt ist. An den Brentanopark schließt sich der Solmspark an – eine romantische Parkidylle zwischen Nidda und Mühlgraben, die 1879 angelegt wurde. Alte Bäume bieten genügend Schatten im Sommer, und es gibt einen Spielplatz und eine Nachbildung des Rödelheimer Schlosses auf dem Gelände. Dieses Schloss, dessen Ursprung eine mittelalterliche Burganlage war, wurde 1879 vom Grafen von Solms angelegt. Heute ist davon leider nichts mehr vorhanden.

Links: Blick auf den charakteristischen weißen Turm des alten Höchster Schlosses

Mitte: Weitläufige Aussicht

Rechts: Über die Brücke zum geschichtsträchtigen Gebäude

Nach Sossenheim Wir durchstreifen den Solmspark und überqueren zunächst den Mühlgraben und dann die Nidda. Entlang des Stadtteils Rödelheim erreichen wir das Westkreuz. Von dort geht es weiter an der Nidda bis nach ❺ **Sossenheim** und Höchst. Ein letztes Mal überqueren wir die Nidda und können nun die alte Schwanheimer Schleuse auf der anderen Seite sehen. Wir kommen zur Wörthspitze, einer Parkanlage auf einer Halbinsel mit vielen Walnussbäumen. Nachdem wir den ❻ **Bolongaropalast** hinter uns gelassen haben, erreichen wir die Ⓔ **Mainfähre Höchst am Main**, die das Ziel für diese Wanderung darstellt. Wer noch ein wenig Zeit hat, kann einen Abstecher zum Höchster Schloss unternehmen. Das Schloss diente einst als Sitz der Amtsleute des Mainzer Erzbistums. Mit seinem ehemaligen Bergfried wirkt es sehr imposant. Neben einem Museum gibt es hier ein Schlosscafé. Im Schlosskeller finden musikalische Veranstaltungen statt.

4

Kurpark und Stadtwald Bad Vilbel

Quellen, Brunnen, Weiher

Leicht 2 Std. 105 Hm 6,8 km

Tourencharakter
Einfache Runde mit viel Wasser

Ausgangs- und Endpunkt
S-Bahnhof Bad Vilbel, Dieselstraße, 61118 Bad Vilbel

Höchster Punkt
Kreuzschneise (187 Hm)

Anfahrt
Auto: Über die A661 und B3 sowie Homburger Straße oder B521 und Frankfurter Straße nach Bad Vilbel
Bahn & Bus: Mit der S6 von Frankfurt bis zum Bahnhof Bad Vilbel

Gehzeiten
Bahnhof – Kreuzschneise 1 Std. – Bahnhof 1 Std.

Beste Jahreszeit
Januar bis Dezember

Einkehr
Restaurant Mondnacht, Niddaplatz 3, 61118 Bad Vilbel, Tel. 06101/9 87 47 77, www.mondnacht-restaurant.de

Karte
Kompass Wanderkarte Frankfurt und Umgebung, Nr. 828

Info
Tourist-Info Bad Vilbel, Frankfurter Str. 74, 61118 Bad Vilbel, Tel. 06101/60 22 47, www.bad-vilbel.de

Die erholsame Wanderung führt auf dem Lehrpfad durch den Kurpark. Anschließend wird der Stadtwald durchstreift und der idyllisch gelegene Ritterweiher ist in Sichtweite. Auf der Wanderung kann man Spannendes über die »Stadt der Quellen« erfahren.

Eine hübsche, gemütliche Runde ist die Tour durch den Kurpark und den Stadtwald in Bad Vilbel. Bad Vilbel, auch »Stadt der Quellen« genannt, ist weit über die Region hinaus für seine Mineralquellen bekannt. Erwähnt

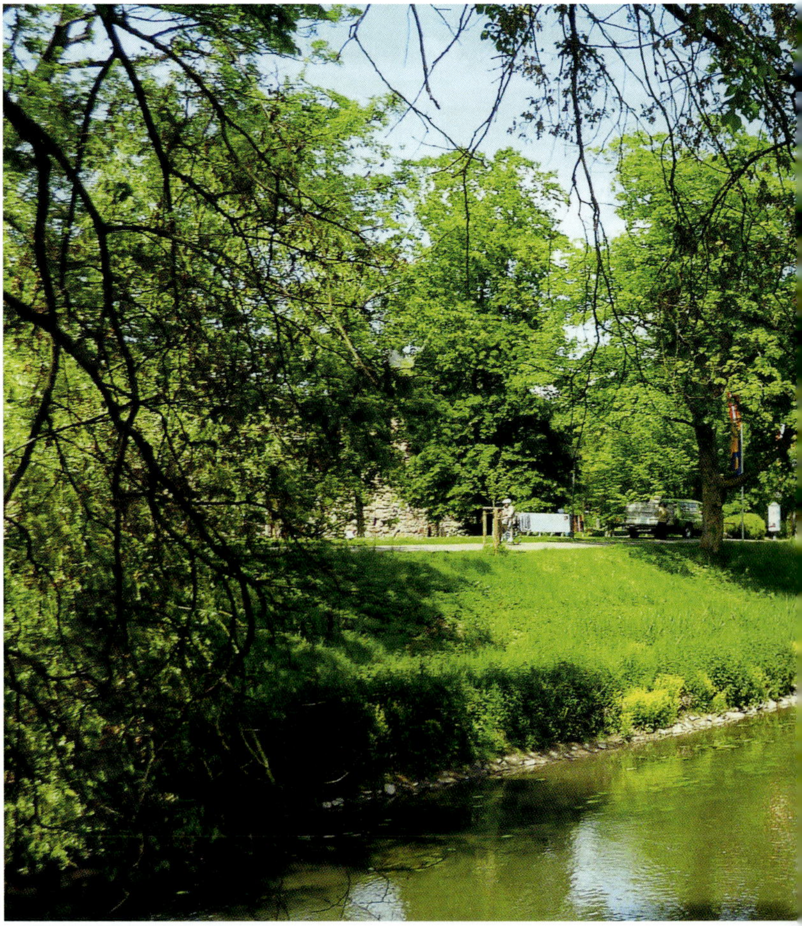

Bequeme Wege führen durch den Kurpark.

wurde der Ort erstmals im Jahr 774 in einer Schenkungsurkunde an das Kloster Lorsch. Neben der Ruine der Wasserburg, die direkt an der Nidda gelegen ist, zählen das historische Alte Rathaus und die Rekonstruktion eines Mosaiks aus der Römerzeit im Kurpark zu den Sehenswürdigkeiten.

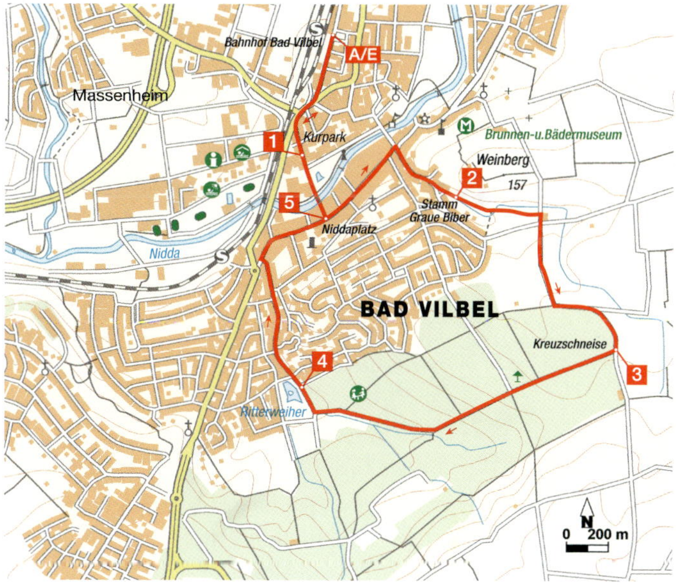

Durch den Kurpark Ganz entspannt starten wir am **Ⓐ S-Bahnhof von Bad Vilbel.** Über die Dieselstraße, Kasseler Straße und Niddastraße erreichen wir den **❶ Kurpark**, der im Sommer bei Spaziergängern und Erholungssuchenden beliebt ist. Das Element Wasser steht im Kurpark im Vordergrund,

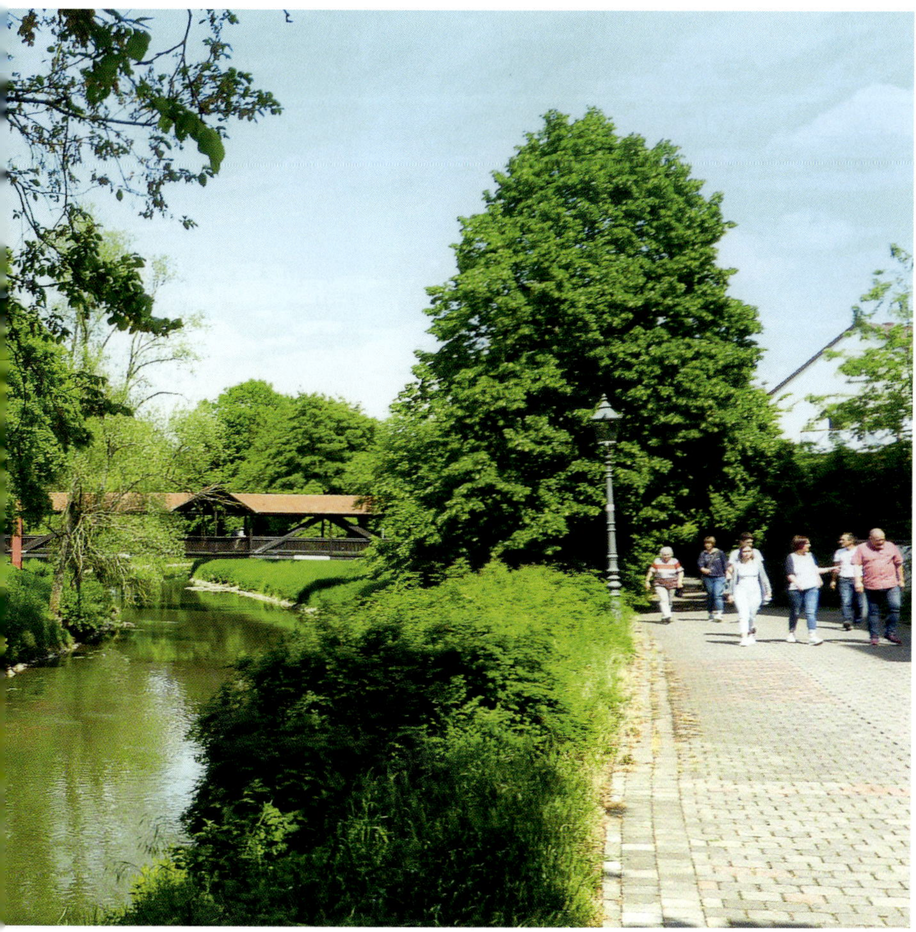

Brunnen- und Bädermuseum

Im Bad Vilbeler Museum wird die 450-jährige Geschichte des Bad Vilbeler Heil- und Mineralwassers anschaulich dargestellt. Neben einem Baderaum mit Holzwanne um 1905 können Tonkrüge, Flaschen und Gerätschaften zur Wasserabfüllung bestaunt werden. Das Museum hat sonntags von 12 bis 14 Uhr geöffnet und befindet sich Am Marktplatz 3 in Bad Vilbel.

und überall lassen sich Anlagen, die mit Wasser zu tun haben, entdecken. So gibt es beispielsweise einen Brunnentempel am Kurhaus oder auch den Römerbrunnen. Letzterer wurde in den Jahren 1929/30 gebohrt und ursprünglich nach dem Landgrafen Friedrich Karl von Hessen Friedrich-Karl-Sprudel genannt. Heute zählt der Römerbrunnen zu den mineralreichsten Quellen Deutschlands.

Nach kurzer Gehzeit ist der Lehrpfad im Kurpark erreicht. Dieser informiert über die Pflanzen und Tiere im Park. Zudem können große und kleine Entdecker Quizfragen beantworten und so ihr Wissen unter Beweis stellen. Nachdem wir den Lehrpfad begangen haben, überqueren wir die Nidda mit dem Schützenhofsteg. Weiter auf der Schützenhofstraße entlang, gehen wir über die Frankfurter Straße und halten uns geradeaus. Dann biegen wir links in den Grünen Weg ein und wandern auf

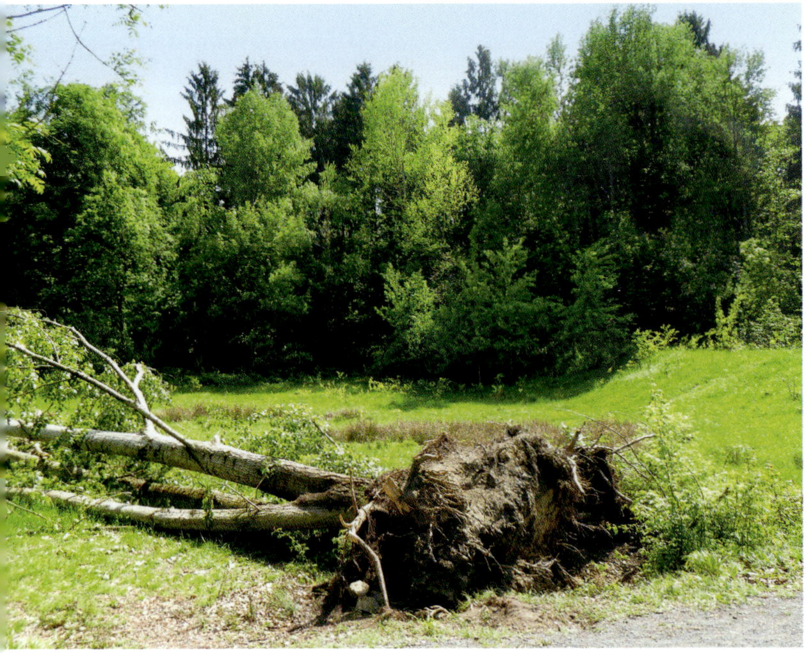

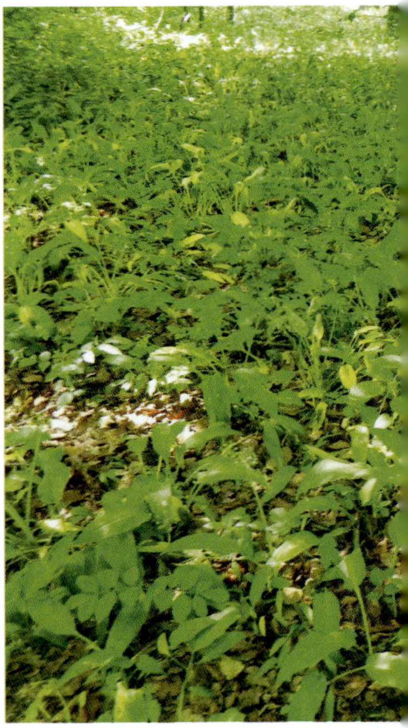

ihm bis zum Ende weiter. Nun geht die Strecke rechts auf der Hanauer Straße weiter, der wir folgen.

In den Stadtwald Links verlassen wir die Hanauer Straße und tauchen in das Grün ein. Der Weg umrundet den ❷ **Stamm Graue Biber**, ein Terrain, auf dem sich die Pfadfinder und Pfadfinderinnen von Bad Vilbel tummeln. Weiter geradeaus und wieder rechts, parallel zum Graubergweg, stoßen wir auf den Lindenweg und überqueren ihn. Ein kurzes Stück links und wieder rechts erreichen wir die **3 Kreuzschneise**. Auf ihr gehen wir rechts weiter. An der nächsten Wegkreuzung nehmen wir den zweiten Weg von rechts und laufen weiter durch den Wald. Wir kommen links an eine Abbiegung, der wir folgen, und die uns zum Rand des Wohngebiets bringt. Am Wohngebiet entlang streifen wir kurz den Spielplatz am Ritterweiher. Der Platz im Wald bietet Kindern Spielspaß an verschiedenen Spielgeräten und auf dem Verkehrsübungsplatz.

Zum Ritterweiher Der eigentliche **4 Ritterweiher** ist eine bezaubernde Naturoase und befindet sich direkt daneben. Er ist etwa 3000 Quadratmeter groß und bis zu 1,5 Meter tief. Angler können hier Aale, Barsche, aber auch Karpfen fangen. Wir umrunden den Ritterweiher und stoßen auf die Friedrich-Ebert-Straße, die wir queren. Diese bringt uns weiter zur Frankfurter Straße. Am **5 Niddaplatz** halten wir uns links und überqueren die Nidda.

Zum Bahnhof Zurück im Kurpark, können Interessierte einen Abstecher zum Hassia-Sprudel-Trinkbrunnen machen. Die Heilquelle wurde im Jahr 1936 erschlossen

Links: Sturmschaden auf der Lichtung

Mitte: Sammler entdecken im Wald viel Bärlauch.

Rechts: Viele Wege führen durch den Stadtwald.

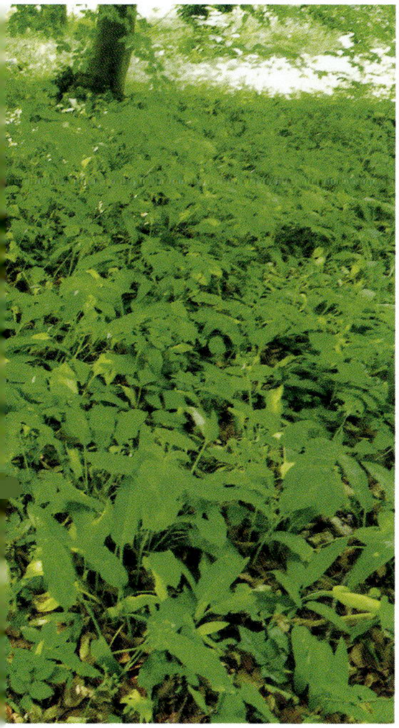

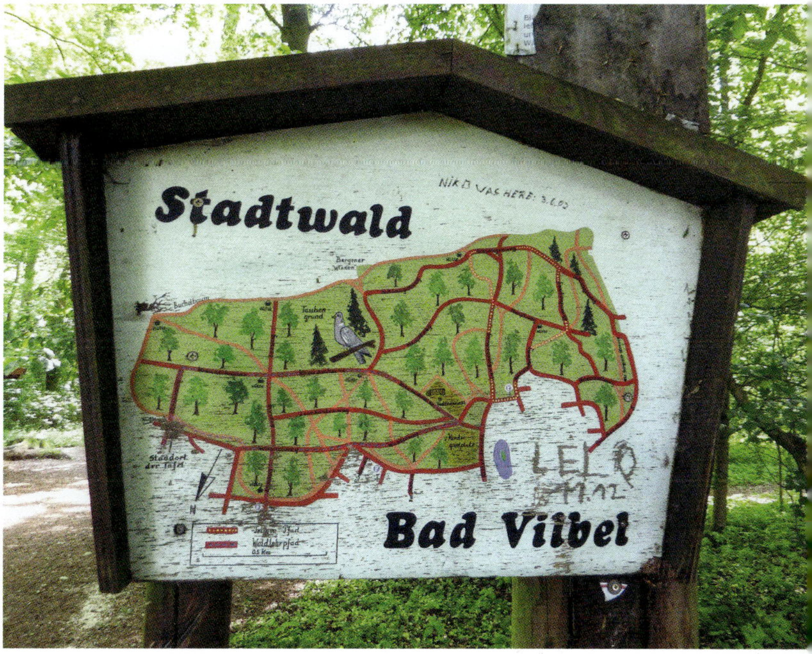

und ist Eigentum der Hassia-Mineralquellen. Der Hassia-Sprudel wird heute bei Badekuren angewendet. Zudem ist das Mineralwasser beliebt und soll verdauungsfördernd wirken. Rechts weiterwandernd erreichen wir wieder den Schützenhofsteg und links den Lehrpfad des Kurparks. Links ein Stück an der Parkstraße entlang und rechts einbiegend in die Niddastraße sind die Kasseler Straße und Dieselstraße nicht mehr weit. In wenigen Minuten ist der Ausgangpunkt, der **E Bahnhof Bad Vilbel**, wieder in Sichtweite.

5

Kleine Waldrunde in Bad Vilbel

Tour für alle Sinne

Leicht 2 Std. 180 Hm 6 km

Tourencharakter
Kurze, gemütliche Wanderung für eine Erholungspause

Ausgangs- und Endpunkt
S-Bahnhof Bad Vilbel, Dieselstraße, 61118 Bad Vilbel

Höchster Punkt
Ende Erzweg (170 Hm)

Anfahrt
Auto: Über die B3 und Homburger sowie Kasseler Straße oder über die B521 und Frankfurter Straße zum Bahnhof Bad Vilbel-Süd
Bahn & Bus: Mit der S8 zum Bahnhof Bad Vilbel-Süd

Gehzeiten
Bahnhof – Josef-Schusser-Hütte 0.75 Std. – Bahnhof 1.25 Std.

Beste Jahreszeit
Januar bis Dezember

Einkehr
Pizzeria Bella Vista, Am Hainwinkel 1, 61118 Bad Vilbel, Tel. 06101/49 95 09, www.bellavista-badvilbel.de

Karte
Kompass Wanderkarte Frankfurt und Umgebung, Nr. 828

Info
Tourist-Info Bad Vilbel, Frankfurter Str. 74, 61118 Bad Vilbel, Tel. 06101/60 22 47, www.bad-vilbel.de

Diese kurze und leichte Tour eignet sich hervorragend für Familien oder für ein kurzes Durchatmen in einer längeren Mittagspause. Bis auf Vogelstimmen ist in dem lauschigen Waldgebiet nichts zu hören.

Vom Erzweg in Bad Vilbel geht es direkt in den Wald. Dieser befindet sich nicht weit vom (A) **S-Bahnhof Bad Vilbel-Süd**. Vom Bahnhof, über die Straße Am Südbahnhof, geht es links in die Frankfurter Straße und rechts in die Ritterstraße. Links führt uns nachfolgend die Bergstraße direkt auf den (1) **Erzweg**. Auf ihm geht es rechts in den Stadtwald hinein. Im Stadtwald gleich links abbiegend, umrunden wir den Wald. Hier können wir wählen, ob wir am Waldrand in der Sonne gehen möchten oder auf dem schattigen Parallelweg im Wald. Immer wieder treffen wir auf Liegebänke aus Holz, die so manchen Vorbeikommenden zu einem Nickerchen oder zum Lesen einer Lektüre einladen. Im Frühling von Anfang März bis Mitte Mai wächst an vielen Stellen Bärlauch, der intensiv nach Knoblauch duftet und Sammler anlockt. Bärlauch schmeckt frisch und scharf zugleich und soll sich positiv auf Blutdruck und Blutgefäße auswirken. Beim Sammeln ist Vorsicht geboten! Bärlauch kann leicht mit

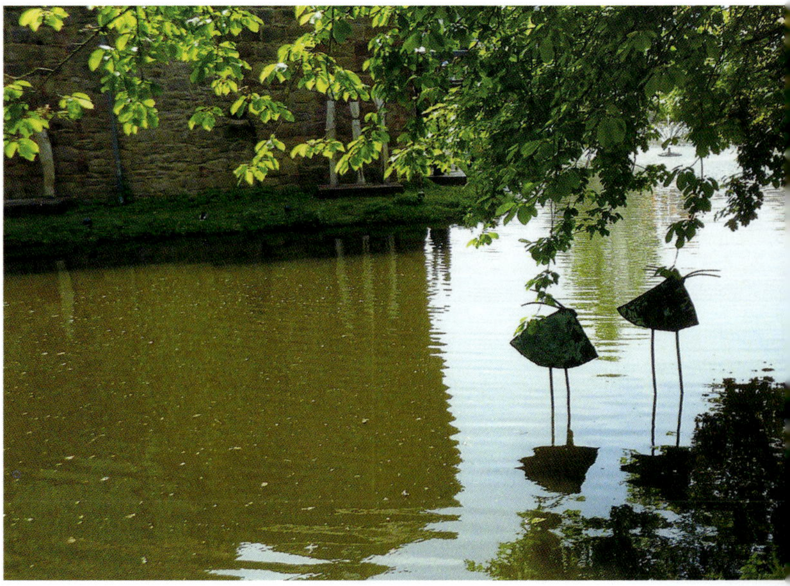

Kunst im Fluss

dem giftigen Maiglöckchen verwechselt werden. Im Herbst dagegen zieht es die Pilzsammler in den Wald. Immer weiter auf unserem bequemen Weg gelangen wir zur ❷ **Josef-Schusser-Hütte**. Der Holzpavillion mit seinen Sitzmöglichkeiten lädt zu einer kleinen Pause ein oder bietet bei plötzlich einsetzendem schlechtem Wetter eine Unterstellmöglichkeit.

Burgfestspiele

Seit 1987 finden alljährlich von Mai bis September die Burgfestspiele in der alten Wasserburg in Bad Vilbel statt. Mehrere Aufführungen, darunter Schauspiel, Musical und Oper, sind hier zu sehen. Nähere Informationen zum Spielplan gibt es über die Website www.kultur-bad-vilbel.de.

Zur Kreuzschneise Anschließend halten wir uns hier rechts und wandern gemütlich weiter geradeaus. Die Ruhe ist sehr eindrücklich. Wir überqueren den Landgrabenweg und halten uns wieder rechts. Nun laufen wir eine Schleife und erreichen den ❸ **Landgrabenweg** im Stadtwald. Einige Meter weiter erstreckt sich ein sumpfiges Gebiet. Nun führt uns der Landgrabenweg zur Waldgrenze. Dort gehen wir rechts und wieder links, bis wir auf die Kreuzschneise stoßen, die wir überqueren, dann rechts und nach einigen Metern wieder geradeaus. Hier können wir die Waldluft und das Gezwitscher der Vögel genießen.
Nach einer Weile stoßen wir wieder auf den bekannten Erzweg. Links abbiegend, bringt er uns zu unserem Ausgangsort, dem Ⓔ **S-Bahnhof**. Zum Abschluss ist es auf jeden Fall lohnenswert, den Kurpark von Bad Vilbel zu besuchen. Mit seinem wertvollen Baumbestand und dem Trinkwasserbrunnen lädt er zu einem entspannten, aber belebenden Ausklang dieses Tages ein. Der wunderschön gestaltete Brunnentempel befindet sich in direkter Nähe des Hallenbads. Für Kinder gibt es hier den hübsch gestalteten und umzäunten Römerspielplatz mit Wasserspielmöglichkeit, Sandkasten und Klettergeräten.

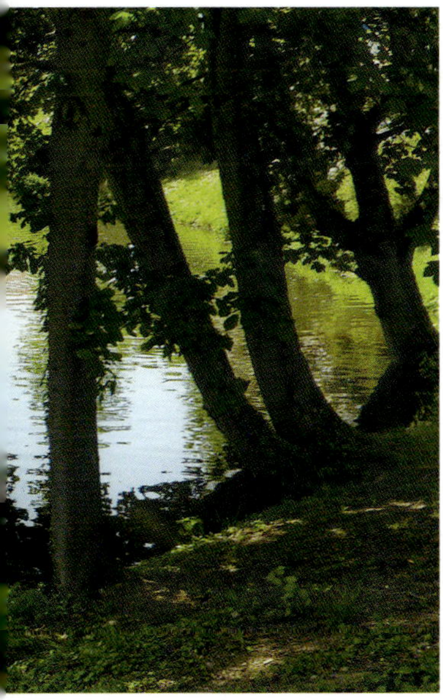

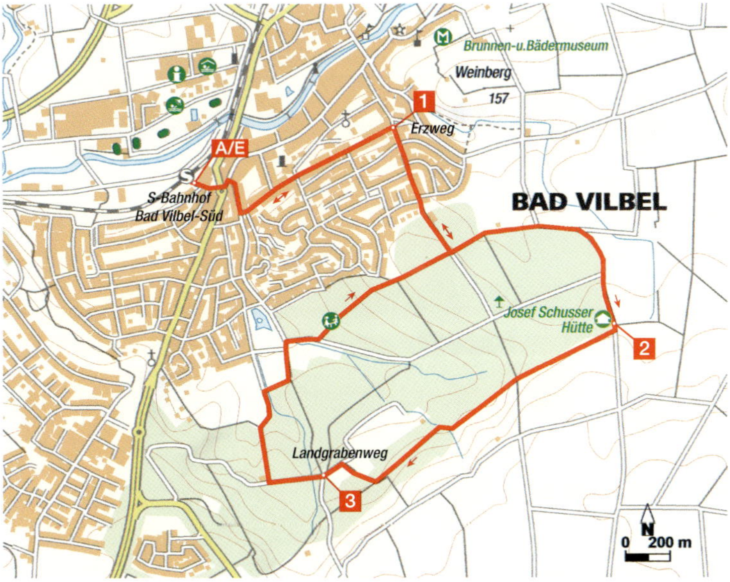

6

Rund um Bergen-Enkheim

Bunter Wald- und Wiesenmix

Leicht | 3.5 Std. | 163 Hm | 11 km

Tourencharakter
Schöne Wanderung durch drei Naturschutzgebiete mit abwechslungsreicher Flora und Fauna

Ausgangs- und Endpunkt
Vilbeler Landstraße, Am Galgen, 60388 Bergen-Enkheim

Höchster Punkt
Berger Warte (212 Hm)

Anfahrt
Auto: Über die A661 und B521 bis zum Parkplatz
Bahn & Bus: Mit der U4 bis Seckbacher Landstraße, Bus 43 bis Marktstraße und dann ca. 1 km zu Fuß

Gehzeiten
Parkplatz – Berger-Hang 1.25 Std. – Mühlbachtal 0.5 Std. – Parkplatz 1.75 Std.

Beste Jahreszeit
Januar bis Dezember

Einkehr
In Bergen-Enkheim (Ortsmitte)

Karte
Kompass Wanderkarte Frankfurt und Umgebung, Nr. 828

Info
Frankfurt Tourist-Information, Römerberg 27, 60311 Frankfurt am Main, www.frankfurt-tourismus.de

Durch drei Naturschutzgebiete, über Wiesen und durch Laub- und Nadelwald führt diese Wanderung. Zum Abschluss wartet ein historisch bedeutender Ort mit Gänsehautfeeling auf die Wanderer.

Die Tour startet in der Vilbeler Landstraße am Ⓐ **Parkplatz des Jüdischen Friedhofs** von Bergen-Enkheim. Von hier geht es sofort ins Grüne. Nachdem wir den Landgrafenweg überquert haben, führt die Route weiter geradeaus.

Zur Schelmenburg Ein wenig später halten wir uns rechts und queren die B521. Jetzt sehen wir schon die ersten Häuser von Bergen-Enkheim. Der Ludwig-Klemann-Weg führt uns am Alten Jüdischen Friedhof vorbei bis zur Straße Am Weißen Turm. Diese queren wir und wandern weiter geradeaus. Dabei streifen wir einen Spielplatz und die ❶ **Schelmenburg**. Die ehemalige Wasserburg war lange im Besitz der ritterständischen Adelsfamilie Schelme von Bergen. Von der ehemaligen Burg ist heute nur noch

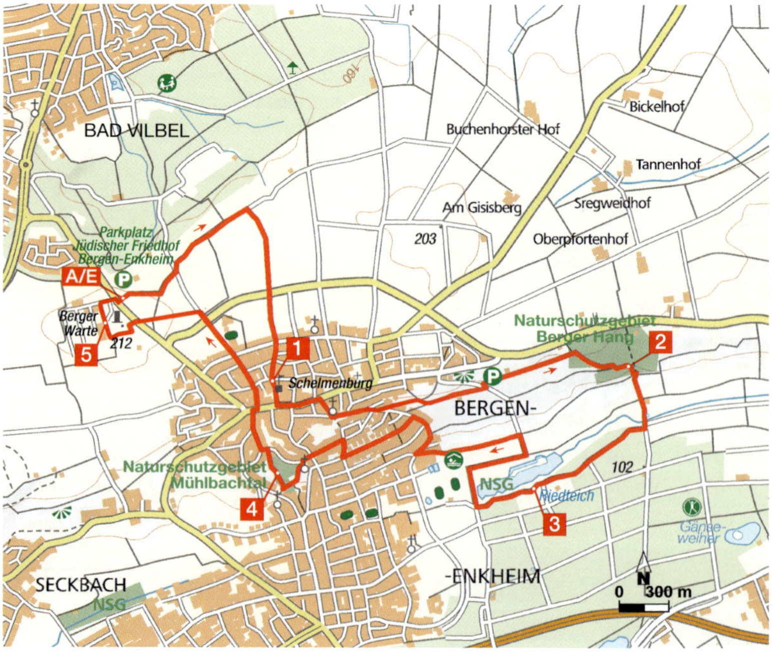

Rechte Seite: Der Schelm von Bergen (re.) mit dem Kräuterweib Sybille (li.)

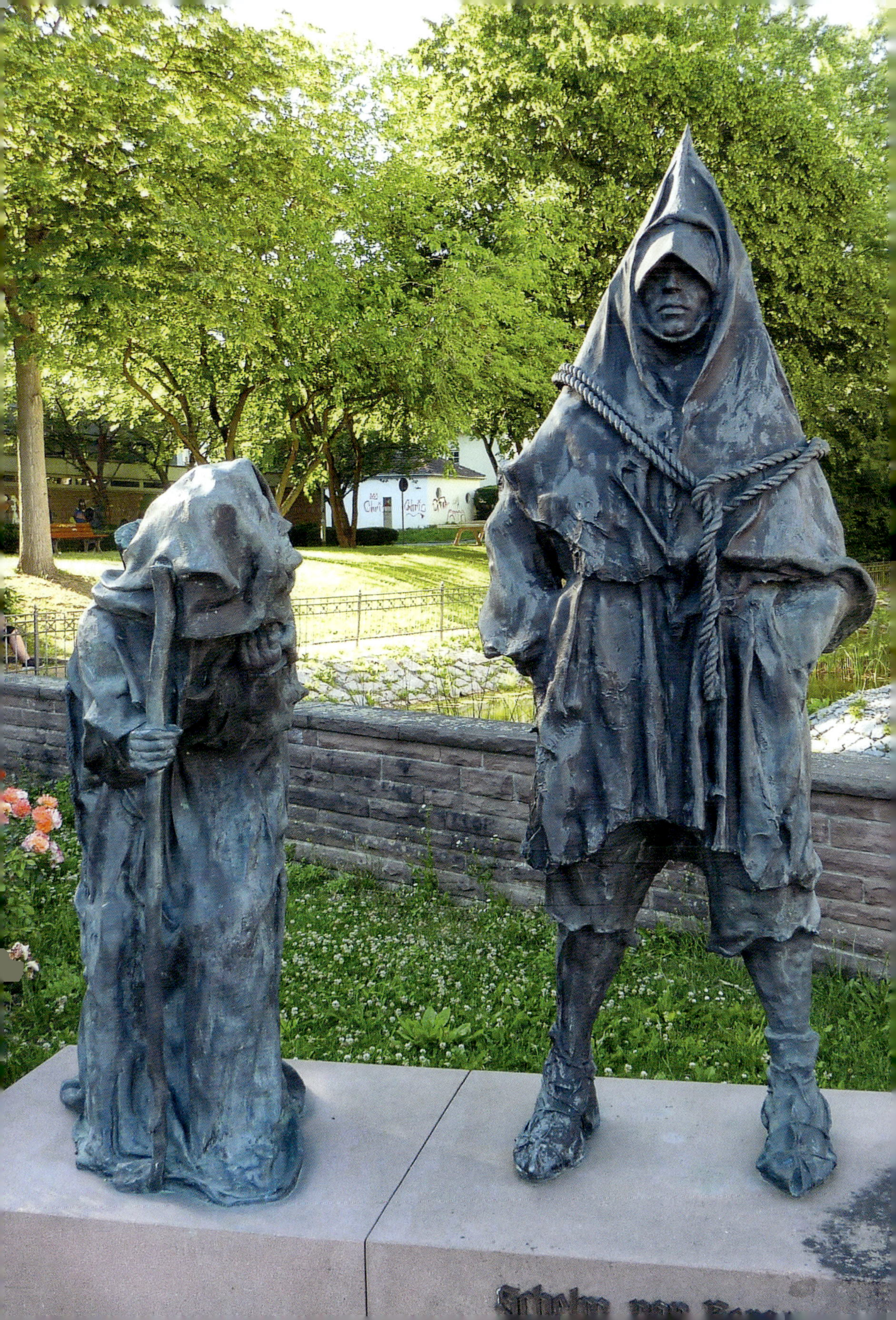

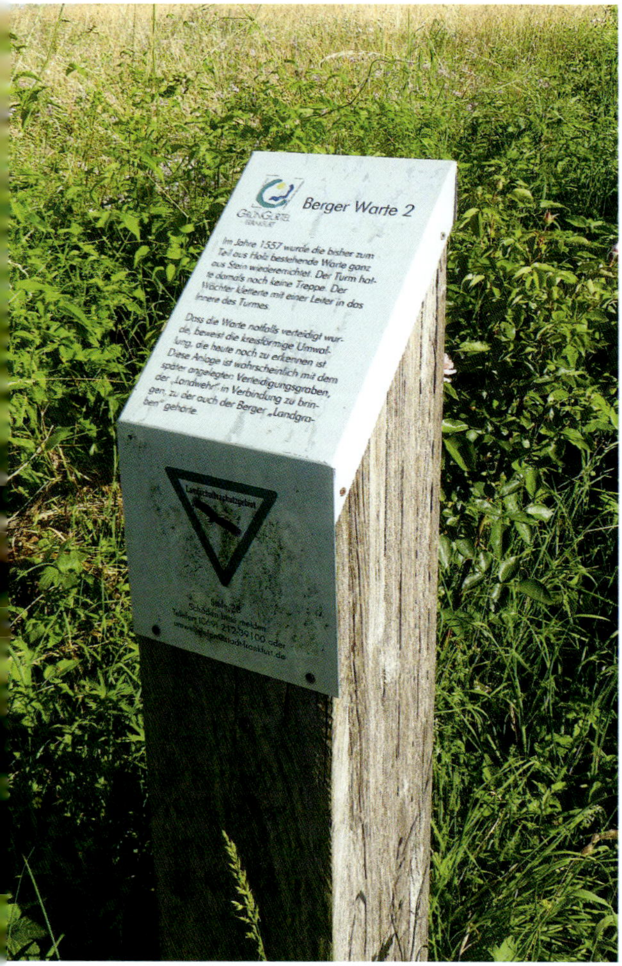

Informationsstele zur Berger Warte

ein Wasserschlösschen erhalten, das um 1700 auf den Grundmauern des Vorgängerbaus errichtet wurde. Ab 1768, nach dem Aussterben der Familie Schelmen von Bergen, wechselten die Besitzer. 1942 kaufte Bergen-Enkheim schließlich die Schelmenburg. Alle paar Jahre findet auf dem Vorplatz der Burg eine Theateraufführung statt: Der Schelm von Bergen wird von den Laienschauspielern des Ortes aufgeführt.

Zur Nikolauskapelle Hinter der Burg überqueren wir den Parkplatz Schelmenburgplatz und treffen auf die Gangstraße, der wir rechts folgen. Nach wenigen Schritten erreichen wir die Marktstraße und halten uns auf ihr links. Vorbei an mehreren Einkehrmöglichkeiten, biegen wir schließlich rechts in die Straße am Königshof ab. Wir kommen an der Nikolauskapelle vorbei, bevor wir die Straße Im Sperber queren und links ein Stück den Franz-Schubert-Ring entlanggehen. Die Nikolauskapelle ist im Stil der Spätgotik erbaut. Zisterziensermönche des Klosters Haina ließen sie im Jahr 1524 errichten. Wenige Jahre nach der Reformation wurde die Kapelle entweiht. Man nutzte sie zum Beispiel als Scheune und Stall. 1984 erwarb die Stadt die Nikolauskapelle und restaurierte sie. Heute finden hier kulturelle Veranstaltungen statt.

Naturschutzgebiet Berger Hang Links verlassen wir den Franz-Schubert-Ring und erreichen nach wenigen Häusern die Straße Am Bienenstock. Am Haus mit der Nummer 16 biegen wir rechts ab und wandern durch schöne Wiesen zum Berger Hang. Der Ludwig-Emmel-Weg führt uns in den Wald des ❷ Naturschutzgebiets Berger Hang. Aufgrund des milden Klimas beginnt es hier immer etwas früher zu blühen als anderswo in der Region. Geschützte Orchideenarten wie der Händelwurz wachsen hier.

Schauerliche Geschichte

Neben dem Wartturm stand im Mittelalter ein Galgen. Bergen-Enkheim war damals Standort des Landgerichts Hanau. Hier wurden die Urteile der ganzen Region vollstreckt. Verhandelt wurde im Alten Rathaus Bergen-Enkheims. Wurden Todesurteile gefällt, wurden die Verbrecher im Karren des örtlichen Schlächters auf die Berger Warte gebracht und am Galgen gehängt. 36 Todesurteile zwischen 1488 und 1835 sind dokumentiert.

Naturschutzgebiet Mühlbachtal Nach der Durchquerung des Naturschutzgebiets Berger Hang folgen wir der Maintaler Grenzschneise bis zum Tränkebach. Wenige Minuten später geht es rechts den Nachtigallenweg, parallel zum Tränkebach. Wir umrunden den ❸ Riedteich über den Dammweg und den Riedweg, bis wir links

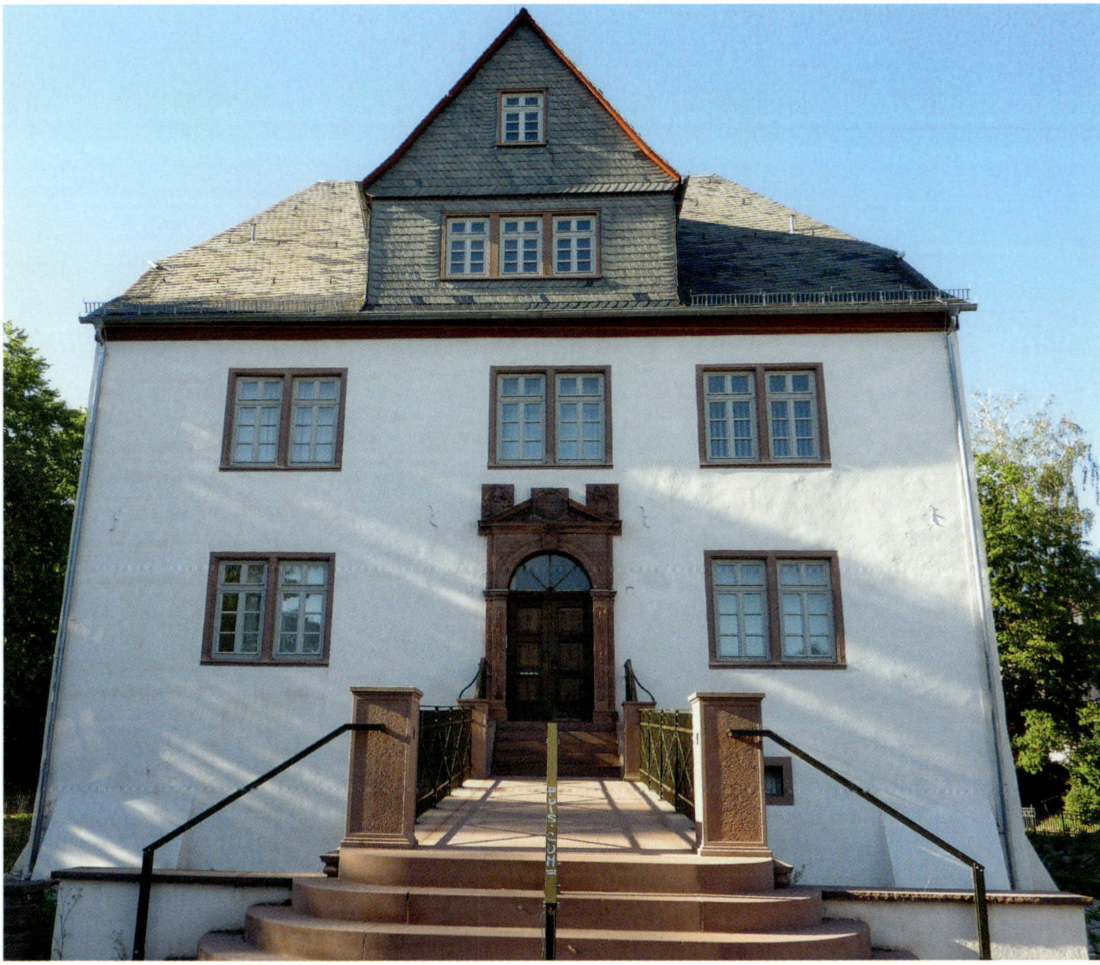

Die Schelmenburg ist eine mittelalterliche Wasserburg.

in den Martin-Schäfer-Weg abbiegen können. Die nachfolgend zweite Abbiegung bringt uns auf denm Willy-Sedler-Weg und wieder zum Ortsrand von Bergen-Enkheim. Der Fritz-Schubert-Ring und der Heinrich-Bingemer-Weg führen uns zum 4 **Naturschutzgebiet Mühlbachtal**, das gut drei Hektar groß ist. Hier wachsen der Riesenschachtelhalm, der bis zu einem Meter groß werden kann, und Buschwindröschen, Wiesenbärenklau sowie Glatthafer. Das kleine Naturschutzgebiet ist schnell durchquert. Die Straße Am Hessenborn führt uns auf den Neuen Weg, bevor wir die Marktstraße überqueren und den Ort über den Landgrabenweg wieder verlassen.

Berger Warte Über Wiesen erreichen wir anschließend die 5 **Berger Warte**. Unter dem Namen Geierswarte wurde sie im Jahr 1340 erstmals erwähnt. Der Turm auf dem höchsten geografischen Punkt Frankfurts wurde zur Bewachung der Geleitswechsel auf der Hohen Straße erbaut. Später, im Jahr 1552, wurde die Berger Warte zerstört und 1557 wiederaufgebaut. Hinter dem Turm führt uns die Route parallel zur B521, bevor wir rechts wieder den E **Parkplatz am Jüdischen Friedhof** erreichen.

7

Lohrberg und Heiligenstock

Weinberge und Blick auf die Skyline

Mittel 4.5 Std. 108 Hm 16,5 km

Tourencharakter
Längere, hügelige Wanderung mit tollen Aussichten

Ausgangs- und Endpunkt
Brunnen- und Bädermuseum, Marktplatz 3, 61118 Bad Vilbel

Höchster Punkt
Berger Warte (211 Hm)

Anfahrt
Auto: Über die B3, Homburger Straße, Kasseler Straße und Friedberger Straße zum Marktplatz
Bahn & Bus: Mit der S8 bis Bahnhof Bad Vilbel; von dort ca. 600 m zu Fuß

Gehzeiten
Brunnen- und Bädermuseum – Berger Warte 1.75 Std. – Altes Zollhaus 1.25 Std. – Brunnen- und Bädermuseum 1.5 Std.

Beste Jahreszeit
Januar bis Dezember

Einkehr
Lohrberg Schänke, Auf dem Lohr 9, 60389 Frankfurt am Main, www.lohrberg-schaenke.de

Karte
Kompass Wanderkarte Frankfurt und Umgebung, Nr. 828

Info
Tourist-Info Bad Vilbel, Frankfurter Str. 74, 61118 Bad Vilbel, Tel. 06101/60 22 47, www.bad-vilbel.de

Von Bad Vilbel führt die Wanderung über den alten Steinbruch am Stadtwald entlang zum Berger Hang. Der Lohrberg als Frankfurts Hausberg mit seinem Weinanbaugebiet wie auch der Heiligenstock sind weitere Ziele dieser Tour.

Am Ⓐ **Brunnen- und Bädermuseum** in Bad Vilbel beginnt diese familienfreundliche Rundwanderung. Nach der Überquerung der Lohstraße führt die Strecke auf der Weinbergstraße entlang. Geradeaus weiter und uns später links haltend, erreichen wir den Wingert (Weingarten) bzw. den ❶ **Steinbruch** Bad Vilbel. Einst wurde die Erdschicht Rotliegend als Material für den Bau der Wasserburg verwendet. Heute tummeln sich hier Vögel und Insekten.

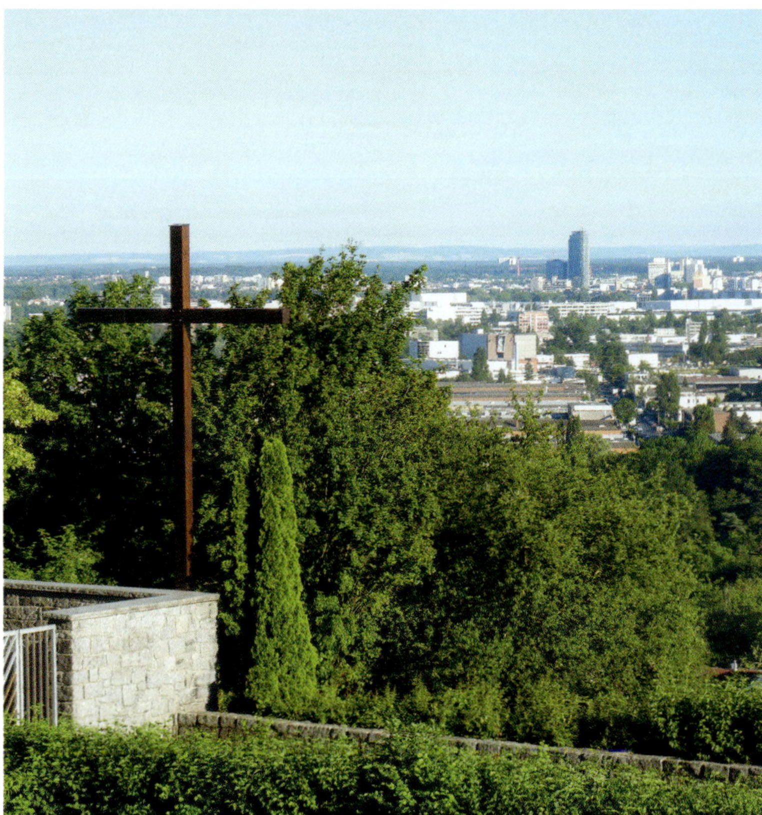

Ehrenmal für die Toten der Jahre 1939 bis 1945 auf dem Lohrberg

Zum Berger Hang Links führt uns die Route durch Wiesen mit Obstbäumen. Rechts weiter am Stadtwald Bad Vilbels wandernd, streifen wir die ❷ **Josef-Schusser-Hütte**. Jetzt ist es nicht mehr weit zum Berger Hang. Von hier aus bietet sich ein schöner Blick über die weitläufige Umgebung. Weiter parallel zum Stadtwald queren wir den Landgrafenweg. Nach wenigen Minuten ist der Jüdische Friedhof Bergen-Enkheim in Sichtnähe. Nach der Überquerung der B21 führt die Strecke links weiter zur ❸ **Berger Warte**. Hinter der Berger Warte halten wir uns rechts und wandern bis zum Berger Weg, dem wir ebenfalls rechts folgen. Nach einer Abbiegung nach links geht es bis zum Weinberg am ❹ **Lohrberg** (185 m). Hier gedeiht Riesling auf der östlichsten Weinlage des Rheingaus.

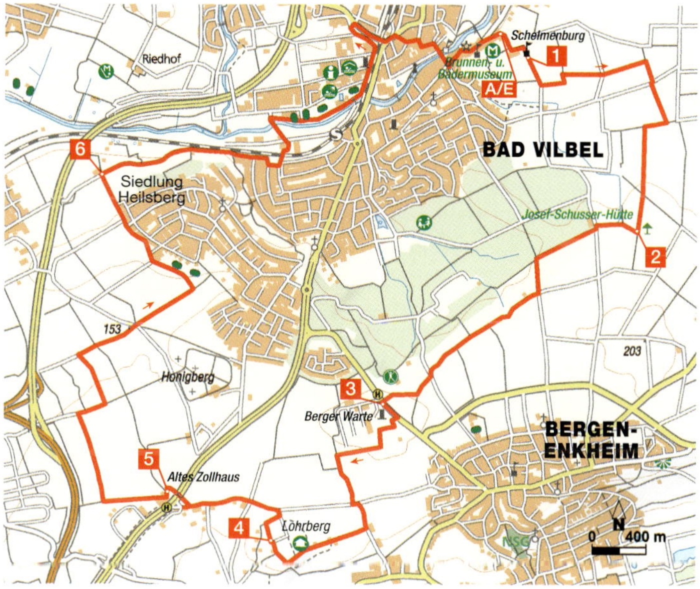

Grüne Oase mit Skyline-Blick

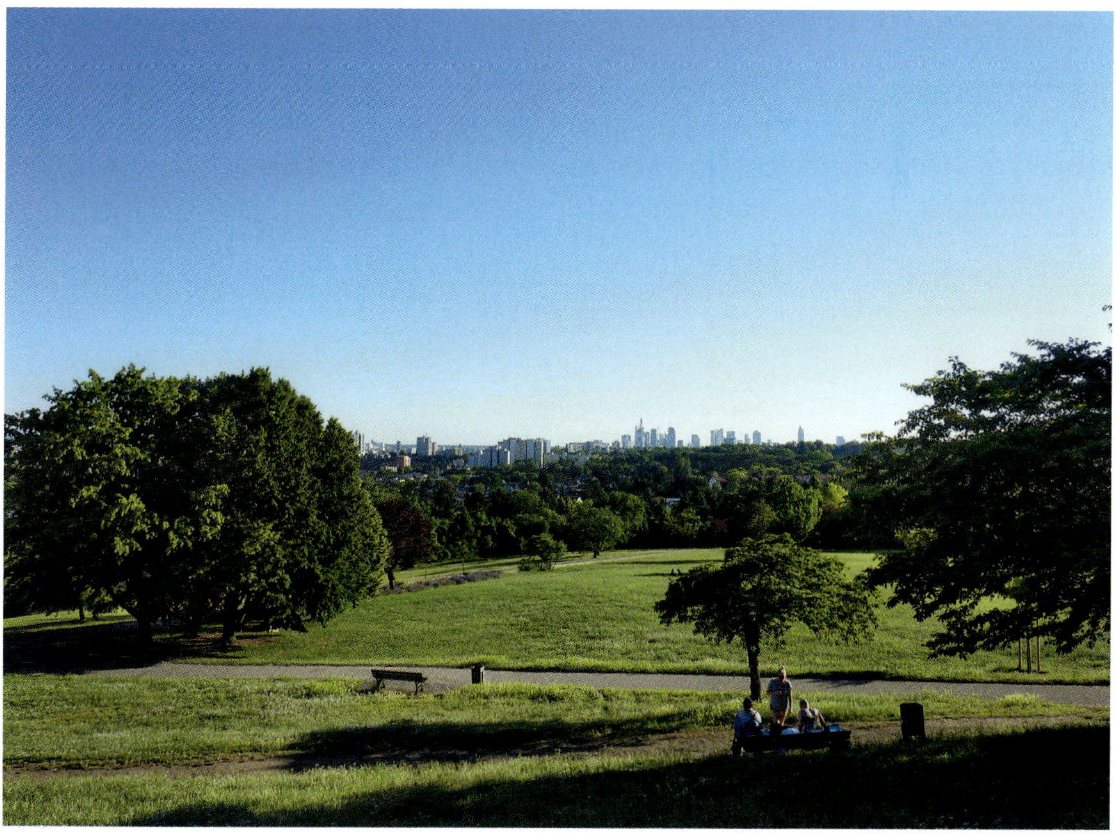

Lohrpark

Der 185 Meter hohe Lohrberg gilt als Hausberg Frankfurts. Gerade am Wochenende zieht es viele Städter zum Lohrpark. Für Kinder ist der Kinder-Erholungsgarten mit seinem Kinderspielplatz und Wasserspielbecken ein großer Anziehungspunkt. Im Winter bei Schnee nutzen Familien rege die Rodelbahn. Aber auch Vogelbeobachter, Fotografen, Jogger und Ballsportler finden hier ein geeignetes Gebiet, um ihrem Hobby nachzugehen.

Lohrbacher Hang Auf unserem Weg rechts am Weinberg entlang bietet sich die Möglichkeit, im Mainäppelhaus zu rasten. Das Äppel-Bistro bietet typische Frankfurter Gerichte zu selbst gekeltertem Ebbelwoi und Ebbelsaft. Natürlich kann man hier auch den Riesling vom Lohrbacher Hang verkosten. Danach lohnt sich ein Rundgang im Naturerlebnisgarten. Hier wachsen alte Apfelsorten und man kann Wild- und Küchenkräuter entdecken. Interessierte können zudem an Kräuterwanderungen, Baumschnittkursen oder auch an interessanten Vorträgen teilnehmen.

Zum Alten Zollhaus Nachdem wir den Weinberg hinter uns gelassen haben, führt die Strecke weiter bis zur Lohrberg-Schänke. Herrlich einladend ist der Biergarten, von dem man den Blick auf Frankfurt genießen kann. Auch hier gibt es die Möglichkeit, zu verweilen und frischen Apfelwein zu genießen. Die Straße Auf dem Lohr bringt uns weiter zum Berger Weg, dem wir links folgen. Der Weg führt direkt zur Friedberger Straße, die wir überqueren. Links gibt es das 1775 erbaute 5 **Alte Zollhaus** zum Pausieren. 1950 wurde es als bäuerliches Fachwerkhaus erneuert. Geradeaus

Der Lohrberg bietet viel Platz zum Spielen.

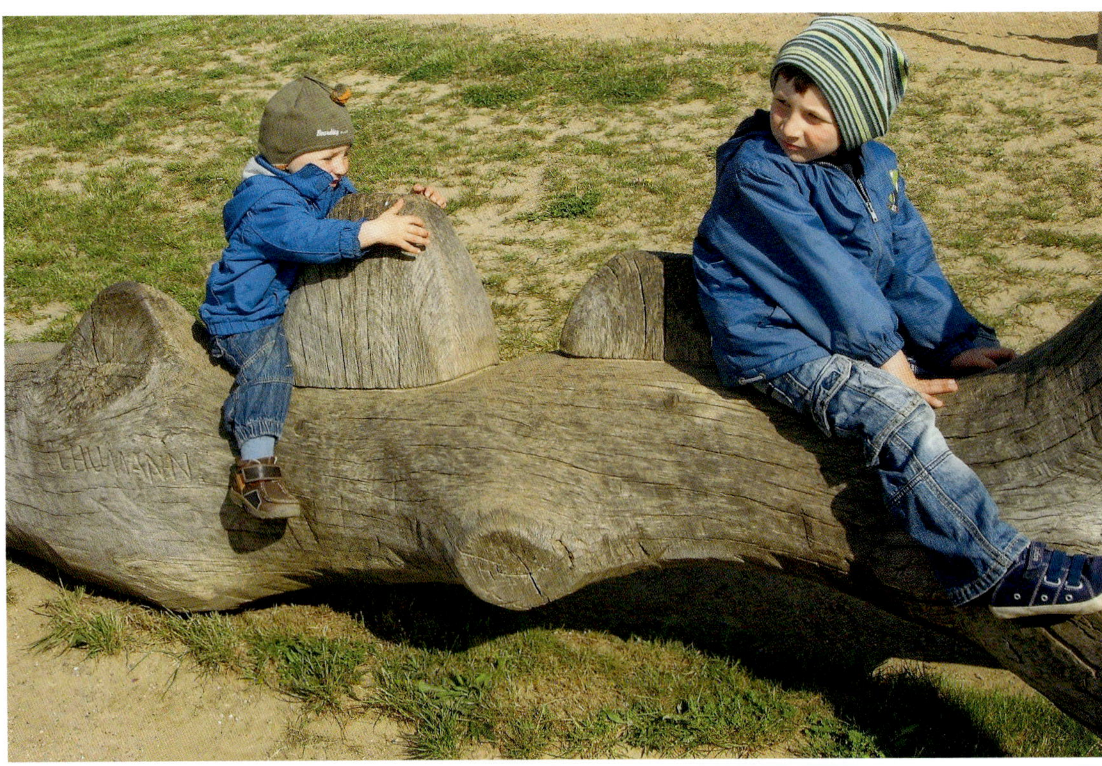

weiter ist der Heiligenstock nach kurzem Weg erreicht. Der alte Radiosender erhielt seinen Namen von dem kleinen Bildstock aus dem Mittelalter, der neben dem Gasthaus Altes Zollhaus steht. Wilde Rosen an der Ruine des ehemaligen Senders machen ihn besonders romantisch. Zudem bieten sich hier weiterhin schöne Aussichten auf die Skyline Frankfurts.

In Heilsberg Rechts weitergehend, führt uns der Oberwiesenweg über den Heiligenstockweg Richtung ❻ **Siedlung Heilsberg**. Heilsberg ist ein Stadtteil von Bad Vilbel und war ursprünglich eine Siedlung von Vertriebenen. Lehmziegelhäuser und der ehemalige Truppenübungsplatz markieren die Anfänge des heutigen Stadtteils nach dem Zweiten Weltkrieg.

An der Nidda entlang Parallel zur B3 geht es nun durch Streuobstwiesen bis zu Am Hainborn. Wir wandern parallel zur Nidda, bis wir am Berkersheimer Weg die Bahnlinie mithilfe einer Unterführung queren können. Nach dem Umrunden der Kläranlage biegen wir rechts in die Wiesengasse ein und folgen ihr. In Kürze gibt es die Möglichkeit, die Nidda zu überqueren. Danach halten wir uns rechts und wechseln die Straßenseite der Kasseler Straße. Nun befinden wir uns mitten im Kurpark und folgen dem Weg an der Nidda entlang Richtung Stadtbibliothek. Dabei streifen wir den Schützenhofsteg, den Spielplatz und das Römermosaik. Wir biegen rechts in die Frankfurter Straße ein, überqueren die Nidda und sind kurz danach zurück am Ausgangspunkt, dem Ⓔ **Brunnen- und Bädermuseum**.

Rieslingsreben am Lohrberg

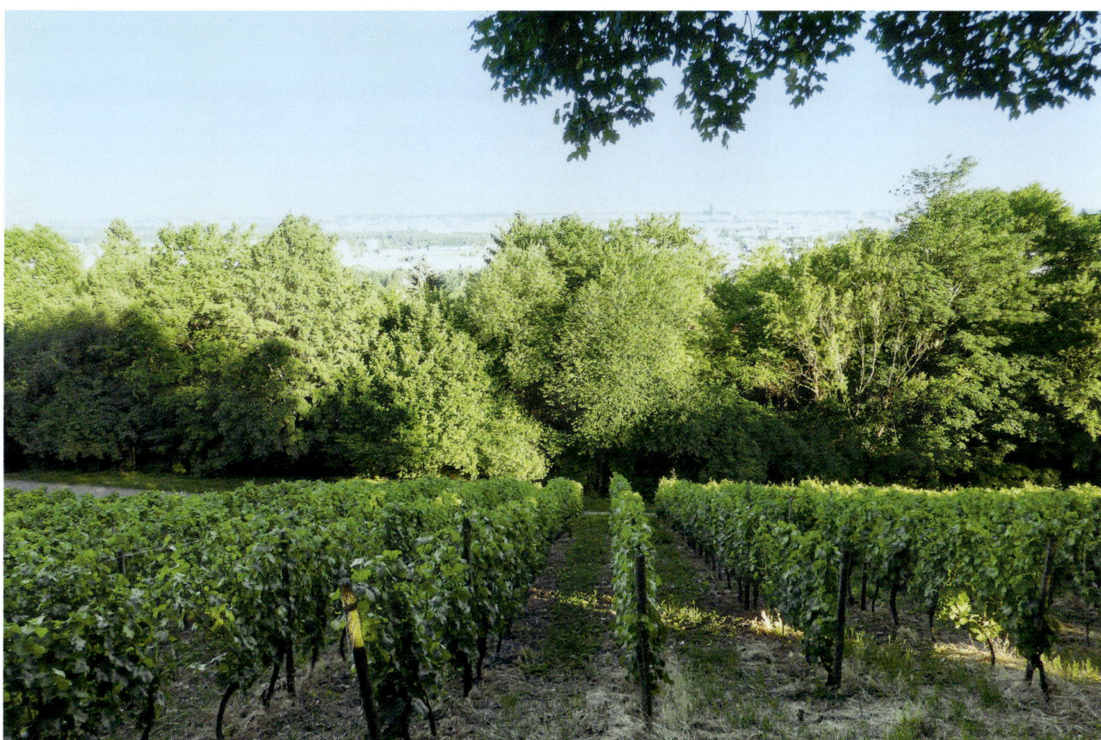

8 Berger Bischofsheimer Hang

Auf unmarkierten Wegen durch die Natur

Schwer | 4 Std. | 190 Hm | 16 km

Tourencharakter
Schwierige Rundwanderung aufgrund von unmarkierten Wegen auf hügeligem Gelände

Ausgangs- und Endpunkt
Riedbad Bergen-Enkheim, Fritz-Schubert-Ring 2, 60388 Frankfurt am Main

Höchster Punkt
Kleine Loh (190 Hm)

Anfahrt
Auto: A66 bis Ausfahrt 32 Bergen-Enkheim, Borsigallee, Vilbeler Landstraße und rechts in die Leuchte zum Riedbad
Bahn & Bus: U4 bis Enkheim, dann mit dem Bus 42 zum Riedbad

Gehzeiten
Riedbad – Hochstadt 1.75 Std. – Große Loh 1.25 Std. – Riedbad 1 Std.

Beste Jahreszeit
Januar bis Dezember

Einkehr
Gasthof zur Schäferstube, Schäfergasse 6, 63477 Maintal, Tel. 06109/623 10

Karte
Kompass Wanderkarte Frankfurt und Umgebung, Nr. 828

Info
Frankfurt Tourist-Information, Römerberg 27, 60311 Frankfurt am Main, www.frankfurt-tourismus.de

Die Tour führt von Bergen-Enkheim über das Ried einer ehemaligen Moorlandschaft nach Bischofsheim. Anschließend geht es zum Hartigwäldchen, zur kleinen und großen Loh auf der Hohen Straße und bis zum Berger Hang.

Am Parkplatz des (A) **Riedbads** in Bergen-Enkheim beginnt unser unmarkierter Rundweg. Wir folgen dem Riedgraben und wandern am Riedteich wenige Meter nach rechts. Der Riedteich steht seit 1937 unter Naturschutz. Schilfröhricht umgibt das Ufer und ist ein bevorzugtes Gebiet für mehrere Vogelarten. Nur von einer Stelle kann man gut auf den Riedteich blicken.

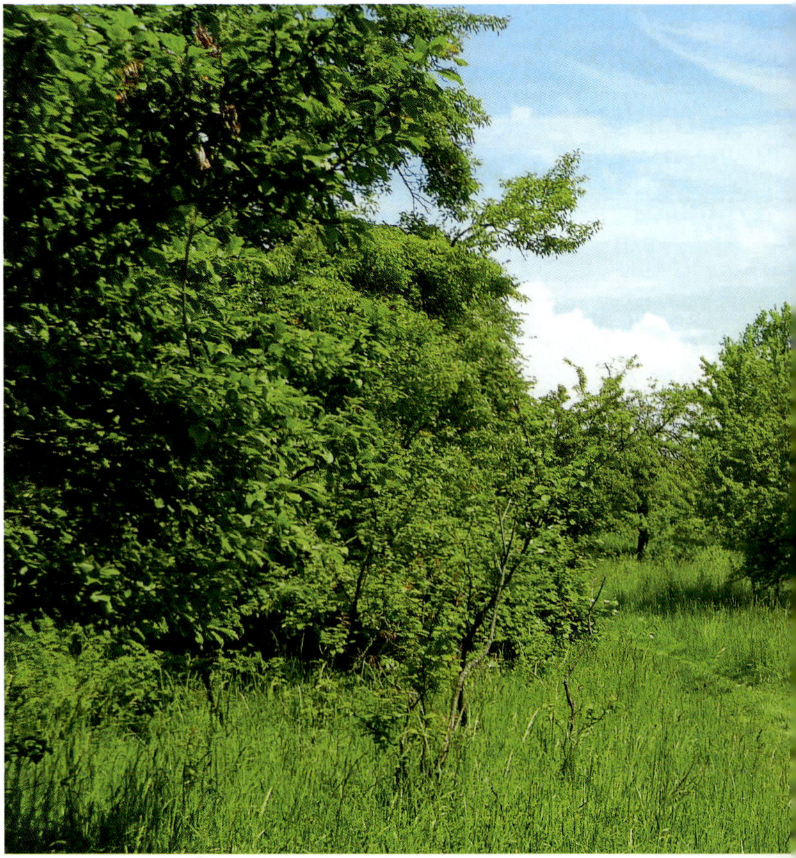

Ein schöner Wandertag im Sommer auf dem Berger Hang

Im Enkheimer Ried Der Nachtigallenweg bringt uns bis zum Naturschutzgebiet **❶ Enkheimer Ried**. Seltene und geschützte Pflanzen- und Tierarten haben hier ihr Zuhause gefunden. Eine davon ist die Europäische Sumpfschildkröte, die überwiegend im Wasser lebt. Im Winter taucht das Tier tief auf den Grund und fällt in die Winterstarre.

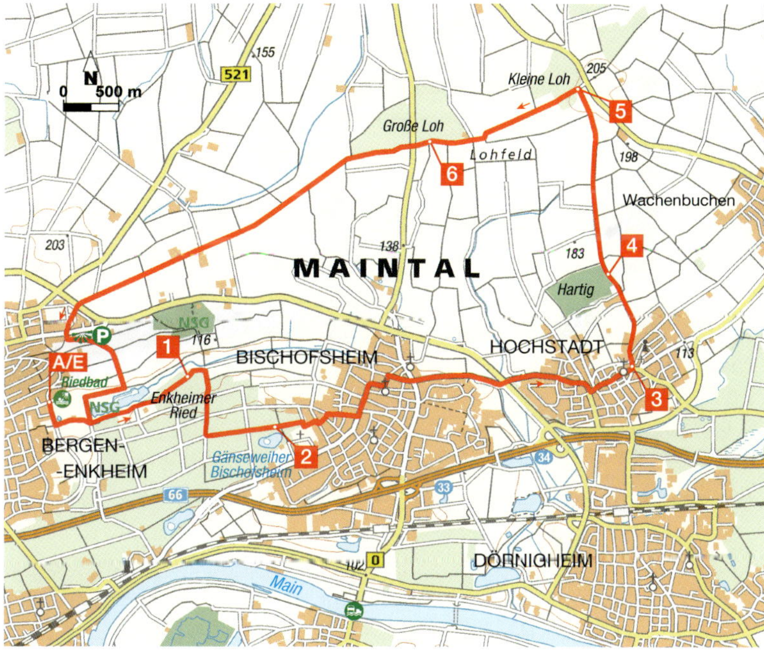

Rechts wandern wir ein kleines Stück die Grenzschneise entlang, bevor wir links in die Alte Gelnhäuser Straße von Bischofsheim einbiegen. Erstmalig wurde

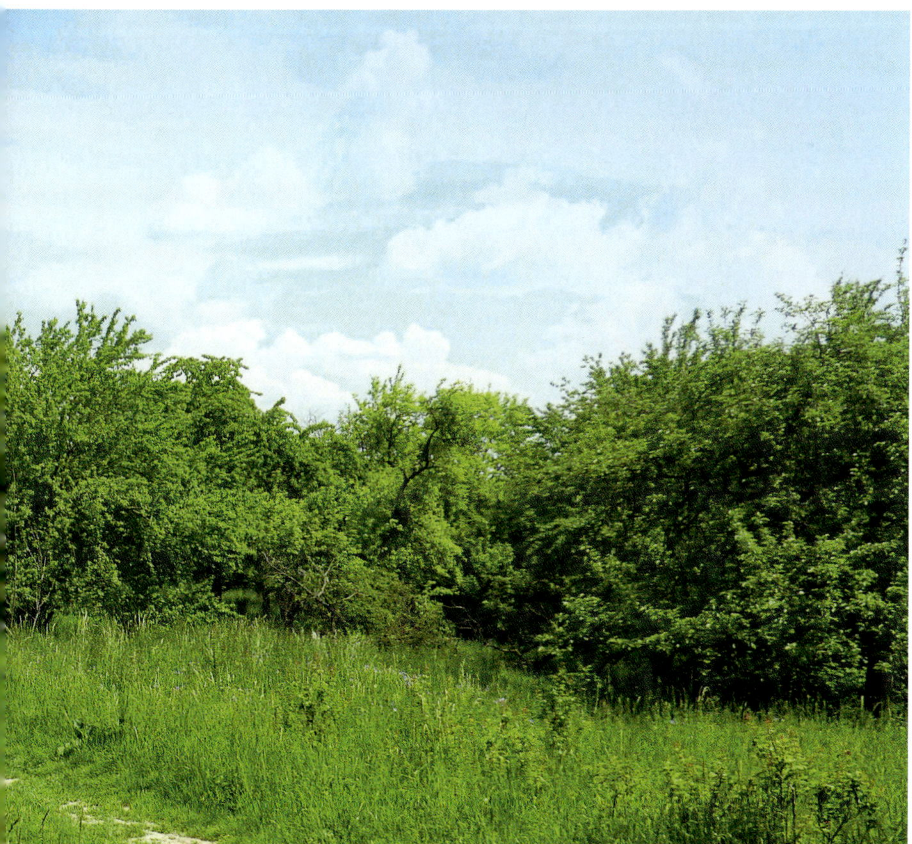

Bischofsheim im Jahr 880 urkundlich erwähnt. Am ❷ Gänseweiher von Bischofsheim, der sich nur wenige Minuten von der Gelnhäuser Straße befindet, wachsen mehrere sehenswerte Alteichen. Der Umfang der Stämme beträgt um die drei bis vier Meter und ihre Höhe liegt zwischen 25 und 35 Metern. Sie sind bis zu 380 Jahre alt und wirken sehr eindrucksvoll.

Links: Mehrere Bänke laden zu einer Pause auf dem langen Weg ein.

Mitte: Auf den unmarkierten Wegen ist Orientierung gefragt.

Rechts: Kleine Informationsstele: Wanderwege Berger-Bischofsheimer Hang

Richtung Hochstadt Wir gehen weiter auf der Jahnstraße und biegen links in die Schäfergasse, die uns zur Hochstädter Straße bringt. Rechts ein Stück auf ihr entlang können wir bald in die Ledergasse links abbiegen. Auf ihr gehen wir weiter geradeaus und überqueren die L3209 und wandern rechts weiter. Wir queren den Weidbach und sehen rechts ❸ Hochstadt. Hochstadt als Teil der Hessischen Apfelweinstraße besitzt einige Sehenswürdigkeiten. Das erhöht gelegene Obertor ist Teil einer Ringmauer aus dem Mittelalter und gilt als Wahrzeichen. In direkter Nähe des Obertors befindet sich die Wehrkirche St. Kilian. Im Inneren können wertvolle Decken- und Wandmalereien bestaunt werden. Zudem befindet sich hier ein Gedenkstein für die Siamesischen

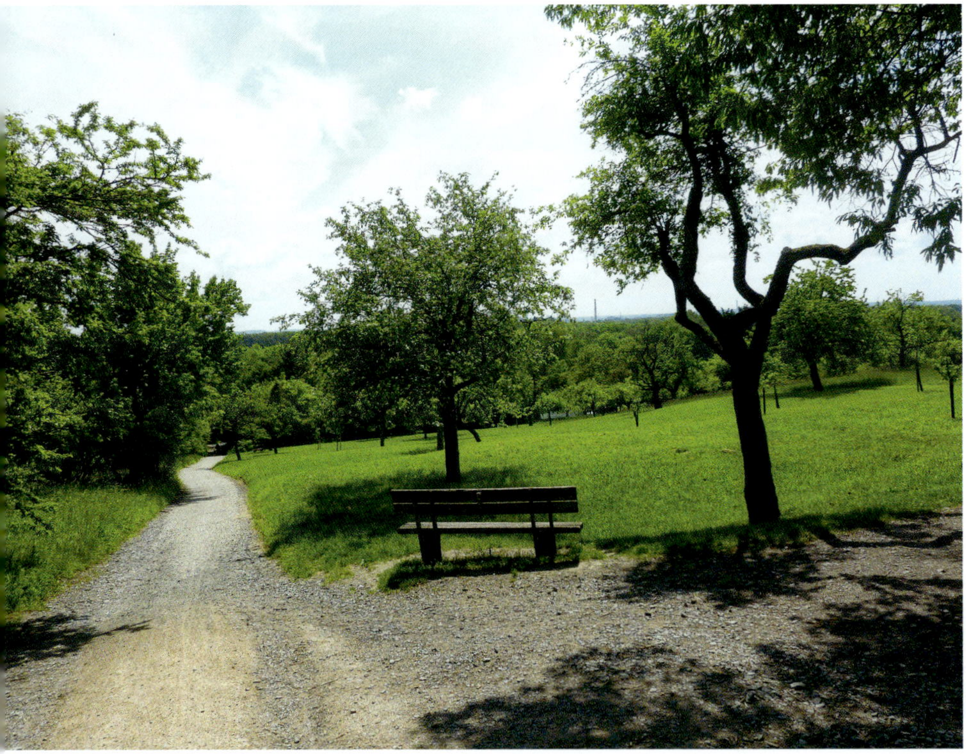

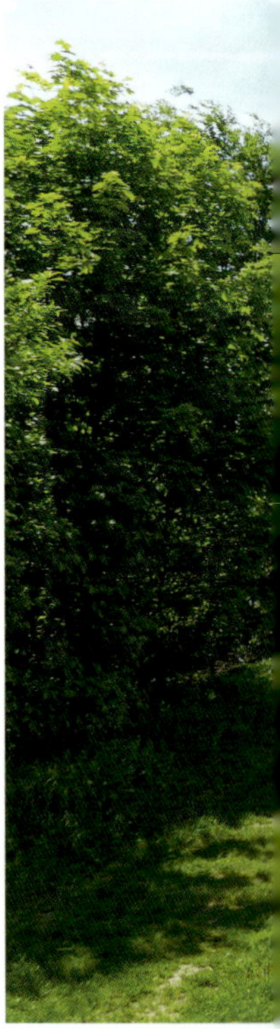

Zwillinge Schernink. Sie wurden im Jahr 1642 geboren und sind nach wenigen Tagen verstorben. Der einstige Wehrturm ist heute Glocken- und Uhrturm.

Zur Kleinen Loh Weiter an den sonnigen Streuobstwiesen und Feldern entlang, haben wir bald die ❹ Hartig bei Hochstadt erreicht. Aufmerksame Beobachter können hier bunte Schmetterlinge entdecken. Wir umrunden die Hartig und wandern weiter an Wiesen und Feldern entlang bis zur ❺ **Kleinen Loh**. Hier halten wir uns links und wandern auf der Hohen Straße, die dem Verlauf einer ehemaligen Handelsroute folgt, weiter. Wer einen Abstecher machen möchte, der erreicht rechter Hand den Lausbaum auf der Hohen Straße, der als Rastplatz sehr beliebt ist. Von diesem einsamen Baum mit seiner mächtigen Baumkrone bieten sich herrliche Aussichten auf das Nidda- und Maintal.

Zur Großen Loh Auf unserem ursprünglichen Weg und dem Teilstück, das wir nun begehen, haben wir fantastische Aussichten auf Frankfurt. Das Waldstück ❻ **Große Loh** ist jetzt schon sichtbar. Es wird vermutet, dass der Name Loh sich auf den lateinischen Begriff *lucus* bezieht. Damit bezeichnete man ein gemeinsames Waldstück, das von mehreren Personen zur privaten Holzwirtschaft genutzt wurde. Am Waldrand entlang überqueren wir als Nächstes

Riedbad

Direkt am Naturschutzgebiet Enkheimer Ried befindet sich das Riedbad. Nach einer Wanderung können Erholungssuchende hier wunderbar entspannen.
Ein Highlight des Bads ist die Saunalandschaft mit den Natursteinmauern und dem Fachwerk. Im Außenbereich sorgen ein Kneippbecken und eine Wasserfalldusche für eine gehörige Abkühlung nach dem Saunagang. Mehr Informationen unter www.bbf-frankfurt.de.

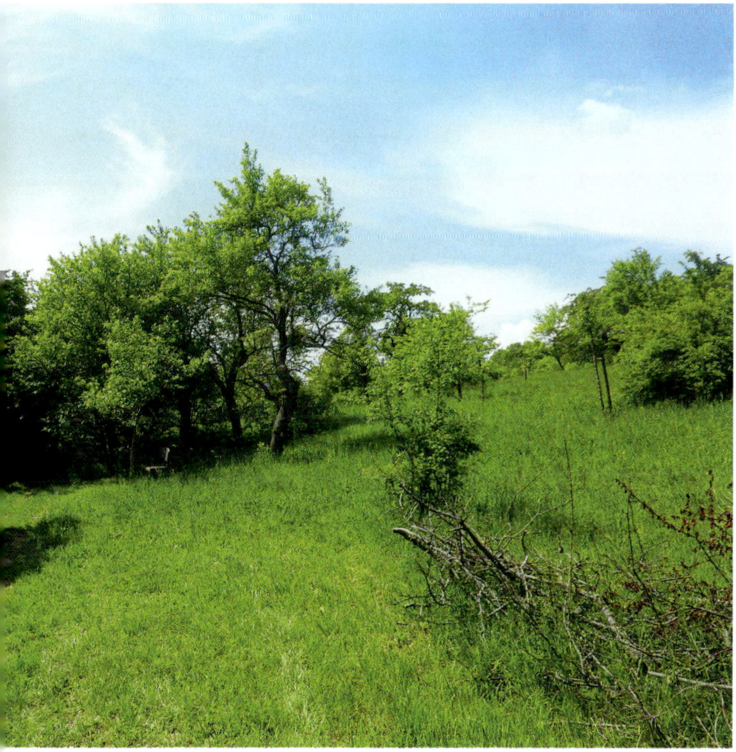

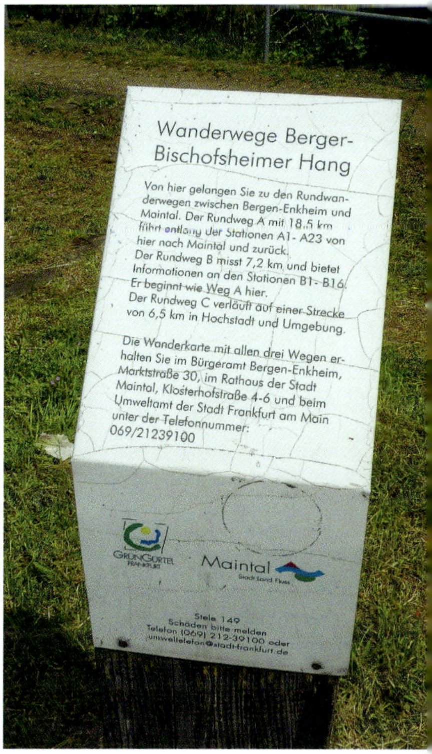

die L3205, die zwischen der Großen Loh hindurchführt. Von der Großen Loh geht es geradewegs auf der Hohen Straße bis nach Bergen-Enkheim. Links biegen wir in den Gräsigter Weg ein, überqueren die Marktstraße und folgen dem Martin-Schäfer-Weg. Dieser bringt uns direkt zum Riedweg, dem wir rechts folgen. Am Riedteich parallel entlang, haben wir bald wieder den Ausgangspunkt am Ⓔ **Hallen- und Freibad Bergen-Enkheim** erreicht.

9 Fechenheimer Waldsee

Die Natur lehrreich genießen

Leicht | 1 Std. | 15 Hm | 2,6 km

Tourencharakter
Kurze und leichte Tour im Wald zum See

Ausgangs- und Endpunkt
Waldparkplatz, Wilhelm-Kraft-Park, 60386 Frankfurt am Main

Höchster Punkt
Fechenheimer Waldsee (108 Hm)

Anfahrt
Auto: Über die B8 (Hanauer Landstraße) in die Kilianstädter Straße zum Waldparkplatz
Bahn & Bus: Buslinie 940 Haltestelle Birsteiner Graben, von dort die Kilianstädter Straße in östlicher Richtung bis zum Waldspielpark laufen

Gehzeiten
Parkplatz – Waldsee 0.25 Std. – Umrundung Waldsee ca. 0.5 Std. – Parkplatz 0.25 Std.

Beste Jahreszeit
Januar bis Dezember

Einkehr
Waldkiosk im Spielpark Wilhelm-Kraft-Park

Karte
Kompass Wanderkarte Frankfurt und Umgebung, Nr. 828

Info
Frankfurt Tourist-Information, Römerberg 27, 60311 Frankfurt am Main, www.frankfurt-tourismus.de

Mitten im Fechenheimer Wald verbirgt sich ein romantisches Kleinod – der Fechenheimer Waldsee. Dieser kann gemütlich umrundet werden. Zudem informiert der zum Lehrpfad gestaltete Uferweg die Ausflügler über die heimische Pflanzen- und Tierwelt.

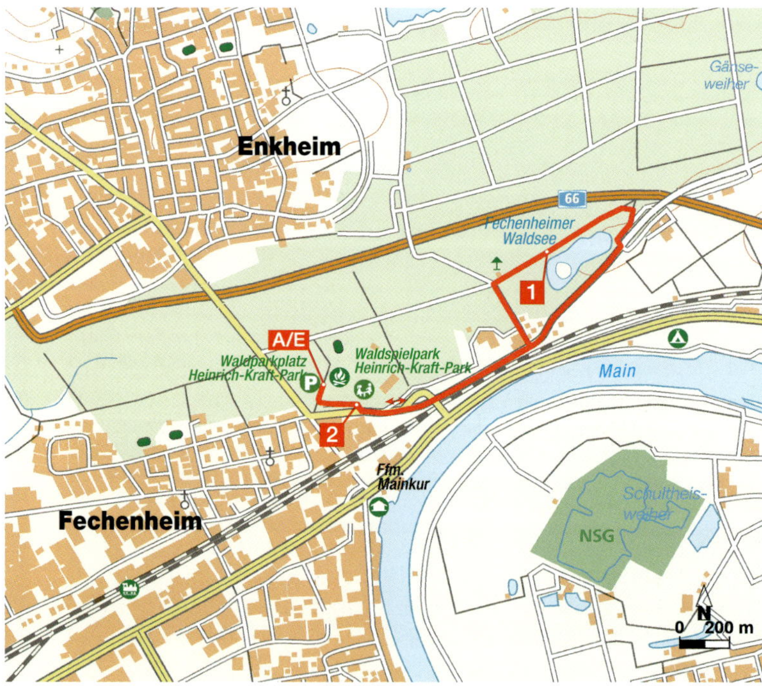

Die familientaugliche Wanderung führt uns in den Fechenheimer Wald. In Fechenheim als ehemaligem Fischerdorf sind immer noch Spuren der Vergangenheit erkennbar. So deuten Namen wie Am Fischwehr, Fachfeld und Fachweg auf altes Gewerbe hin. Auch im Dorfwappen wurde die einstige Haupteinnahmequelle der Fechenheimer verewigt.
Im Fechenheimer Wald wachsen auf dem sandigen Untergrund des alten Mainbetts beeindruckende Eichen, Hainbuchen und Douglasien. Im Frühjahr blühen hier Buschwindröschen und Maiglöckchen. Mit ein bisschen Glück kann man zudem Dachse, Hasen, Kaninchen, aber auch Rehe auf ihrem Weg durch den Wald beobachten.

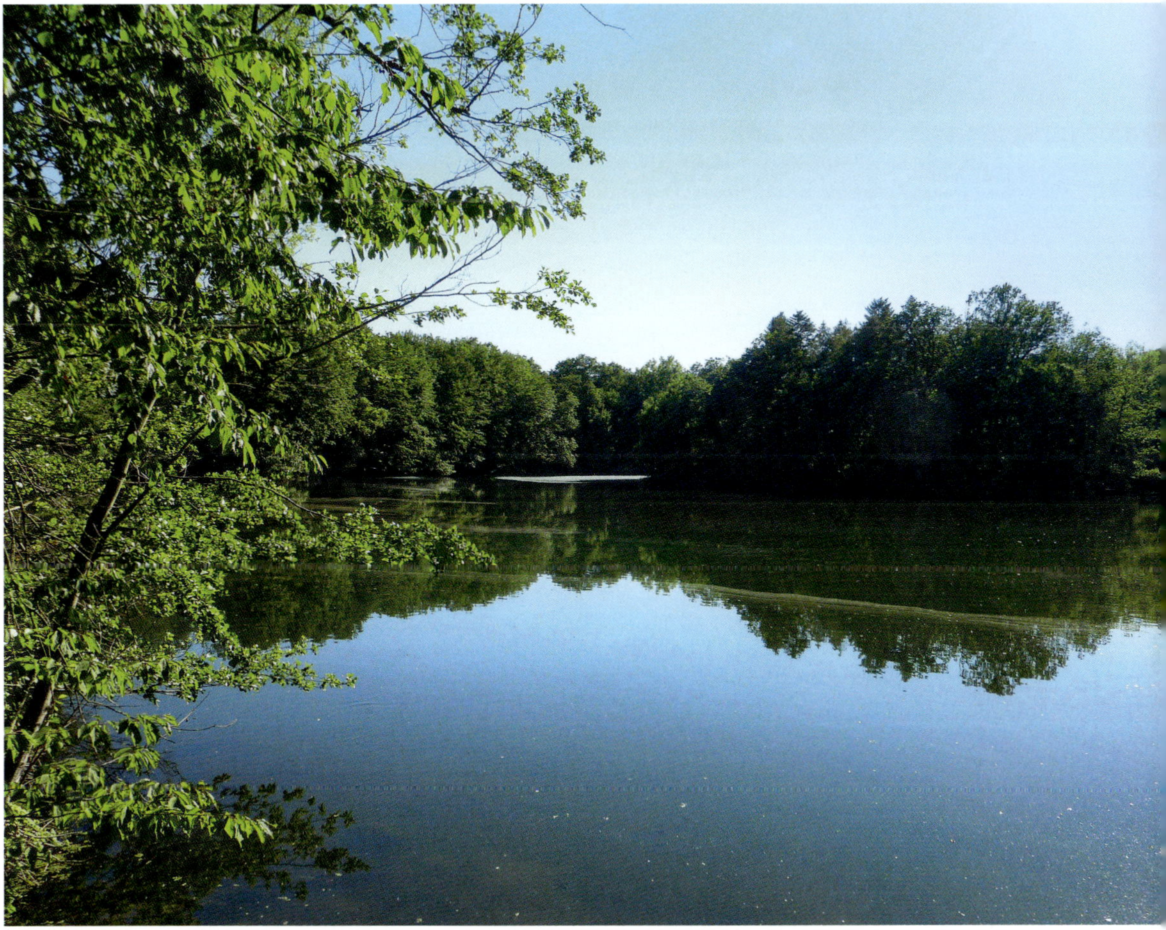

Kleine Auszeit am Fechenheimer Waldsee

Zum friedlichen Waldsee Der Ⓐ **Waldparkplatz Heinrich-Kraft-Park** dient uns als Startpunkt. Wir folgen der Kilianstädter Straße, die später in den Wilhelmsbader Weg übergeht. Von dort nehmen wir den linken Abzweig in den Wald. Dann bei der nächsten Gelegenheit rechts und so gelangen wir schließlich zum ❶ **Fechenheimer Waldsee**, den wir nun umrunden. Einst entstand der Waldsee durch Kiesabbau. Im Jahr 1938 stellte man den Abbau ein und legte einige Tümpel für Zugvögel an. 1960 wurden die Teiche dann zusammengelegt und ausgebaut. Mittlerweile ist der See etwa 2,6 Hektar groß und ein harmonischer Ort inmitten des Waldes.

Auf dem Lehrpfad Der bequeme und idyllische Uferweg wurde als Naturlehrpfad ausgebaut. Man kann hier vieles zur Pflanzen- und Tierwelt des Weihers erfahren. Verschiedene Bäume und Sträucher säumen das Gewässer. Neben Schwarz-Erlen wachsen hier auch Eschen, Vogelkirschen und Roteichen.

Rathaus Fechenheim

Das Rathaus gilt in Fechenheim als Wahrzeichen. Das Juwel in der Pfortenstraße 1 wurde 1902 im Stil der Neorenaissance erbaut. Ein schiefergedecktes Dach, ein umlaufender Balkon, der eine gute Sicht verspricht, sowie auffallende Giebel machen es zu einem besonderen Schmuckstück.

Direkt am Ufer stehen Rohrkolben, Binsen und Schilfrohr. Im Waldsee selbst tummeln sich unter anderem Zander und Hechte. Am Westufer ragt eine kleine Insel aus dem Wasser. Hier brüten viele Vögel, und sie ist ein Lebensraum für verschiedene Reptilien und Amphibien. Der See ist fischreich und deshalb bei Anglern beliebt. Gleich an mehreren Stellen wird hier gefischt, was später auf dem Teller landet. Daneben schätzen auch große und kleine Erholungssuchende das Gewässer, um hier mit und ohne Vierbeiner zu entspannen. Sonnige und schattige Stellen laden zum Picknick oder einfach zum geselligen Beisammensein ein.

Zum Waldspielpark Nach der kurzweiligen Umrundung führt uns der bekannte Weg über den Wilhelmsbader Weg und die Kilianstädter Straße wieder zurück. Alternativ kann auch der Schwarze Weg bzw. die Oberwaldschneise genutzt werden. Für abenteuerlustige Familien mit Kindern ist ein anschließender Aufenthalt im

Im Waldspielpark wird gern gespielt!

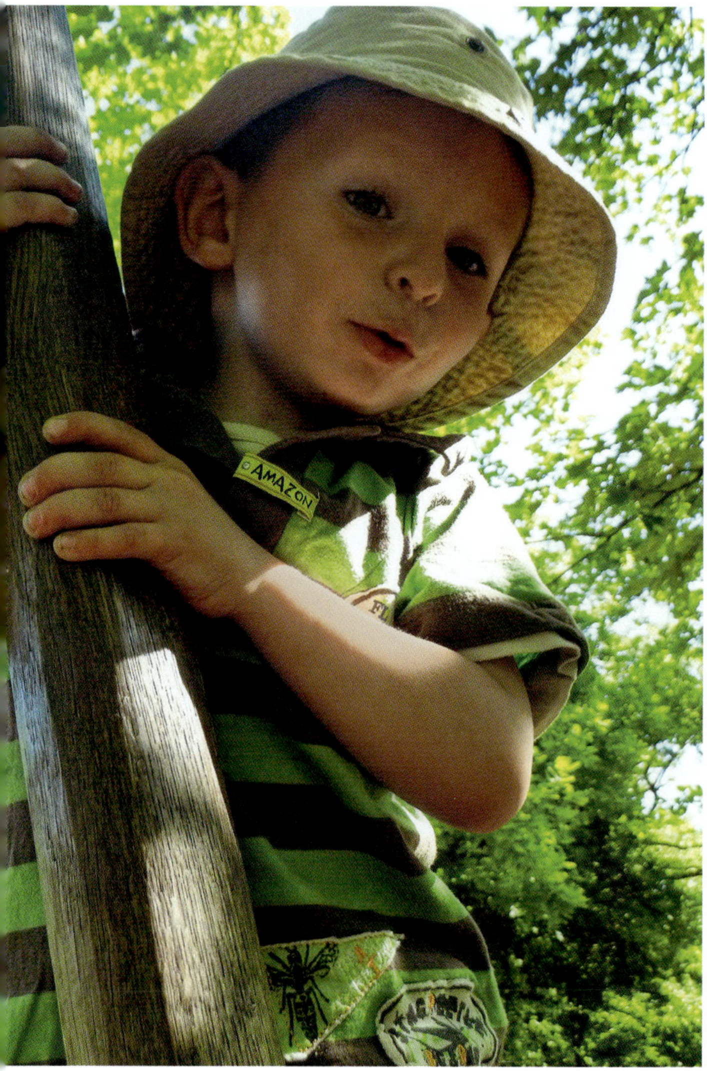

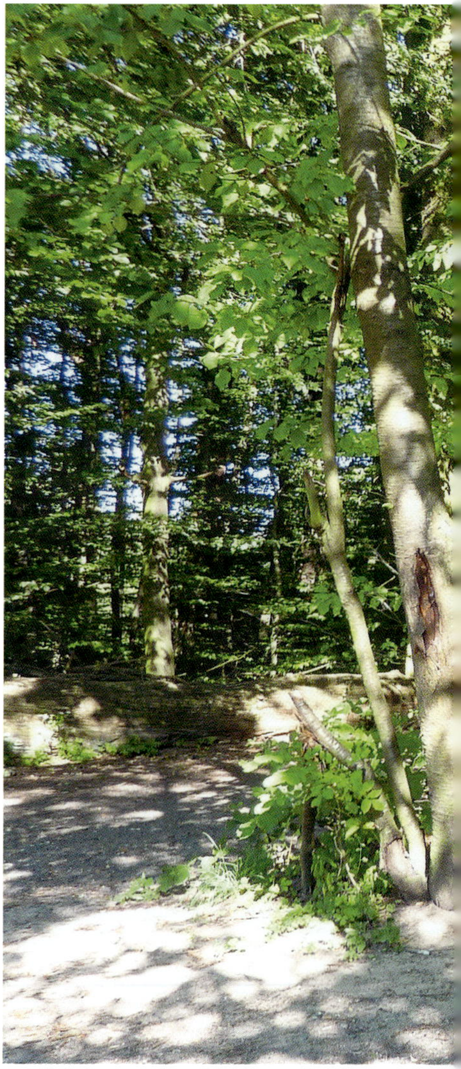

❷ **Waldspielpark Heinrich-Kraft-Park** zu empfehlen, der sich ebenfalls im Fechenheimer Wald befindet. Der knapp neun Hektar große Park liegt mitten im Eichenwald und ist jederzeit zugänglich. Er bietet viel Platz zum Toben und Erkunden. Neben einer Rollschuhbahn, einem Basketballplatz und Bolzplätzen gibt es auch Spielgeräte für Kinder mit Handicap. Der unbestrittene Lieblingsplatz für kleine Abenteurer ist die Kletterburg aus Holz mit Seilbahn und zwei langen Röhrenrutschen. An die Teenager wurde ebenfalls gedacht: Die Skater- und BMX-Anlagen mit Halfpipes fordern die Kühnsten unter ihnen heraus. Um den Park gibt es zudem einen Trimm-dich-Pfad, der zur körperlichen Betätigung animiert. Außerdem findet sich in der Nähe im Schatten der Bäume eine Minigolfanlage. Für den großen oder kleinen Appetit bietet ein Kiosk Snacks zur Stärkung. Nach dem kleinen Abstecher erreichen wir in wenigen Minuten wieder unseren Ausgangspunkt, den Ⓔ **Waldparkplatz**.

Gemütliche Bank für ein Picknick

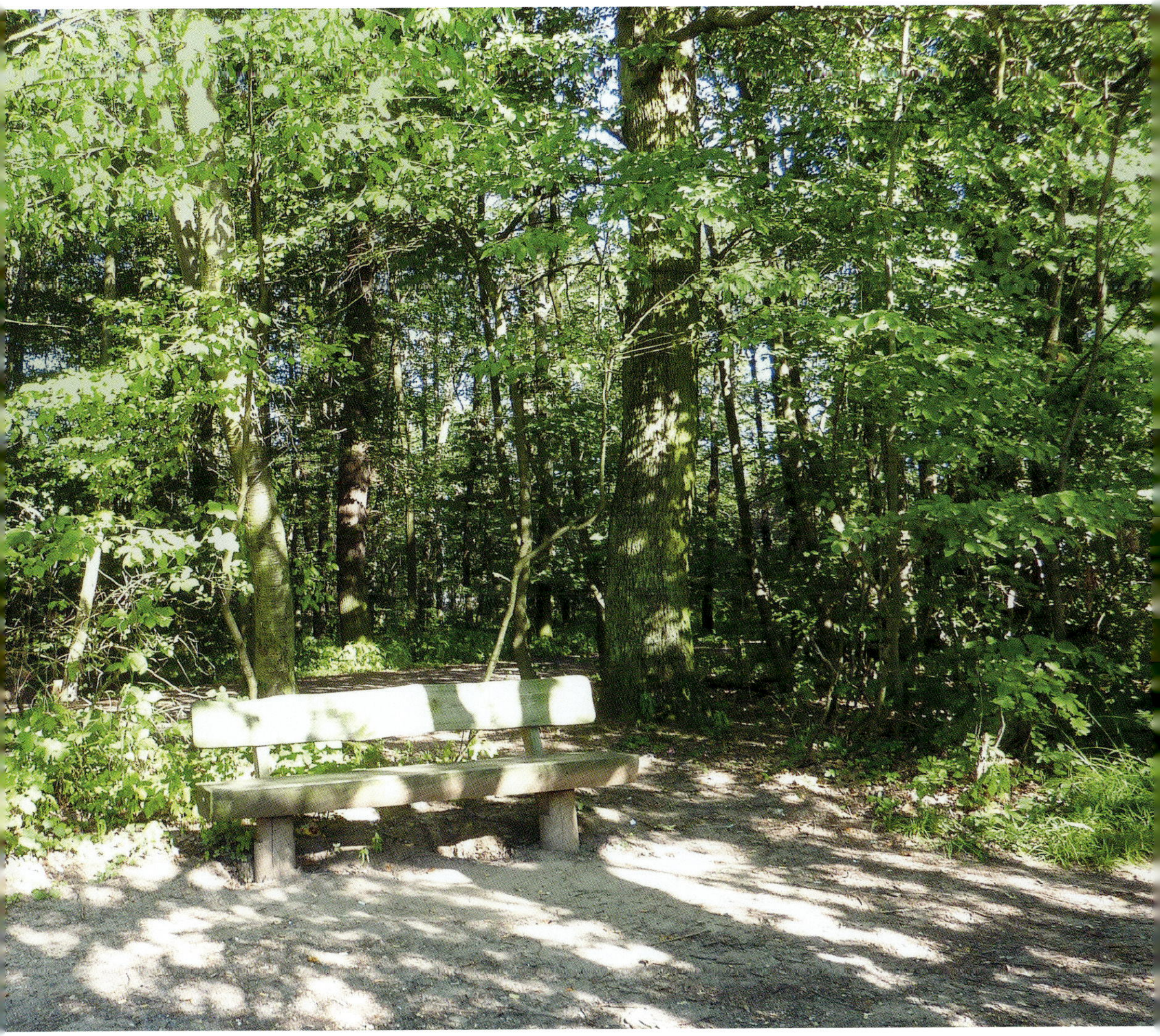

10

Naturschutzgebiet Berger Hang

An Bächen und Weihern entlang

Leicht 2.5 Std. 151 Hm 11 km

Tourencharakter
Gut begehbare Tour mit viel Wasser und einem Spielplatz

Ausgangs- und Endpunkt
Bahnhof Mainkur, An der Mainkur 11, 60386 Frankfurt

Höchster Punkt
Berger Hang (150 Hm)

Anfahrt
Auto: Über die A66 oder A661 auf die B8 zum Bahnhof
Bahn: Mit der Regionalbahn zum Bahnhof Mainkur

Gehzeiten
Bahnhof – Berger Hang 1 Std. – Fechenheimer Weiher 1 Std. – Bahnhof 0.5 Std.

Beste Jahreszeit
Januar bis Dezember

Einkehr
ESSbahnstation, An der Mainkur 11, 60386 Frankfurt, Tel. 0151/18 21 82 55, www.mainkurbahnhof.de

Karte
Kompass Wanderkarte Frankfurt und Umgebung, Nr. 828

Info
Frankfurt Tourist-Information, Römerberg 27, 60311 Frankfurt am Main, www.frankfurt-tourismus.de

Von dem ehemaligen Fischerdorf geht es durch das Naturschutzgebiet Enkheimer Ried direkt zum Naturschutzgebiet Berger Hang. Am Fechenheimer Weiher lassen sich abschließend schöne Ausblicke genießen.

Der Stadtteil Fechenheim, ein ehemaliges Fischerdorf, ist ein gemütlicher Stadtteil Frankfurts. Mit seiner urigen Ortsmitte und dem Fechenheimer Mainufer gilt er als beschaulich und wird gern besucht. Der hiesige Bahnhof in Fechenheim ist der heutige Startpunkt. Im Jahr 1847 wurde der **A Bahnhof Mainkur** errichtet. Heute finden in dem ehemaligen Empfangsgebäude Veranstaltungen, aber auch Kunstausstellungen statt. Zudem kann hier herrlich in der ESSbahnstation gespeist werden.

Zum Waldspielpark Vom Bahnhof Mainkur gehen wir die Vilbeler Landstraße entlang und überqueren später die Bahnschienen. In wenigen Minuten ist die Kilianstädter Straße erreicht, wo wir die Straßenseite wechseln. Rechts ein Stück auf der Kilianstädter Straße, gelangt man in Kürze

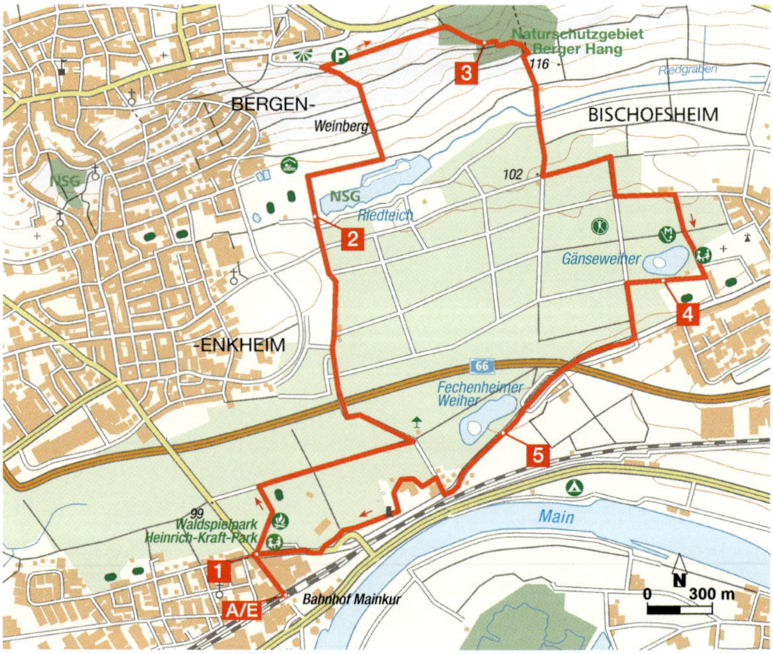

Rechte Seite: Schattige Wege sind im Sommer eine Wohltat.

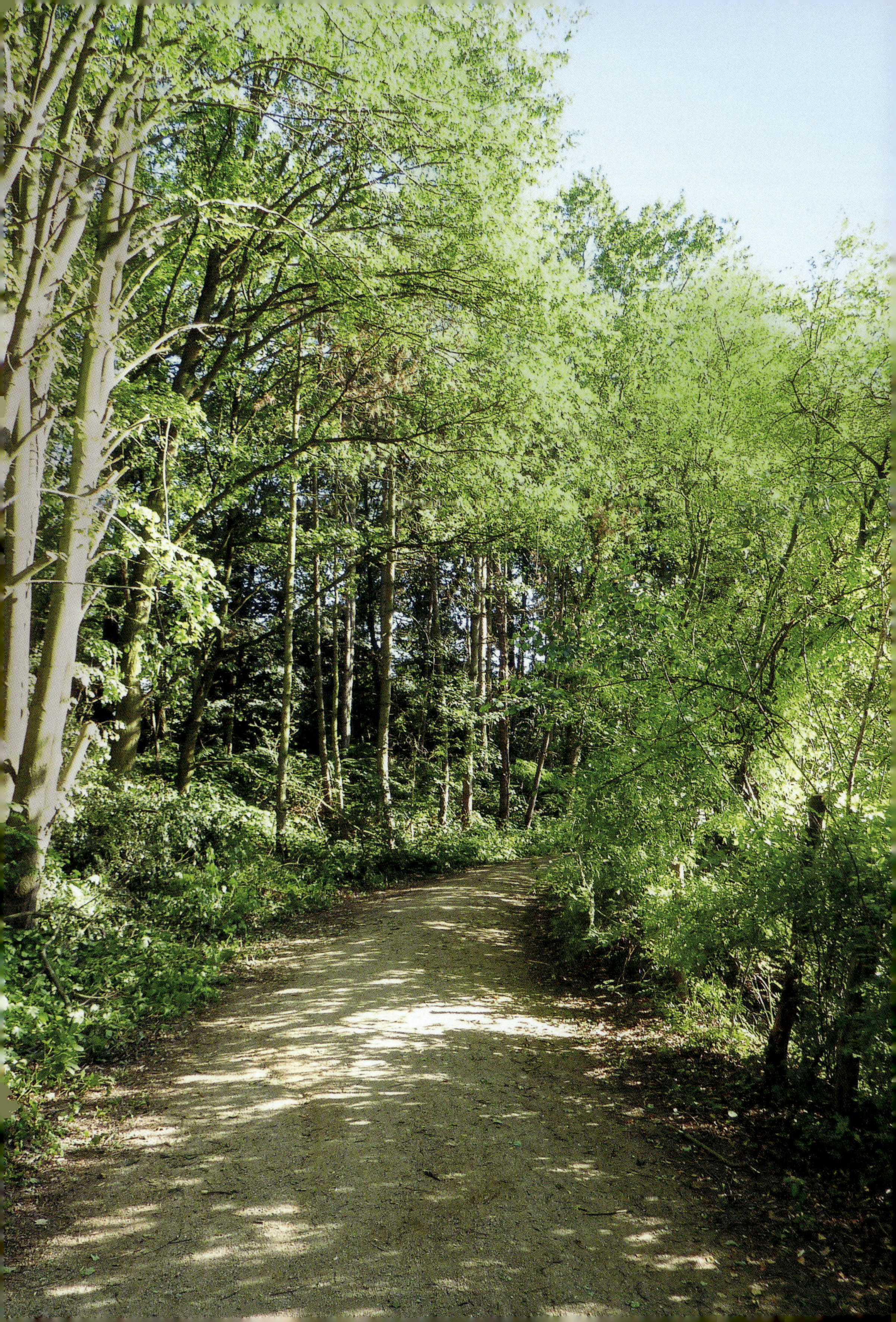

links zum Parkplatz am ❶ **Waldspielpark Heinrich-Kraft-Park**. Der Waldspielpark ist für Kinder eine anregende Spiellandschaft. Neben zwei Bolzplätzen befinden sich hier eine Rollschuhbahn und mehrere Spielgeräte wie Rutsche und Klettergerüst. Große Bäume sorgen gerade in der heißen Jahreszeit für angenehmen Schatten.

Im Naturschutzgebiet Enkheimer Ried Auf direktem Weg geht es weiter zur Oberwaldschneise. Wir befinden uns in einer waldreichen Umgebung und unser Weg führt weiter zur A66, die wir überqueren. Dahinter befindet sich das Naturschutzgebiet Enkheimer Ried, wo uns der Dammweg zum ❷ **Riedteich** führt. Im Enkheimer Ried können viele Tierarten beobachtet werden. Mit ein bisschen Glück hoppeln Feldhasen oder Wildkaninchen vorbei. Heuschrecken, Kröten, aber auch mehrere Vogelarten tummeln sich ebenfalls in dem Gebiet. Die Spießente und die europäische Sumpfschildkröte sind auch im Ried zu Hause. Zu den besonderen in dem Gebiet wachsenden Pflanzen zählen das Breitblättrige Knabenkraut und verschiedene Sumpf-Seggen-Arten.

Links: Für die größeren Kinder gibt es eine Skateranlage.

Mitte: Auch hier grüßt das GrünGürtel-Tier.

Rechts: Romantische Stimmung am Weiher

Im Naturschutzgebiet Berger Hang Hinter dem Riedteich laufen wir rechts den Riedweg entlang, bis wir links in den Martin-Schäfer-Weg abbiegen können. Später führt uns, rechts abbiegend, der Oskar-Schubert-Weg zum ❸ **Naturschutzgebiet Berger Hang**. Der Berger Hang ist dafür bekannt, dass hier ein wärmeres Klima vorherrscht als im übrigen Frankfurter Raum. Früher baute man hier sogar Wein an. Das Areal

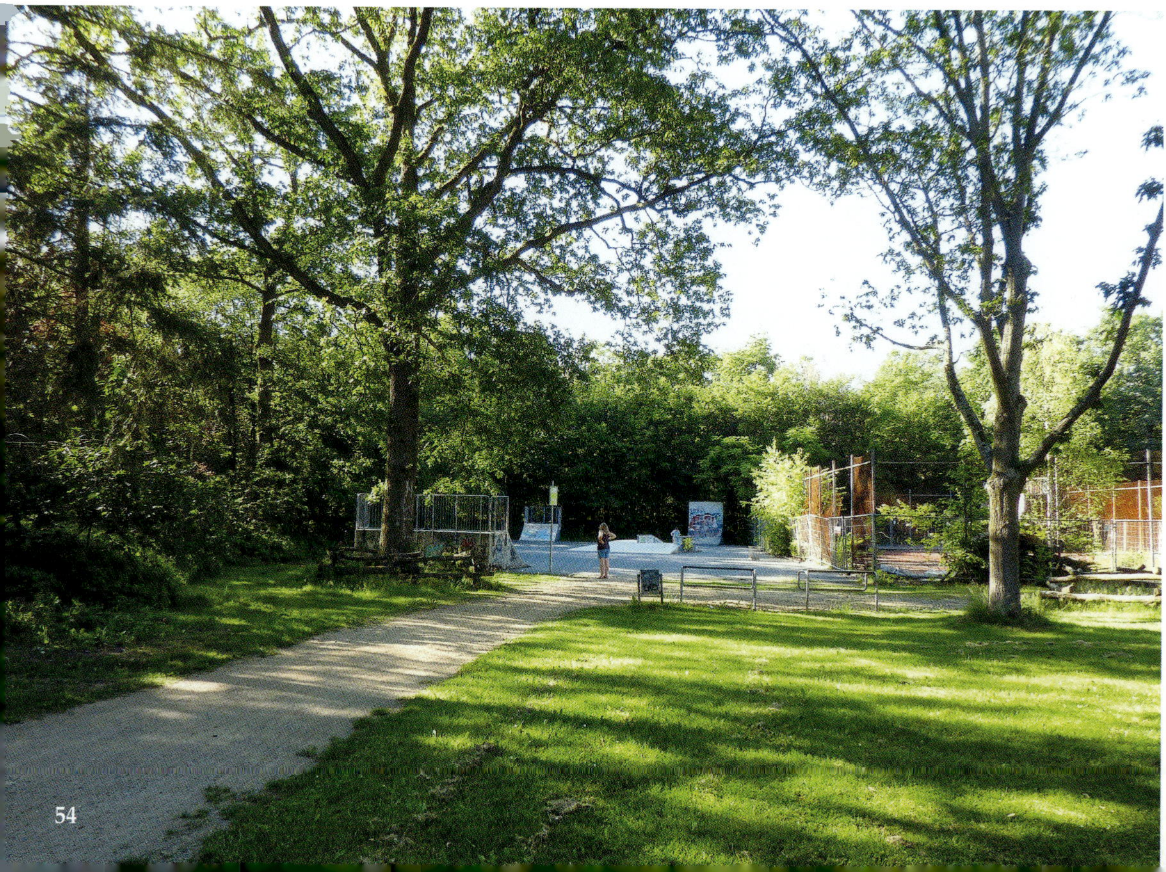

ist vor allem durch Streuobstwiesen und Halbtrockenrasen geprägt. Auch lassen sich hier viele Orchideenarten entdecken. Vogelkundler und Fotografen freuen sich dagegen über Kuckuck und Buchfink.
Zu den Weihern rechts führt uns später die Maintaler Grenzschneise über den Tränkebach. Links und wieder rechts wandernd, überqueren wir zunächst die Alte Gelnhäuser Straße und halten uns weiter geradeaus. An der Poststraße biegen wir links und wieder rechts ab, bis wir den Bischofsheimer Weg queren können. In Kürze ist der ❹ **Gänseweiher** erreicht, den wir zu drei Vierteln umrunden. Auf dem Bischofsheimer Weg halten wir uns nun links und gleich wieder links, bis wir auf den Fechenheimer Weg stoßen. Rechts auf ihm weitergehend, kommen wir zum ❺ **Fechenheimer Weiher**. Der Weiher entstand durch Kiesabbau. Heute tummeln sich hier Hechte und Zander, während auf einer kleinen Insel im Weiher die Vögel brüten. Hinter dem Fechenheimer Weiher bringt uns der Weg links zum Wilhelmsbader Weg, der in die Kilianstädter Straße mündet. Rechts weiter in die Straße Am Roten Graben, erreichen wir die Freizeit- und Wohnanlage der Luisa-Heuser-Stiftung, die wir umrunden. Auf dem Wasserturmweg wandern wir parallel zu den Bahnschienen und erreichen die Kilianstädter Straße, der wir weiter folgen. Links führt uns die Vilbeler Landstraße wieder über die Bahnschienen und schließlich zum Ⓔ **Bahnhof Mainkur**.

Fischerfest

Direkt in der Ortsmitte von Fechenheim am Linneplatz findet alljährlich im September das Fischerfest statt. Neben der Fechenheimer Fischerfestforelle gibt es für Einheimische und Touristen allerlei Stände zu besuchen. Die Livemusik sorgt dabei noch für den gehörigen Schwung unter den Besuchern.

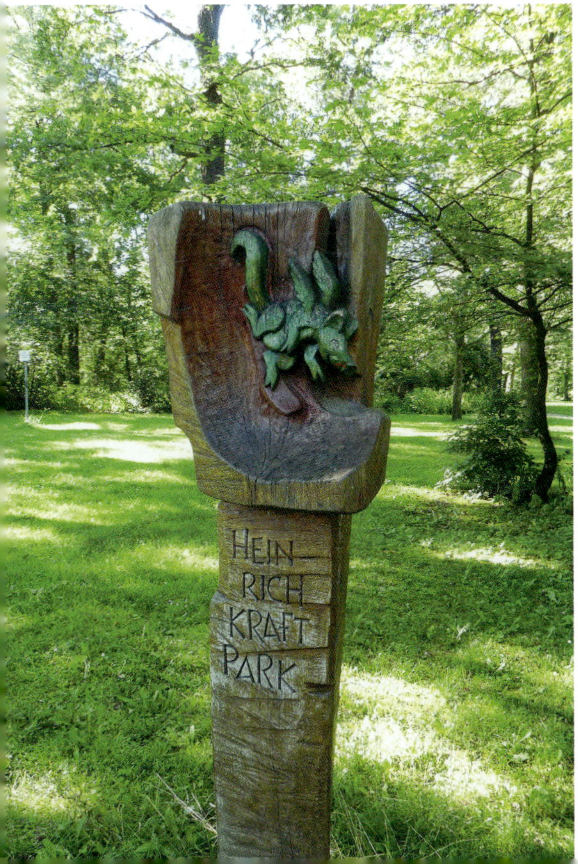

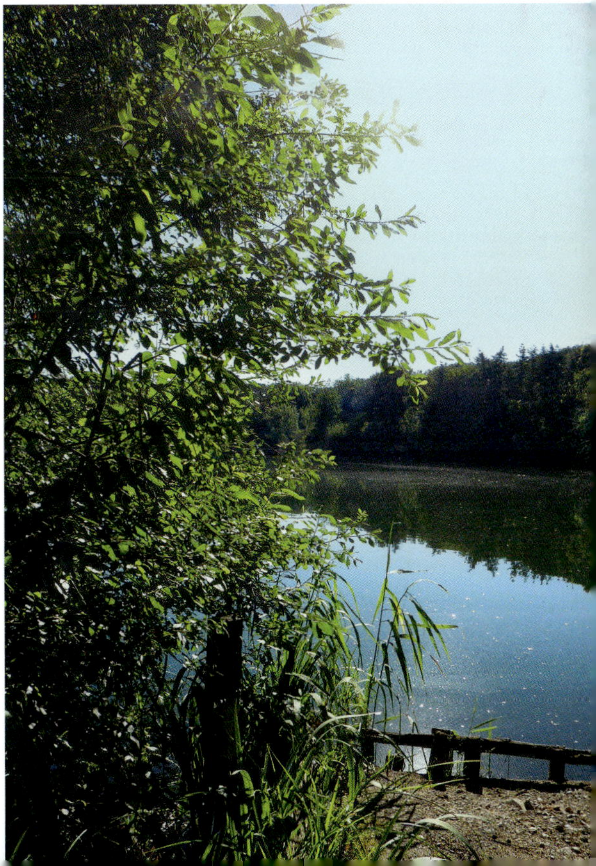

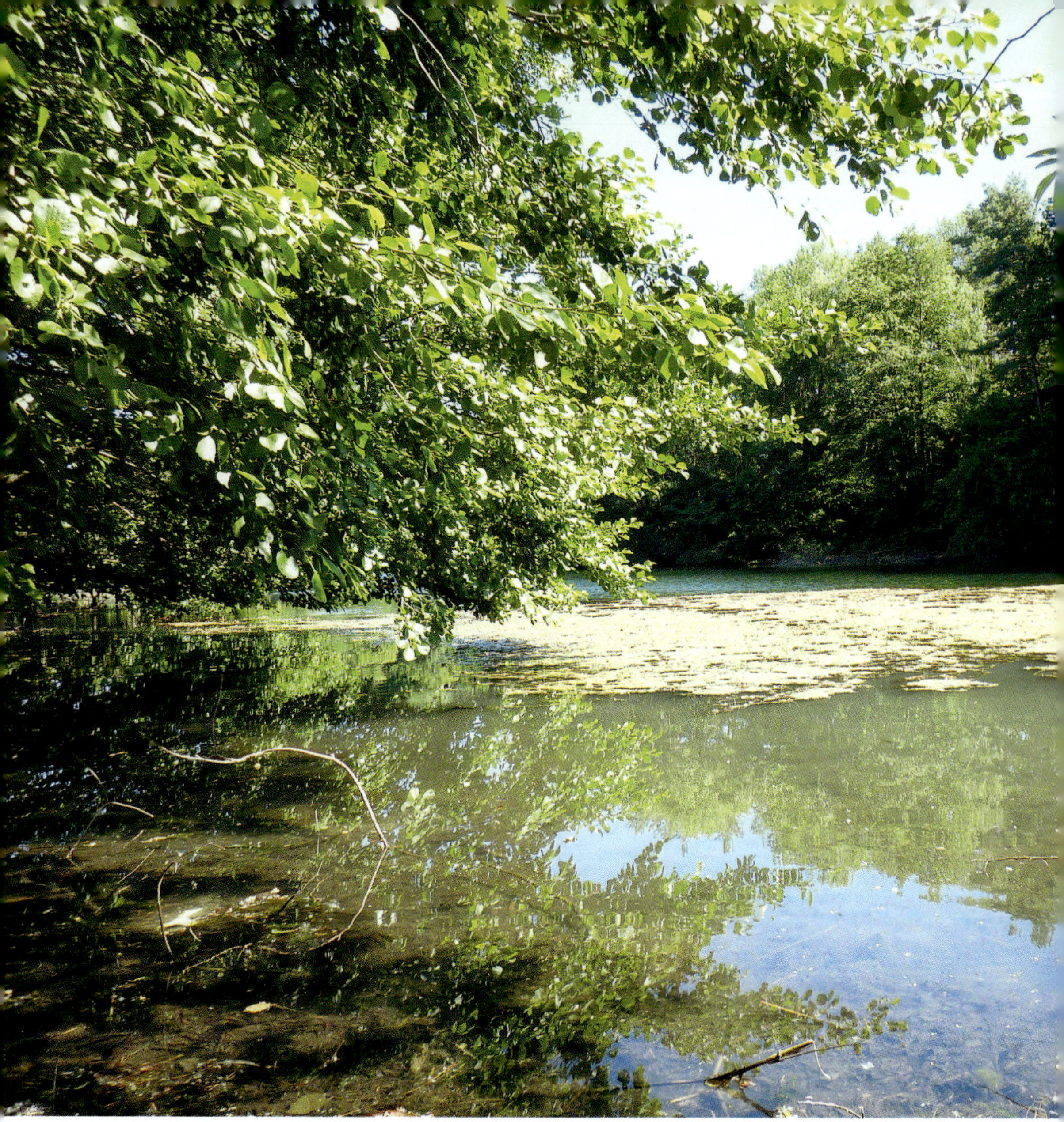

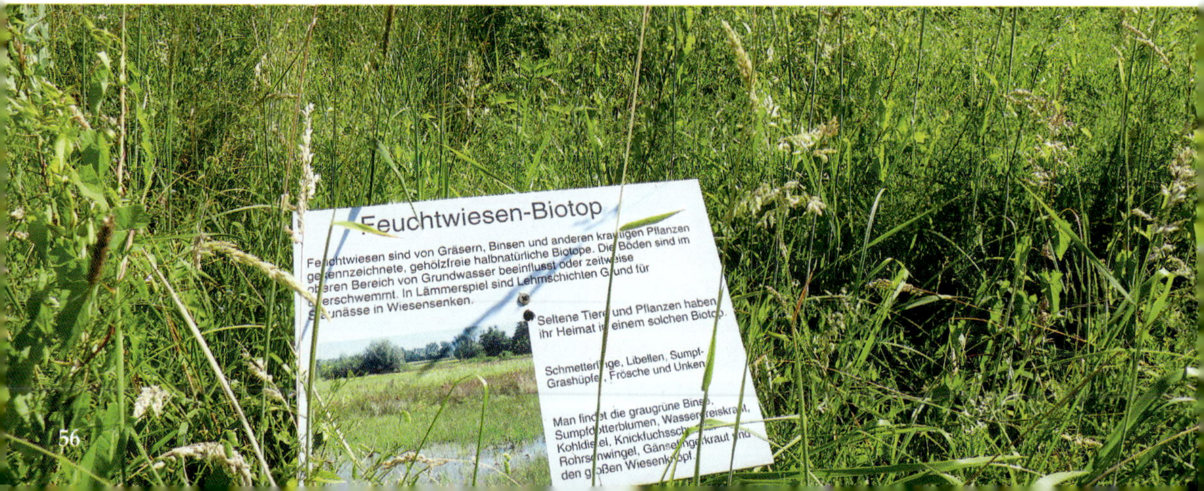
Feuchtwiesen-Biotop
Seltene Tiere und Pflanzen haben
Schmetterlinge, Libellen, Sumpf-
Grashüpfer, Frösche und Unken

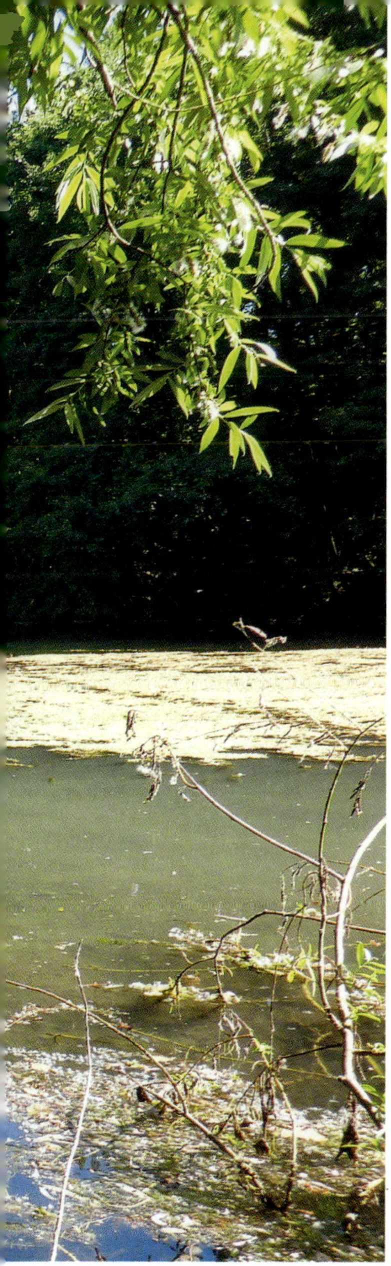

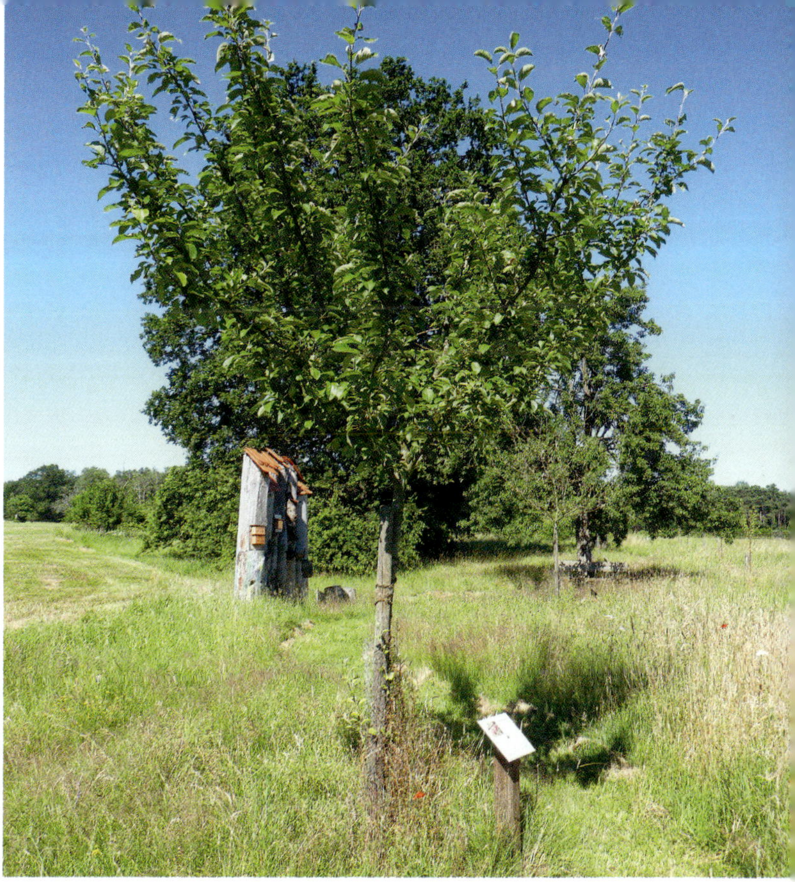

Im Osten der Stadt

Verträumter Ort in Mühlheim (o. li., Tour 12); viele Informationen gibt es entlang des Lämmerspieler Rundwegs (o. re., Tour 18); der Wegweiser zur Großen Loh (u. re., Tour 11); eine vielfältige Pflanzenwelt zum Bestaunen (u. li., Tour 14).

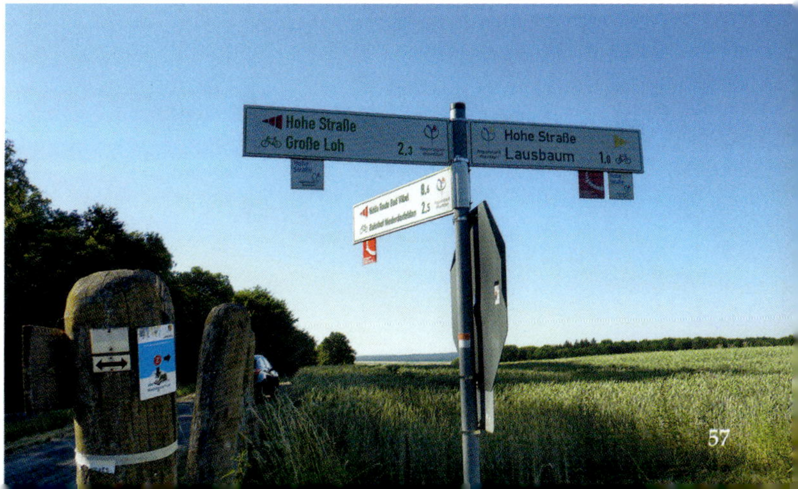

11

Maintaler Hühnerbergrunde

Auf den Spuren von Händlern und Pilgern

Leicht 3 Std. 92 Hm 10,5 km

Tourencharakter
Familientaugliche Rundtour mit schönen Aussichten

Ausgangs- und Endpunkt
Stadtverwaltung Maintal, Klosterhofstraße 4–6, 63477 Maintal

Höchster Punkt
Hühnerberg (206 Hm)

Anfahrt
Auto: Über die A66, Ausfahrt 34 Maintal. Weiter über die L3195, Querstraße und Bischofsheimer Straße zur Klosterhofstraße
Bahn & Bus: Mit der Regionalbahn bis Maintal-Ost. Weiter mit dem Bus MKK22 bis zum Bürgerhaus

Gehzeiten
Maintal – Lausbaum 1.5 Std. – Wachenbuchen 0.5 Std. – Maintal 1 Std.

Beste Jahreszeit
Januar bis Dezember

Einkehr
Weinkeller zur Babbelgass, Hauptstraße 47, 63477 Maintal-Hochstadt. Tel. 06181/486 44, www.weinkeller-babbelgass.de

Karte
Kompass Wanderkarte Frankfurt und Umgebung, Nr. 828

Info
Tourist-Info, Klosterhofstr. 4–6, 63477 Maintal, Tel. 06181/40 00

Von Hochstadt wandern wir über eine alte Handelsstraße mit einer herausragenden Geschichte zum Naturdenkmal Lausbaum und genießen die Pause unter den starken Ästen. Weiter führt uns die Tour nach Hochstadt und an der legendären Apfelweinkelterei vorbei.

Im 19. Jahrhundert kamen mehrere Einwanderer in die Region von Maintal. Die Familien aus dem Vogelsberg oder der Rhön glaubten an einen Neuanfang. Die Menschen fanden Arbeit in den Keltereien, in der Landwirtschaft, aber auch als Arbeiter in der Industrie. Andere ließen sich als selbstständige Handwerker oder Wirte nieder. Eine Familie kam sogar aus Australien, um fortan in Bischofsheim zu leben. Im 20. Jahrhundert kamen die Einwanderer vor allem aus Griechenland. Sie lebten in Wohngemeinschaften mit den Bischofsheimern, bis genügend Wohnraum in Frankfurt und Hanau gebaut worden war.

Zur Hohen Straße Von der **A Stadtverwaltung Maintal Hochstadt** führt die Wanderung auf der Weinbergstraße entlang, bis man rechts Richtung

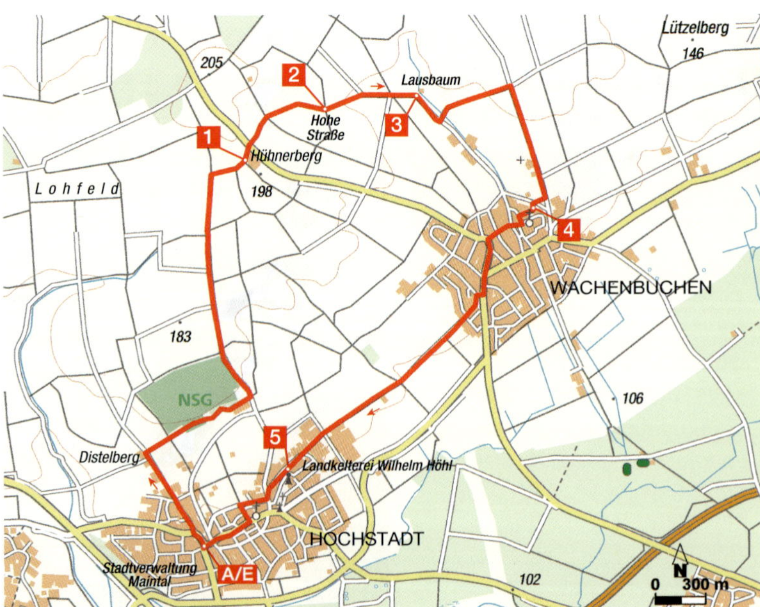

Rechte Seite: Historisches Gerät zur Saftgewinnung

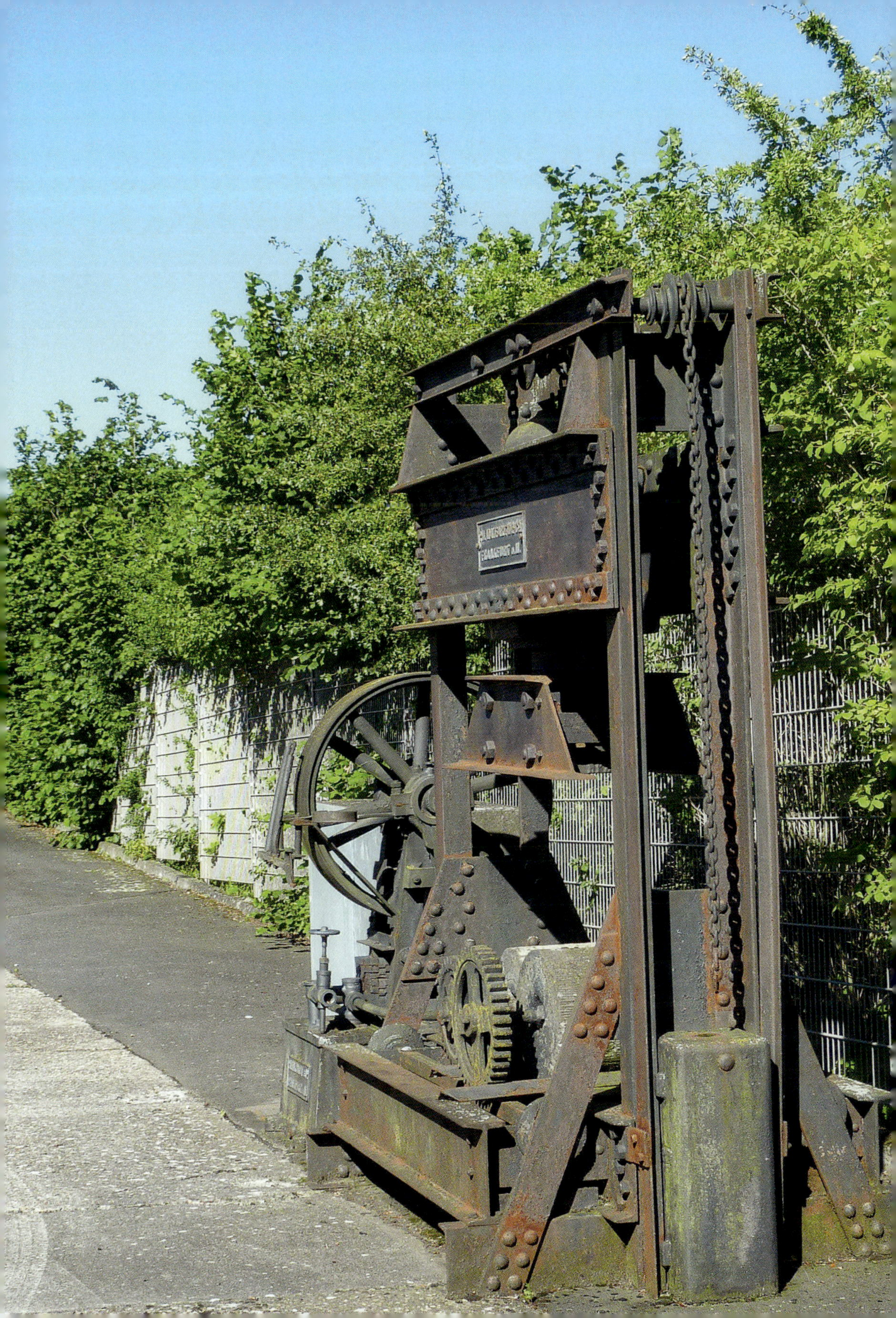

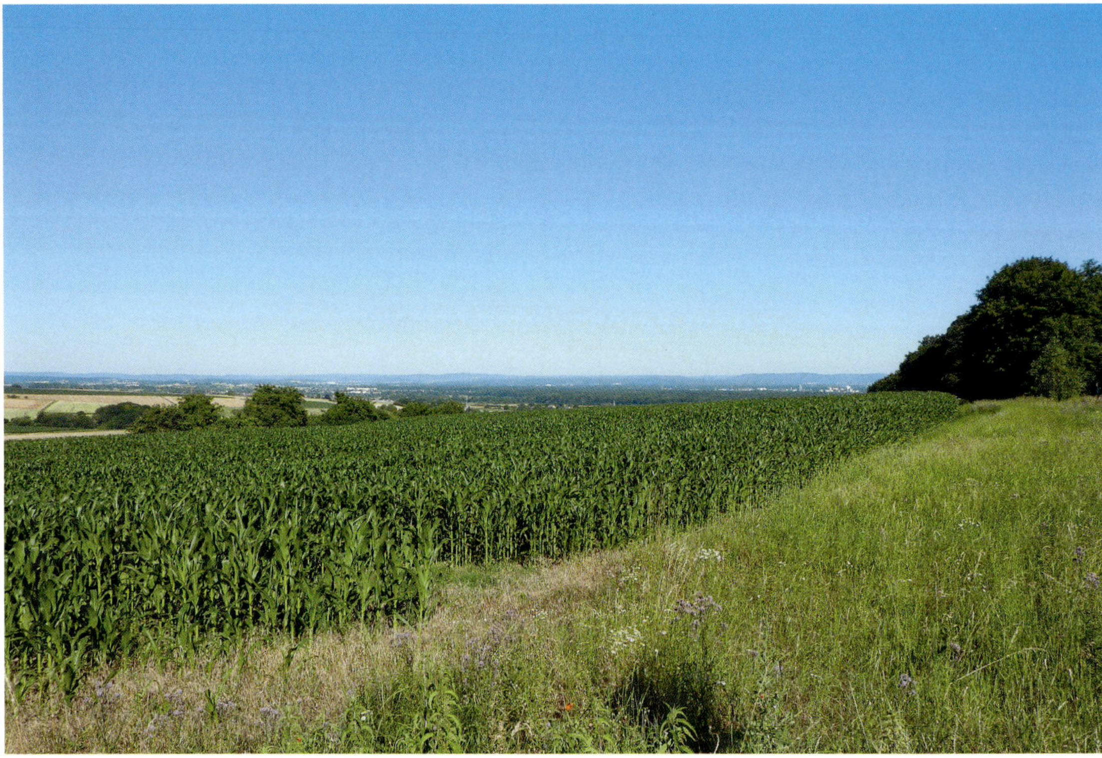

Spektakuläre Sicht auf das Umland

Wald abbiegen kann. Immer geradeaus erreicht man die Streuobstwiesen. Links geht es weiter an Baumgruppen und Streuobstwiesen entlang, und jetzt ist der ❶ **Hühnerberg** bereits in Sichtweite. An der kleinen Loh führt der Rad- und Wanderweg ❷ **Hohe Straße** am Waldrand entlang. Einst zogen Händler, Pilger und Heerscharen auf der Hohen Straße vom Taunus durch die Wetterau in Richtung Vogelsberg.

Zum Lausbaum Kurz vor dem Waldrand treffen wir auf die Wachenbuchener Leseecke. Rote sofaähnliche Sitzgelegenheiten laden hier zum Verweilen ein. Zudem befindet sich an der Stelle ein Landschaftsfenster, durch das man einen Blick auf die nächste Ortschaft werfen kann. Die Leseecke Wachenbuchen wurde errichtet, um an der ehemaligen Handelsstraße die historische Bedeutung des Buches als Handelsware zwischen Leipzig und Frankfurt zu verdeutlichen. Nun ist auch bald der ❸ **Lausbaum** erreicht. Die alte Eiche mit den Holzbänken ist eine der 18 Stationen an der Regionalparkroute Hohe Straße. Von hier bietet sich ein wundervoller Blick auf die umliegenden Felder und Gemeinden.

Nach Maintal Nach einer Weile auf der Hohen Straße verlassen wir diese rechts in Richtung ❹ **Wachenbuchen**. Am Neuen Friedhof entlang, biegen wir rechts vor dem Alten Friedhof ab und gelangen in die Kirchhofstraße, der wir rechts folgen. An der Kirche Wachenbuchen vorbei, queren wir mehrere Straßen, bis wir links auf der Dörfelder Straße bzw. der Hanauer Landstraße weitergehen.

Rechts ein Stück auf der Ronneburger Straße und gleich abbiegend in Am Hochstädter Rain, führt die Route nun weiter Richtung Maintal. An Streuobstwiesen und Feldwegen entlang, kommen wir nach Maintal an die Straße Am Weides. Immer geradeaus streifen wir die 5 **Landkelterei Wilhelm Höhl**. Diese wurde 1779 von Michael Weber gegründet. Sein Apfelwein wurde in der ersten Zeit in seinem Gasthaus Zur goldenen Krone und in anderen Restaurants ausgeschenkt. Neben der Sorte Alter Hochstädter ist der Blaue Bock im Frankfurter Raum und darüber hinaus bekannt. Nachdem wir die Konrad-Höhl-Straße gequert haben, wandern wir weiter geradeaus bis zum Heimatmuseum, das sich links in einer Parallelstraße befindet. Jeweils am ersten Sonntag im Monat öffnet das Heimatmuseum seine Türen und zeigt Interessierten verschiedene Exponate zum Wein und Obstbau, eine alte Apfelweingaststube sowie eine Puppensammlung. Auf unserer ursprünglichen Straße kommen wir an mehreren gastronomischen Einrichtungen vorbei. Immer weiter durch Hochstadt mit seinen historischen Gebäuden, erreichen wir links abbiegend die Klosterhofstraße und unseren Ausgangspunkt, die E **Stadtverwaltung**.

Hessisch babbele

Die hessische Mundart war schon Johann Wolfgang von Goethe zueigen. Der Hessische »Bub« wurde von seinen Eltern nicht nur wegen des Studiums nach Leipzig geschickt, sondern auch, um die sächsische Mundart zu erlernen, die damals als vornehm galt. Wem kann man das verdenken bei Sätzen wie »Des krieje mer heut net mer gebacke« oder »Haach, isch waas net. Kammer so mache, awer isch deet eher ... «!

Die gemütlichen Wege sind für die ganze Familie geeignet.

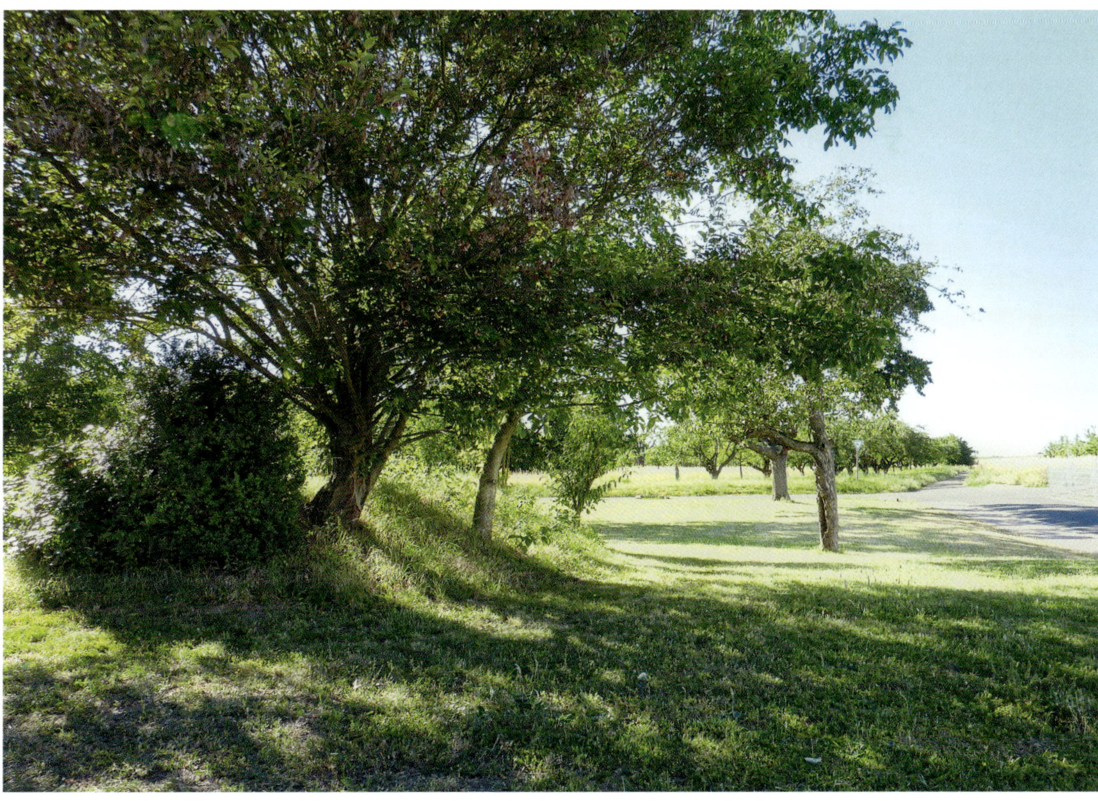

12

Mainuferweg Mühlheim

Grüne Oase am Main

Mittel | 5.5 Std. | 190 Hm | 22 km

Tourencharakter
Sehr lange, aber abwechslungsreiche Runde am Main

Ausgangs- und Endpunkt
NaturFreundeHaus, Am Maienschein 467, 63165 Mühlheim am Main

Höchster Punkt
Vogelsberger See (130 Hm)

Anfahrt
Auto: Über die B43, Ulmenstraße und Kastanienallee in Am Maienschein
Bahn & Bus: Mit der S9 bis zum Bahnhof Mühlheim, von dort 1,5 km zu Fuß

Gehzeiten
NaturFreundeHaus – Schleuse 1.5 Std. – Hansteinweiher 1.5 Std. – NaturFreundeHaus 2.5 Std.

Beste Jahreszeit
Januar bis Dezember

Einkehr
Zum Grünen See Eck, Am Hansteinweiher 75, 63165 Mühlheim am Main, Tel. 06108/825 77 76, www.see-eck.de

Karte
Kompass Wanderkarte Frankfurt und Umgebung, Nr. 828

Info
Tourist-Information, Am Markt 14–18, 63450 Hanau, Brüder-Grimm-Stadt, Rathausfoyer, Tel: 06181/ 2 95 7 39, www.hanau.de

Die Brückenmühle, die Landungsbrücke, die Dietesheimer Steinbrüche wie auch der Hansteinweiher sind die Höhepunkte dieser Wanderung. Viele bezaubernde Einblicke in Kultur und Natur bietet die Gegend zwischen Mühlheim und Hanau.

In Mühlheim Diese Wanderung startet am (A) **NaturFreundeHaus** in Mühlheim. Links abbiegend, führt die Strecke durch eine Kleingartenanlage. Nach kurzer Strecke ist die Bahnschiene erreicht, an der wir uns rechts halten. Etwa drei Kilometer geht es nun an der Bahn entlang. Nach der Überquerung der Anton-Dey-Straße laufen wir links unter der Bahnlinie durch. Wir streifen das Rathaus von Mühlheim und folgen ab hier der Markierung »Mühlrad« für den Mühlenwanderweg, die uns bis zur

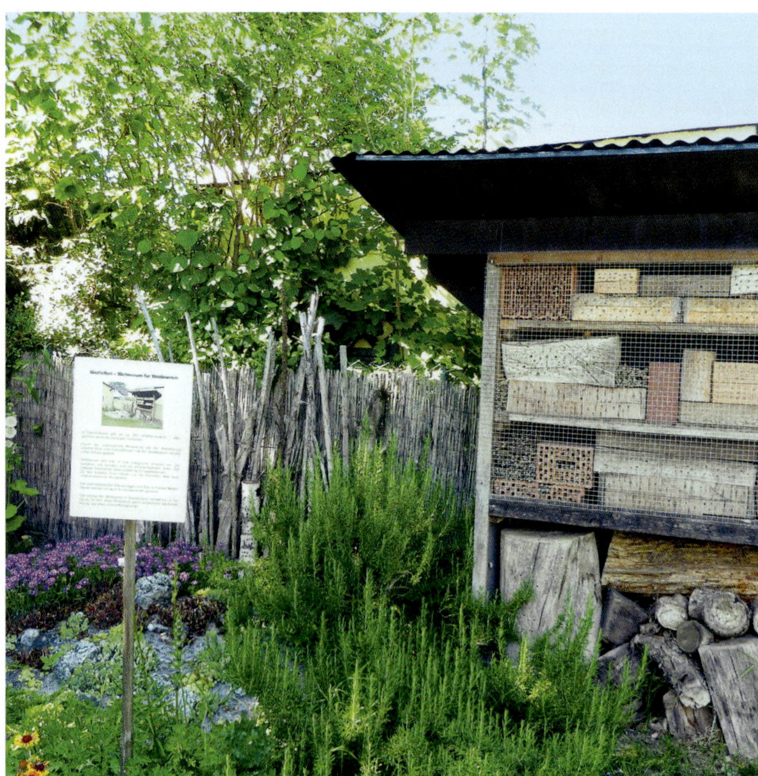

Nisthilfen für Insekten

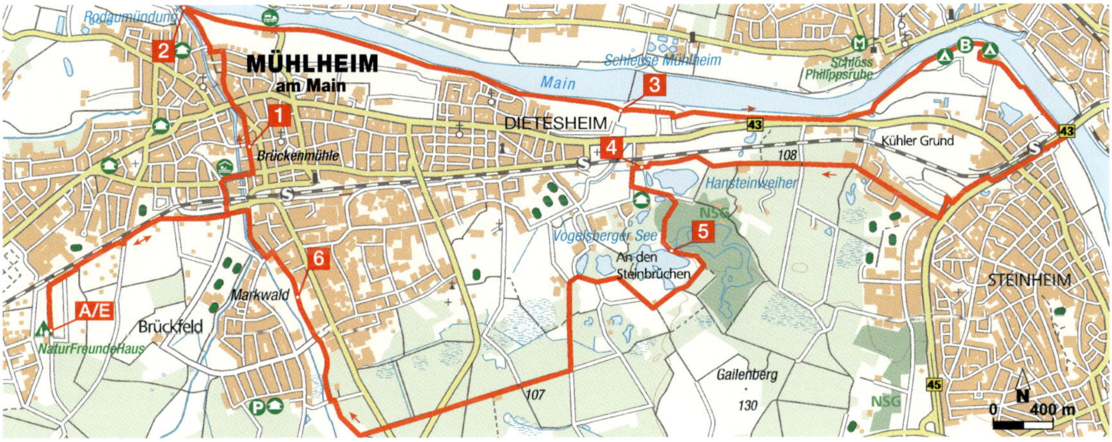

❶ **Brückenmühle** in Mühlheim bringt. Sie ist schon nach wenigen Minuten zu sehen. Die Mühle wurde erstmals im Jahr 1576 erwähnt und ist sehr gut erhalten. Der Mühlenwanderweg führt uns durch das Zentrum von Mühlheim.

Am Main entlang Über den Rodaudamm erreichen wir die ❷ **Rodaumündung** mit bezaubernden Aussichten auf die Altstadt. An der Mündung führt uns die Strecke rechts auf dem Mainuferweg weiter. In der waldigen Landschaft direkt am Main

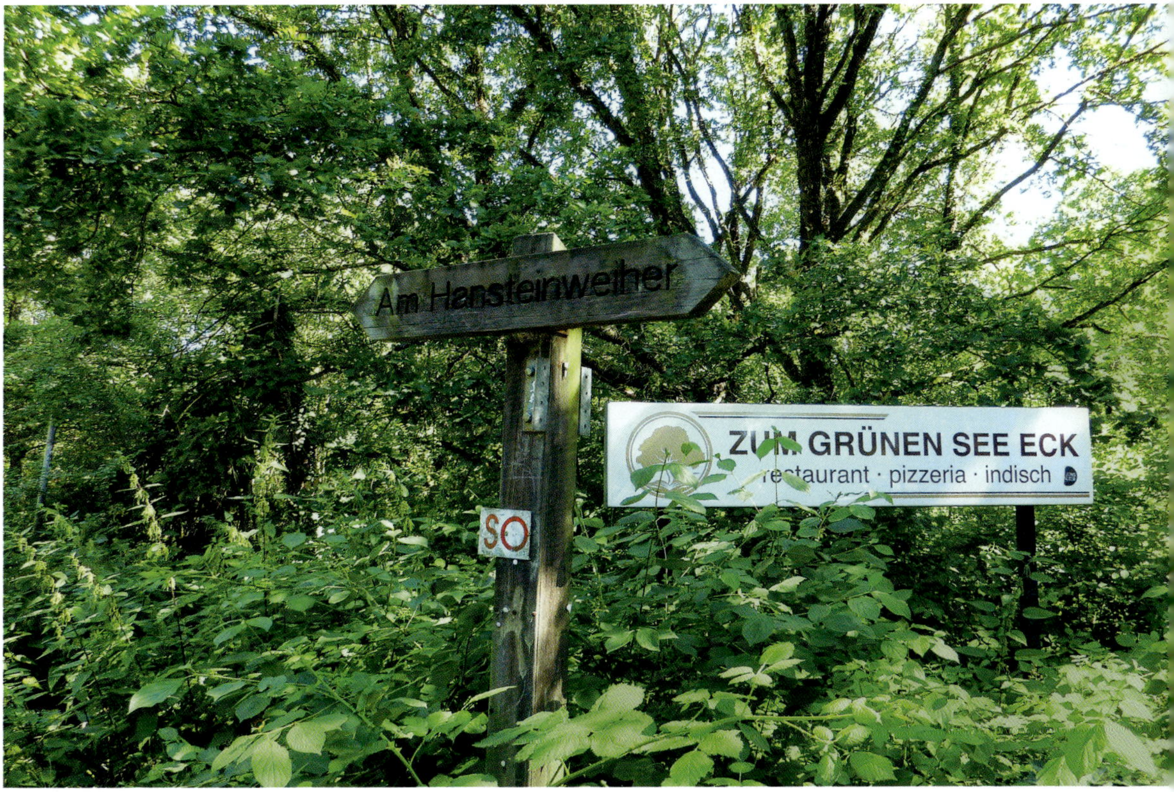

Wegweiser bei den Dietesheimer Steinbrüchen

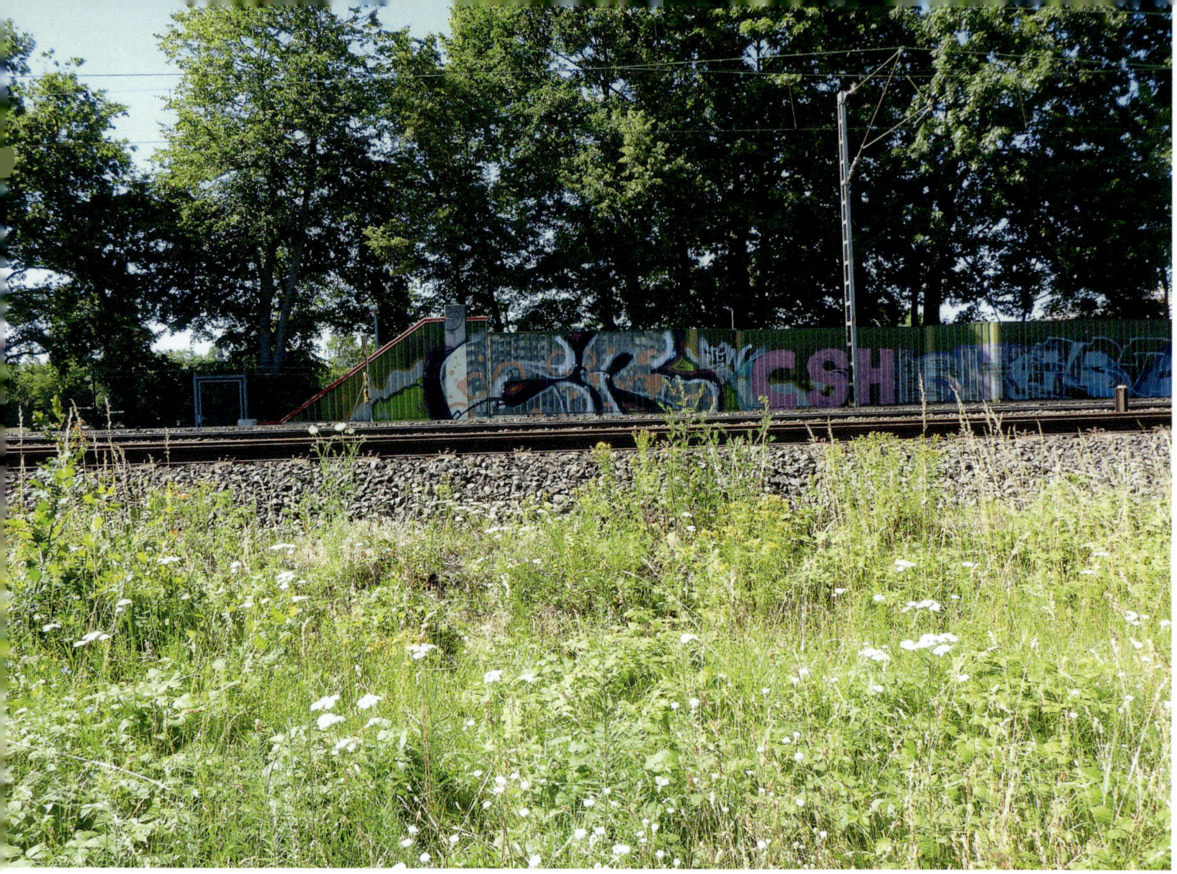

Die Bahnschienen in der Nähe des Startpunkts

sehen wir Betonkiesel und die Station »Flussfische« der Klimaroute. Hier werden neben den Fischen im Main auch Fischarten aus dem Amazonas vorgestellt, um die Bedrohung der Lebensräume und Arten durch den Klimawandel zu verdeutlichen. An dieser Stelle befindet sich auch ein Aussichtssteg in Form einer Landungsbrücke, von dem man einen schönen Blick auf den Main und die Schiffe hat.

Nach Dietesheim Etwa drei Kilometer geradeaus Richtung Dietesheim müssen nun bewältigt werden. Dietesheim ist ein Stadtteil von Mühlheim und wegen der Dietesheimer Steinbrüche bekannt. Hübsch anzusehen ist der Ortskern mit seinen Fachwerkhäusern, den beschaulichen Straßen und der Evangelischen Kirche aus dem Jahr 1751.

Richtung Hanau Auf dem idyllischen Mainuferweg geht es Richtung ❸ **Schleuse Mühlheim**, wo wir den Betrieb beobachten können. Weiter führt die Strecke auf dem bequemen Weg zum Main. Hier haben wir schöne Ausblicke auf die Kesselstadt, einem Stadtteil von Hanau, der durch das Schloss Philippsruhe mit seinem bezaubernden Park und den strahlenförmig angelegten Alleen überregional bekannt ist.

Zu den Weihern Wir gehen weiter bis zur Steinheimer Brücke, dort wechseln wir auf die andere Seite der Bahnschienen und halten uns rechts. Wir folgen der Ludwigstraße für einige Minuten und biegen dann in die Pfaffenbrunnenstraße ab, die rechts

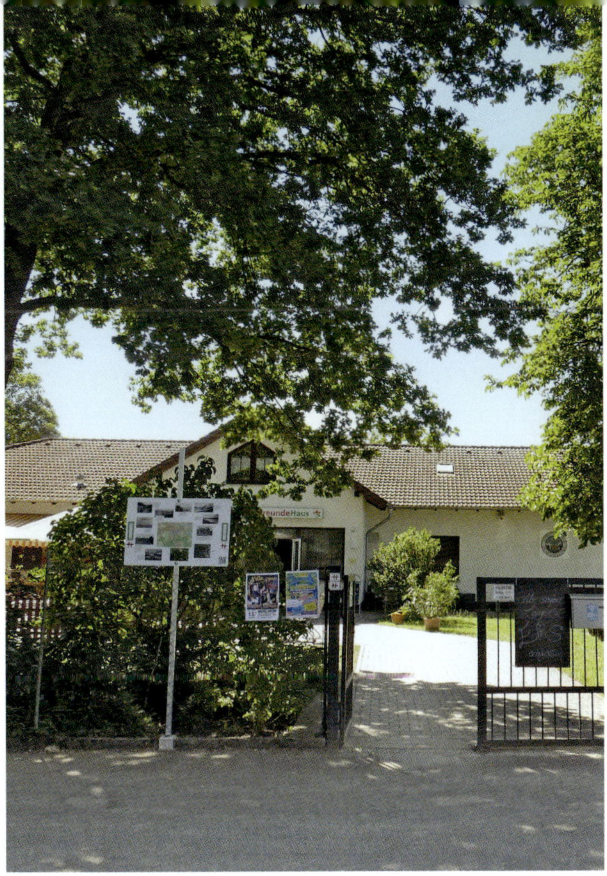

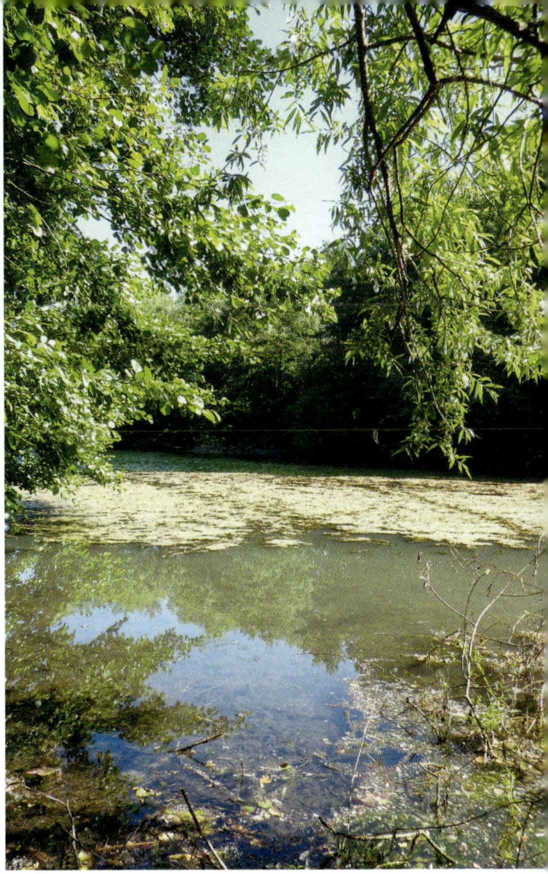

weiterführt. Wir gehen aber weiter geradeaus, bis wir den ❹ **Hansteinweiher** erreichen. Nach dem Hansteinweiher schließt gleich der Neue See an. Beide Gewässer liegen im Naturschutzgebiet. Geradeaus weiter führt uns die Wanderung zwischen dem Oberwaldsee und dem ❺ **Vogelsberger See** hindurch. Hier stehen vorwiegend Eichen und Erlen, die gerade im Sommer ein herrlicher Schattenspender sind. Die vielen Sträucher sind für mehrere Vogel- und Tierarten ein wichtiger Lebensraum.

Links: Am NaturfreundeHaus

Rechts: Am See tummeln sich viele Vögel.

Zum NaturFreundeHaus Der Lohweg führt uns um den Vogelsberger See. Danach streifen wir den Frankfurter See und den Röster See. Anschließend biegen wir auf der Krummeschneise links ab, bis wir auf die Ulrichschneise treffen, auf der wir rechts weitergehen, bis diese in den Talweg mündet. Auch hier gehen wir geradeaus und parallel zur Lämmerspieler Straße. Links kommen wir an ❻ **Markwald** vorbei und wandern weiter bis zum Müllerweg. Wenige Meter links und wir gelangen rechts in den Hennigway und laufen dann parallel zur Rodau. Jetzt stoßen wir auf die Lämmerspieler Straße, der wir links folgen. Anschließend überqueren wir die Anton-Dey-Straße und wandern auf der bekannten Strecke wieder zum Ⓔ **NaturFreundeHaus**, unserem Ausgangspunkt zurück.

Schloss Philippsruhe

Graf Philipp Reinhard aus Hanau ließ das Barockschloss in den Jahren 1700 bis 1725 errichten. Umbauten während der Gründerzeit verliehen ihm sein heutiges Aussehen. In seinem Inneren befindet sich heute das Historische Museum. Im Schlosspark gibt es eine Orangerie, das Belvedere und den Skulpturenpark. Im Amphitheater finden jährlich die berühmten Brüder Grimm Festspiele statt. www.philippsruhe.hanau.de

13

Dietesheimer Steinbrüche

Schöne Seenrunde

Leicht 1.5 Std. 60 Hm 4,9 km

Tourencharakter
Gemütliche Tour durch die Seenlandschaft

Ausgangs- und Endpunkt
Parkplatz Dietesheimer Steinbrüche/Am Grünen See

Höchster Punkt
135 m

Anfahrt
Auto: Über die B43, Südring in Am Wingertsberg zum Parkplatz
Bus & Bahn: Mit der S8 oder S9 zum Bahnhof Mühlheim-Dietesheim, von dort ca. 500 m zu Fuß

Gehzeiten
Parkplatz – Oberwaldsee 0.5 Std. – Parkplatz 1 Std.

Beste Jahreszeit
Januar bis Dezember

Einkehr
Zum Grünen See Eck, Am Hahnsteinweier 75, 63165 Mühlheim, Tel. 06108/825 77 76, www.see-eck.de

Karte
Kompass Wanderkarte Frankfurt und Umgebung, Nr. 828

Info
Stadt Mühlheim am Main, Friedensstraße 20, 63165 Mühlheim, www.muehlheim.de

Rechte Seite: Schöne Waldpassagen zwischen den Seen

Eine romantische, kurzweilige Wanderung durch eine einzigartige Naturkulisse erwartet uns bei dieser Tour. Mehrere Seen, Stege, Aussichtsplattformen, verschlungene Wege, bizarre Felsen und sogar eine Canyonbrücke prägen die Dietesheimer Steinbrüche.

Dietesheim ist ein Stadtteil von Mühlheim und lebte früher von der Fischerei im Main. Das Kurfürstentum Mainz hatte einst mehrere Anwesen am Untermain erworben. Später, im Jahr 1425, wurde die Schiffer- und Fischerzunft gegründet. Aus ihr entstand dann eine eigene Fischerzunft. Die meisten Dietesheimer verdienten damals ihren Lebensunterhalt mit der Fischerei. Erst später entstanden weitere Wirtschaftszweige wie die Lederherstellung oder auch der Basaltabbau.
Bis 1982 wurde in den Steinbrüchen auf einer Fläche von 150 Hektar Basalt abgebaut. Zum Teil können in der Umgebung der Steinbrüche noch Gebäudereste entdeckt werden. Bizarre Felsformationen und hohe

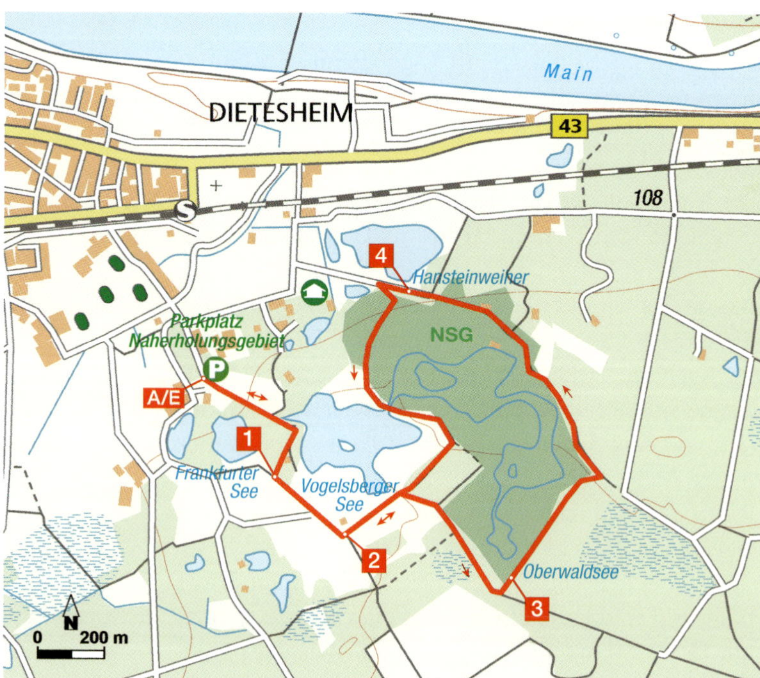

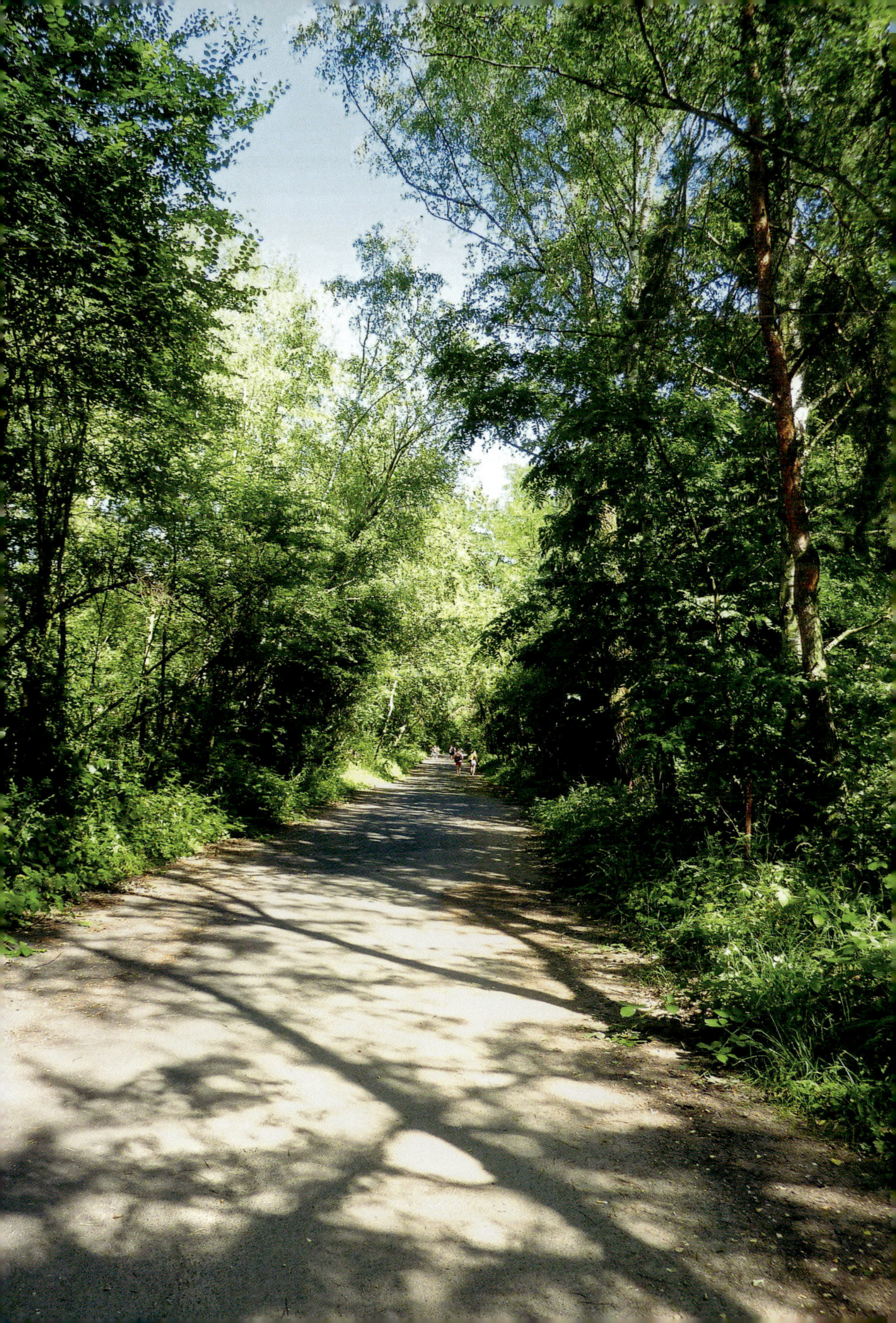

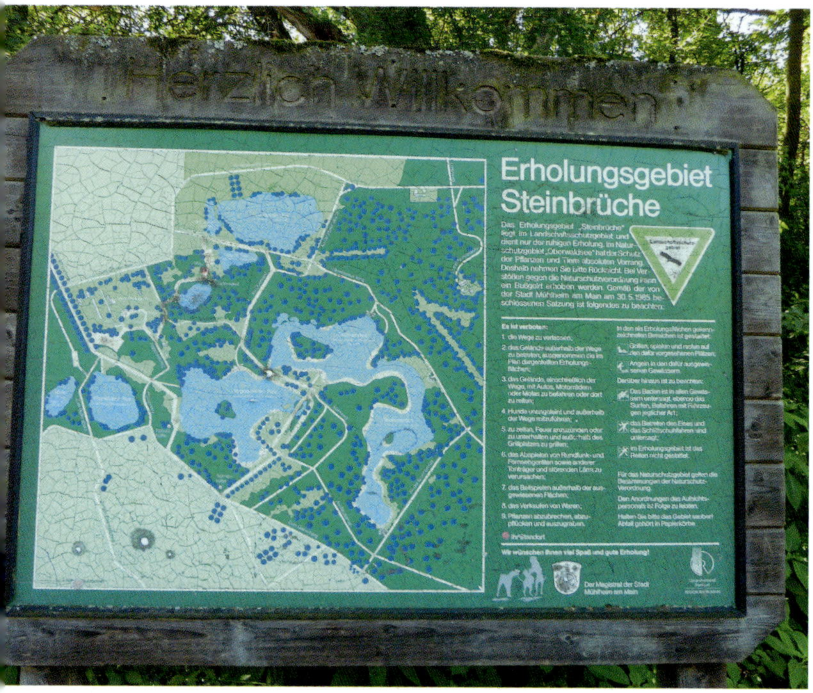

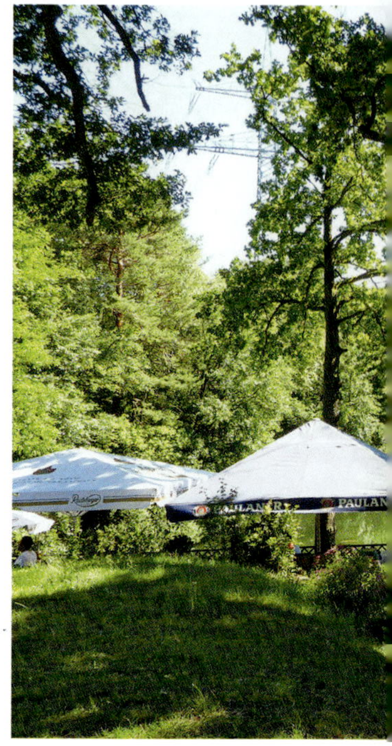

Steilwände prägen heute die Landschaft, in der elf Seen liegen. Die größten sind der Vogelsberger See und der Oberwaldsee. Zudem gibt es noch die kleineren Seen wie den Frankfurter See, Ristersee, Bellerbornsee, Schüsslersee, Betzensee und den Grünen See.

Durch das Erholungsgebiet führen gut begehbare Wanderwege. Mehrere Aussichtsplattformen bieten grandiose Ausblicke auf die idyllische Landschaft. Zudem wachsen am Vogelsberger See und am Oberwaldsee mehr als 120 000 Bäume, darunter viele Eichen und Erlen sowie Sträucher. Die gut begehbaren Wege eignen sich auch für Ausflüge mit dem Kinderwagen. Heute wird ein Teil der Seen zum Angeln genutzt. Baden ist nicht erlaubt.

Zum Frankfurter See Etwa eine Stunde dauert der Spaziergang durch das Naherholungsgebiet Dietesheimer Steinbrüche. Der Ⓐ **Parkplatz am Naherholungsgebiet** ist unser Startpunkt. Die Umgebung der Dietesheimer Steinbrüche, die auch als Grüner See bekannt sind, steht unter Naturschutz. An mehreren Stellen gibt es entsprechende Hinweisschilder mit Verhaltensregeln. Über einen gut angelegten Weg geht es vom Parkplatz am ❶ **Frankfurter See** vorbei. Zuerst erreichen wir über einen schönen Waldweg den ❷ **Vogelsberger See**. Wir gehen ein Stück an ihm entlang und biegen dann rechts ab auf den Markweg.

Dietesheimer Kelterei

In der Landkelterei Dietesheim werden das Frankfurter Nationalgetränk, der Apfelwein, aber auch Apfelsaft hergestellt. Die kleine Kelterei befindet sich in der Otto-Hahn-Straße 13 und hat dienstags und donnerstags von 17.30 Uhr bis 19 Uhr geöffnet. Nähere Infos unter www. landkelterei-dietesheim.de.

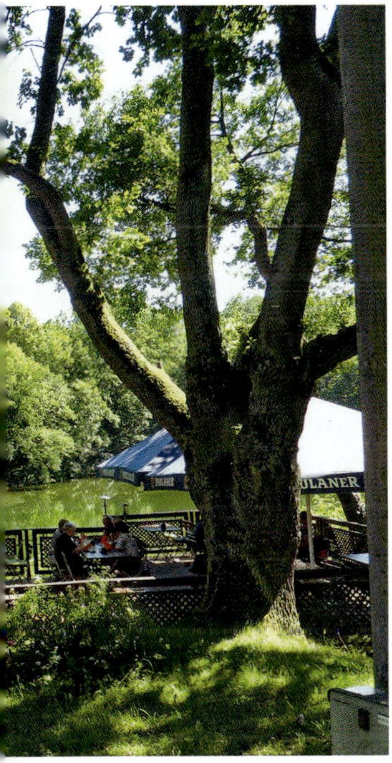 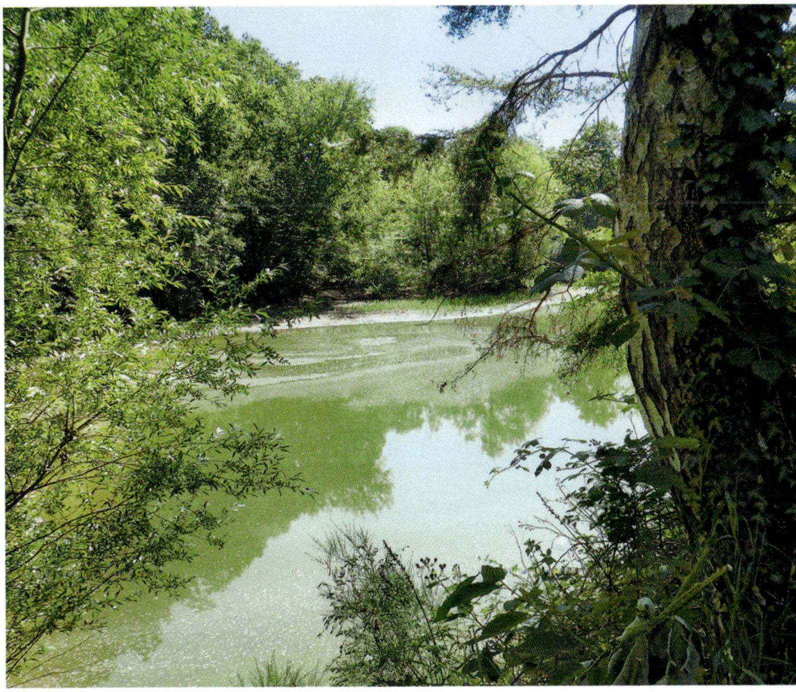

Links: Die Dietesheimer Steinbrüche sind ein beliebtes Freizeitziel.

Mitte: Das Restaurant Zum Grünen See Eck lädt zur Rast ein.

Rechts: Von der Terrasse kann man einen schönen Blick auf den See genießen.

Richtung Oberwaldsee Wieder durch schöne Waldpassagen wandernd, nehmen wir den ersten Abzweig nach links und umrunden jetzt den Vogelsberger See. Danach geht es rechts (Am Reuterrain) zum ❸ **Oberwaldsee**, den wir nach kurzer Wegstrecke erreichen. Hier biegen wir links in den Weg An der Bruchgrenze ein und gehen ein weiteres Mal links in den Steinheimer Weg, um auch den Oberwaldsee zu umrunden. Von der Aussichtsplattform hat man einen herrlichen Blick in die umliegende Landschaft.

Der Hansteinweiher Durch den Wald führt uns die Wanderung weiter auf dem Steinheimer Weg bis kurz vor den ❹ **Hansteinweiher**. Links abbiegend, ist nach kurzer Zeit der Vogelsberger See zu sehen. Hier nehmen wir die hübsche romantische Holzbrücke, die uns zur anderen Uferseite bringt. Sie verbindet den Vogelsberger See und den Oberwaldsee. Mit ein bisschen Glück können wir Schwäne beobachten, die zu zweit oder auch allein ihre Kreise auf dem See ziehen. Wir wandern hier ein Stück auf dem Markweg entlang, bevor wir rechts in den Lohweg abbiegen. An der nächsten Kreuzung haben wir die Möglichkeit, rechter Hand einen Abstecher zum Seeufer zu unternehmen.

Entspannte Pause An der Kreuzung geradeaus, umrunden wir den Vogelsberger See und erreichen über unseren anfänglichen Weg den Ausgangspunkt am Ⓔ **Parkplatz**. Für eine gemütliche Einkehr ist das Restaurant Zum Grünen See Eck zu empfehlen. Die ganze Woche über öffnet es täglich ab 11 Uhr. Auf der Terrasse mit Seeblick oder auch im gemütlichen Gastraum werden die Gäste mit deutschen, italienischen und indischen Gerichten verwöhnt.

14

Steinheimer Grenzwanderung

Schöne und historisch interessante Wanderung

Leicht | 4 Std. | 72 Hm | 13 km

Tourencharakter
Historisch spannende Tour mit vielen Highlights

Ausgangs- und Endpunkt
St.-Nikolaus-Kirche, Kirchstraße 20, 63456 Hanau

Höchster Punkt
Galgen (128 Hm)

Anfahrt
Auto: Von Hanau über die B45 Richtung Dieburg. Nach der Steinheimer Mainbrücke links in die Ludwigstraße abbiegen; danach in die Straße Zur Bleiche links abbiegen und rechts in die Kirchstraße
Bus & Bahn: HSB-Linie 4 bis zur Haltestelle Rathaus/Theodor-Heuss-Straße

Gehzeiten
St.-Nikolaus-Kirche – Galgen 1.5 Std. – Siebeneichen 0.5 Std. – Zolltürmchen 1.5 Std. – St.-Nikolaus-Kirche 0.5 Std.

Beste Jahreszeit
Januar bis Dezember

Einkehr
Schlossterrasse, Schloss Philippsruhe, Philippsruher Allee 45, 63454 Hanau, www.schlossphilippsruhe-hanau.de

Karte
Kompass Wanderkarte Frankfurt und Umgebung, Nr. 828

Info
Tourist-Information, Am Markt 14–18, 63450 Hanau, www.hanau.de

Außer zu Grenzsteinen führt diese Wanderung zu weiteren interessanten Orten. So passieren wir den Galgen als Zeichen des Steinheimer Hochgerichts und das Naturdenkmal Siebeneichen, bevor wir zum Steinbruch gelangen. Den Abschluss bildet der beschauliche Mainuferweg mit seinem Zolltürmchen.

Zur Grenzschneise An der Ⓐ **St.-Nikolaus-Kirche** und der Kirchstraße im ehemaligen Klein-Steinheim beginnt die Rundwanderung. An der Mainterrasse vorbei führt uns die Tour durch die Straße Zur Bleiche. Am Maindamm angekommen, überqueren wir diesen und erreichen über die Mainwiese den Mainuferweg. Links weitergehend, erreichen wir in

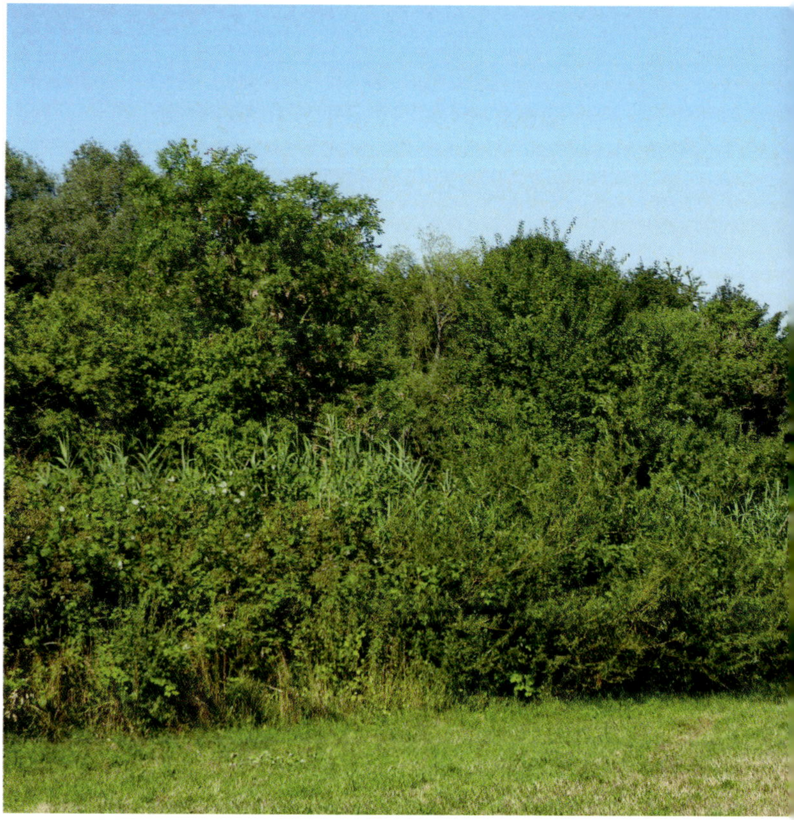

Schöner Platz zum Picknicken

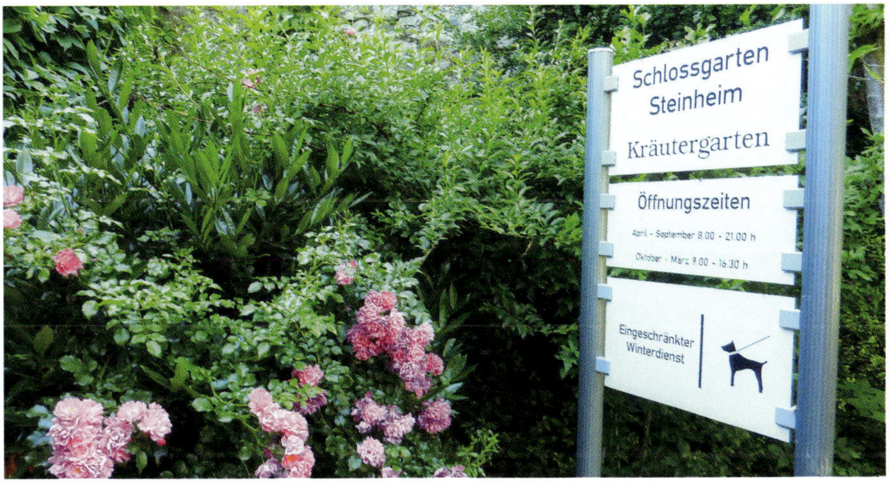

Wohltuende Düfte im Kräutergarten des Schlossgartens

Kürze die Mainbrücken Steinheims. Unsere Rundwanderung führt am Uferweg weiter. Auf der anderen Seite wird bald das Schloss Philippsruhe sichtbar. Wir biegen nun links ab und queren die Offenbacher Landstraße, bis wir das Ende der Pfaffenbrunnenstraße erreichen. Nach der Unterführung folgen wir dieser Straße weiter, bis sie links abknickt. Hier nehmen wir rechts den Weg in den Wald Richtung

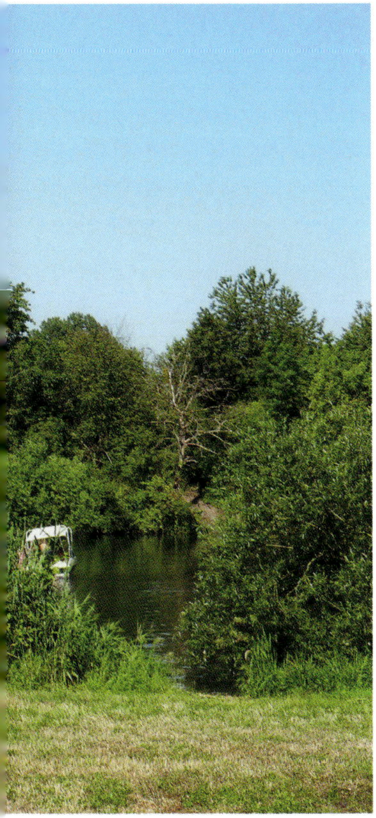

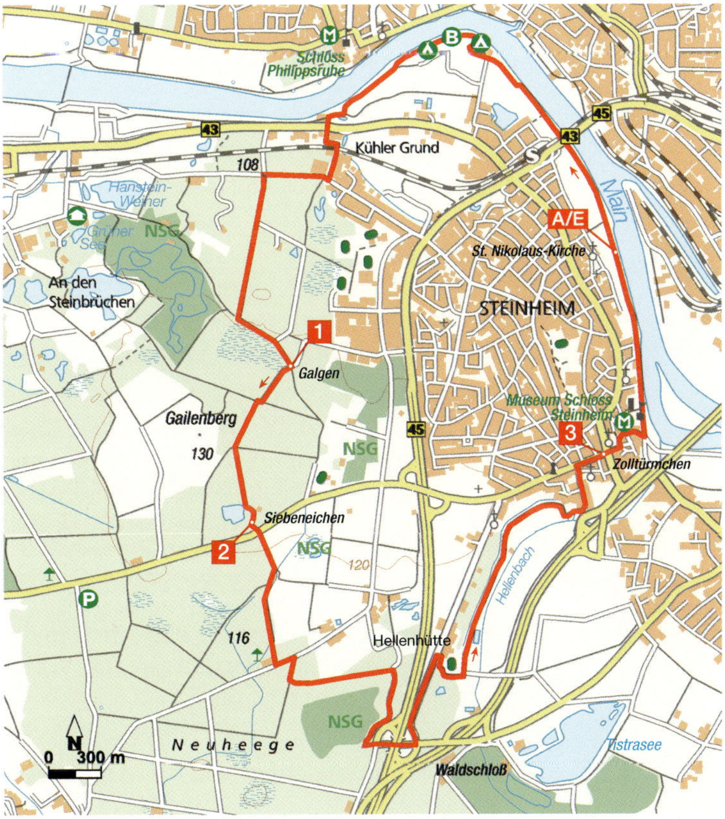

Schloss Steinheim

Direkt in der Altstadt befindet sich das Schloss Steinheim, welches das Historisch-Archäologische Museum beherbergt. Das Museum beschäftigt sich nicht nur mit der Geschichte Steinheims, sondern widmet sich auch der Vor- und Frühgeschichte sowie der Römerzeit in der Region. Der Bergfried kann im Rahmen einer Führung bestiegen werden. www.hanau.de

Dietesheim. Bei der nächsten Wegkreuzung wandern wir links auf der Grenzschneise weiter. Einige Grenzsteine sind bei genauer Beobachtung noch zu erkennen. An der Grenze sollen sich noch ein paar Gräber aus der Keltenzeit befinden. Einige Objekte sind im Museum im Schloss Steinheim ausgestellt.

Zum Gailenberg Am Ende der Schneise führt die Tour links weiter. An der nächsten Kreuzung wandern wir rechts zum ❶ **Galgen**. Der Galgen als Zeichen des Steinheimer Hochgerichts sollte ursprünglich Kriminelle abschrecken. Im 18. Jahrhundert fanden hier die letzten Hinrichtungen statt. Von dort geht es abwärts zur Frankfurter Straße. Rechts und gleich wieder links abbiegend, wandern wir bis zum nächsten rechten Abzweig und halten uns dann gleich wieder links. Nach Kurzem Weg ist der Waldrand erreicht und wir haben einen schönen Ausblick auf die Streuobstwiesen am Gailenberg. Wegen des Klimas und des sandigen Bodens finden hier Zauneidechsen sonnige Plätzchen zum Wohlfühlen.
Weiter wandernd, ist das ❷ **Naturdenkmal Siebeneichen** schon bald zu sehen. Die imposante, siebenstämmige Eiche befindet sich neben einer Schutzhütte. Sie ist beeindruckende 200 Jahre alt und hat einen Stammumfang von insgesamt acht Metern. Mit ihrem großen Blätterdach bietet sie bei warmen Temperaturen einen schattigen Rastplatz.

Zum Steinbruch Von hier aus führt die Tour links und gleich wieder rechts zum Steinheimer Steinbruch, der besonders von Anglern gern besucht wird. Nach der Überquerung der Lämmerspieler Straße führt die Route uns zum Häuser Weg. Hier biegen wir links ab und folgen ihm, bis wir bei der nächsten Möglichkeit rechts und wieder links abbiegen. Geradeaus weiter folgen wir dem Weg, bis sich die Möglichkeit ergibt, rechts in einen breiteren Weg einzubiegen. Nach kurzer Zeit verlassen wir den Wald und kommen in die Fasaneriestraße. An der nächsten Kreuzung biegen wir links in die Darmstädter Straße ein. An der Firma Flexa vorbei, wandern wir rechts um den Sportplatz herum und auf dem Weg unter den Hellenhang entlang. Nach dem Wasserturm erreichen wir die Kneippanlage, wo wir die Möglichkeit haben, unsere Beine im Wassertretbecken zu erfrischen. In direkter Nähe gibt es auch einen Barfußpfad. Somit ist die Fußmassage gleich inklusive!

Auf dem Mainuferweg Nach der Überquerung der Von-Eiff-Straße führt uns der Weg den Hainberg hinauf. Dort wechseln wir die Straßenseite und wandern weiter am Steinbruch entlang zum Dilgesturm in die Altstadt. Hier gibt es mehrere Möglichkeiten zur Einkehr. Vom Platz des Friedens führt die letzte Teilstrecke durch das Maintor zum Main. Über den Mainuferweg geht es vorbei am ❸ **Zolltürmchen**, das im 18. Jahrhundert als Gartenpavillon des Steinheimer Schlosses diente. Weiter auf unserer Wanderung sind die Mainwiese und die Ⓔ **St.-Nikolaus-Kirche** dann nicht mehr weit.

Rechte Seite: Das kleine Zolltürmchen ist als Treffpunkt sehr beliebt.

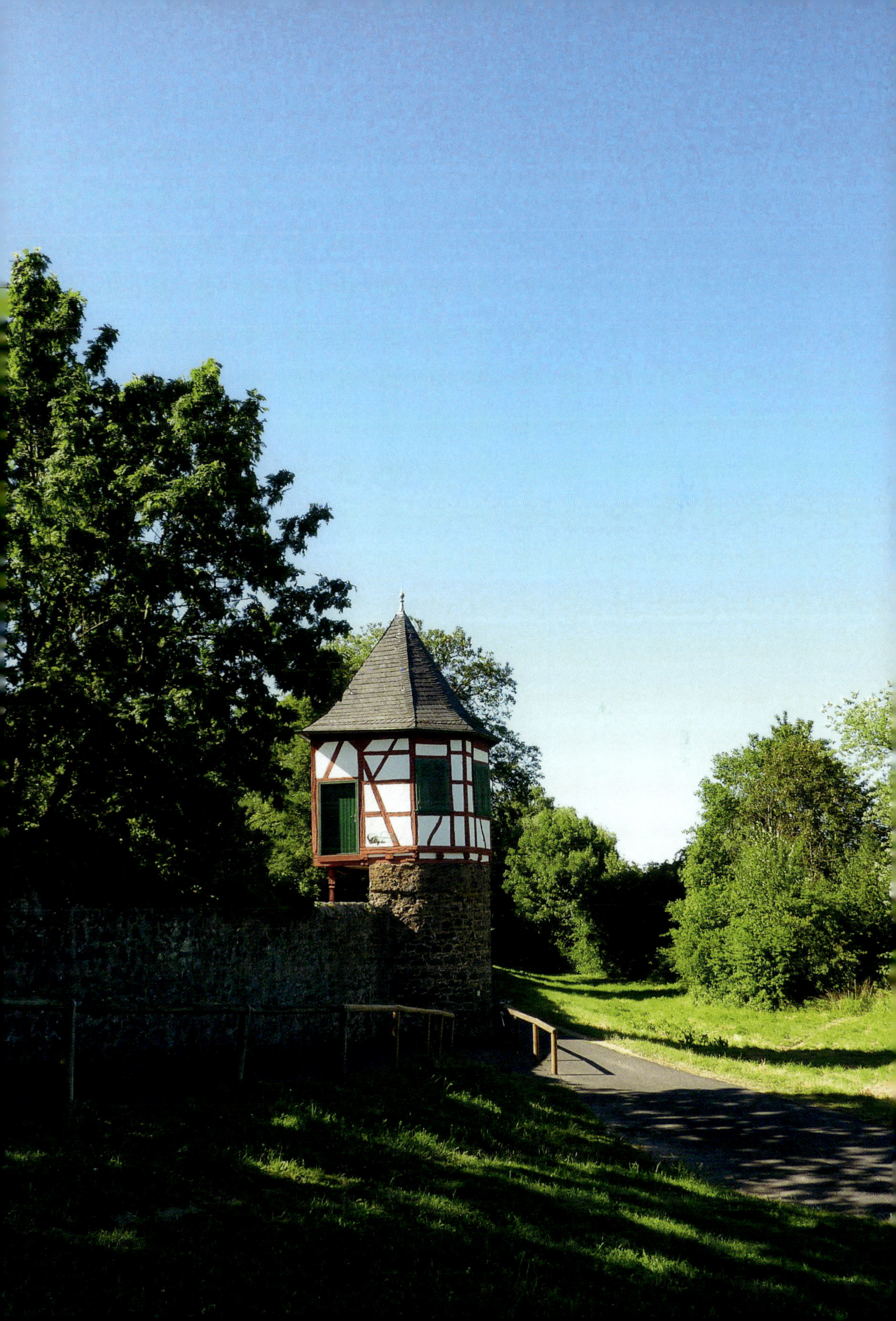

15 Lämmerspieler Rundweg

Spurensuche im Steinheimer Wald

Leicht 2 Std. 15 Hm 7,5 km

Tourencharakter
Gemütliche Tour ohne Steigungen

Ausgangs- und Endpunkt
Parkplatz Friedhof Lämmerspiel, Steinheimer Straße, 63165 Mühlheim am Main

Höchster Punkt
Gailenberg (130 Hm)

Anfahrt
Auto: Über die B45 bis Hanau-Steinheim; weiter auf dem Lämmerspieler Weg bis nach Lämmerspiel. Nach dem Ortseingang links Richtung Friedhof
Bus & Bahn: Mit der S2 bis Offenbach-Ost; weiter mit dem Bus 120 bis Mühlheim-Lämmerspiel Rathaus

Gehzeiten
Parkplatz – Steinheimer Galgen 1.25 Std. – Naturdenkmal 0.25 Std. – Parkplatz 0.5 Std.

Beste Jahreszeit
Januar bis Dezember

Einkehr
Zum Forsthaus, Forsthausstraße 67, 63165 Mühlheim, Tel. 06108/660 16, www.zumforsthaus.net

Karte
Kompass Wanderkarte Frankfurt und Umgebung, Nr. 828

Info
Stadt Mühlheim am Main, Friedensstraße 20, 63165 Mühlheim, Tel. 06108/601-0, www.muehlheim.de

Rechte Seite: Ein schattiges Plätzchen auf der Wanderung

Auf ebenen Wegen führt der markierte Rundweg durch Laubmischwälder und Streuobstwiesen zum historischen Galgen von Steinheim und dem Naturdenkmal »Sieben Eichen«. Die Wanderung ist auch für Familien empfehlenswert!

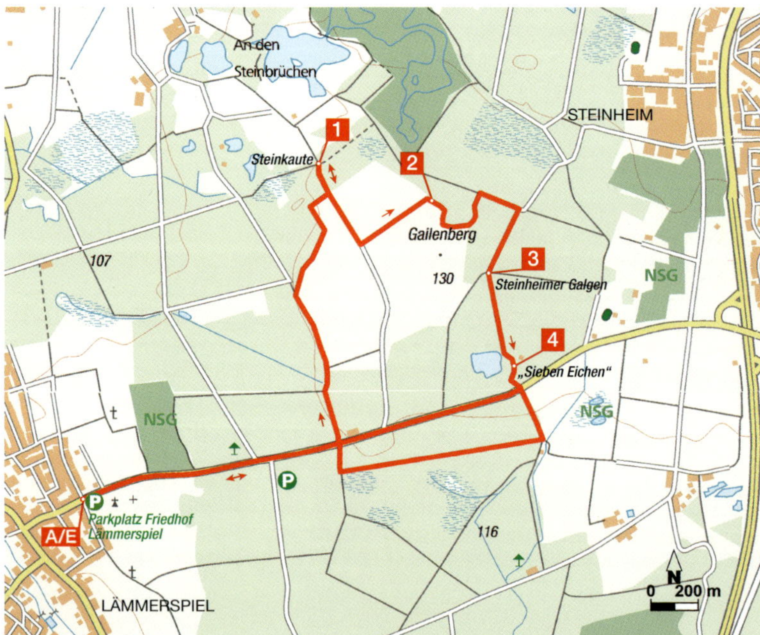

Der Mühlheimer Stadtteil Lämmerspiel trug bereits im 11. Jahrhundert den Namen *Limares villa*. Dieser Name deutete nicht auf Lämmer hin, sondern auf Personen. Zudem zeichnet den Stadtteil Lämmerspiel schwerer Lehmboden aus. Eine weitere Erklärung ist die Bezeichnung Limar Bühl, was übersetzt Lehmhügel bedeutet. Lämmerspiel liegt an der Rodau und ist von Wäldern umgeben. Hausen, Dietesheim und Steinheim sind die unmittelbaren Nachbargemeinden.

Zur Steinkaute Vom Ⓐ **Parkplatz des Friedhofs in Lämmerspiel** gehen wir gemütlich an der Streuobstlehrwiese vorbei. Die Markierung mit dem roten L auf weißem Grund begleitet uns bei der Rundwanderung. Über

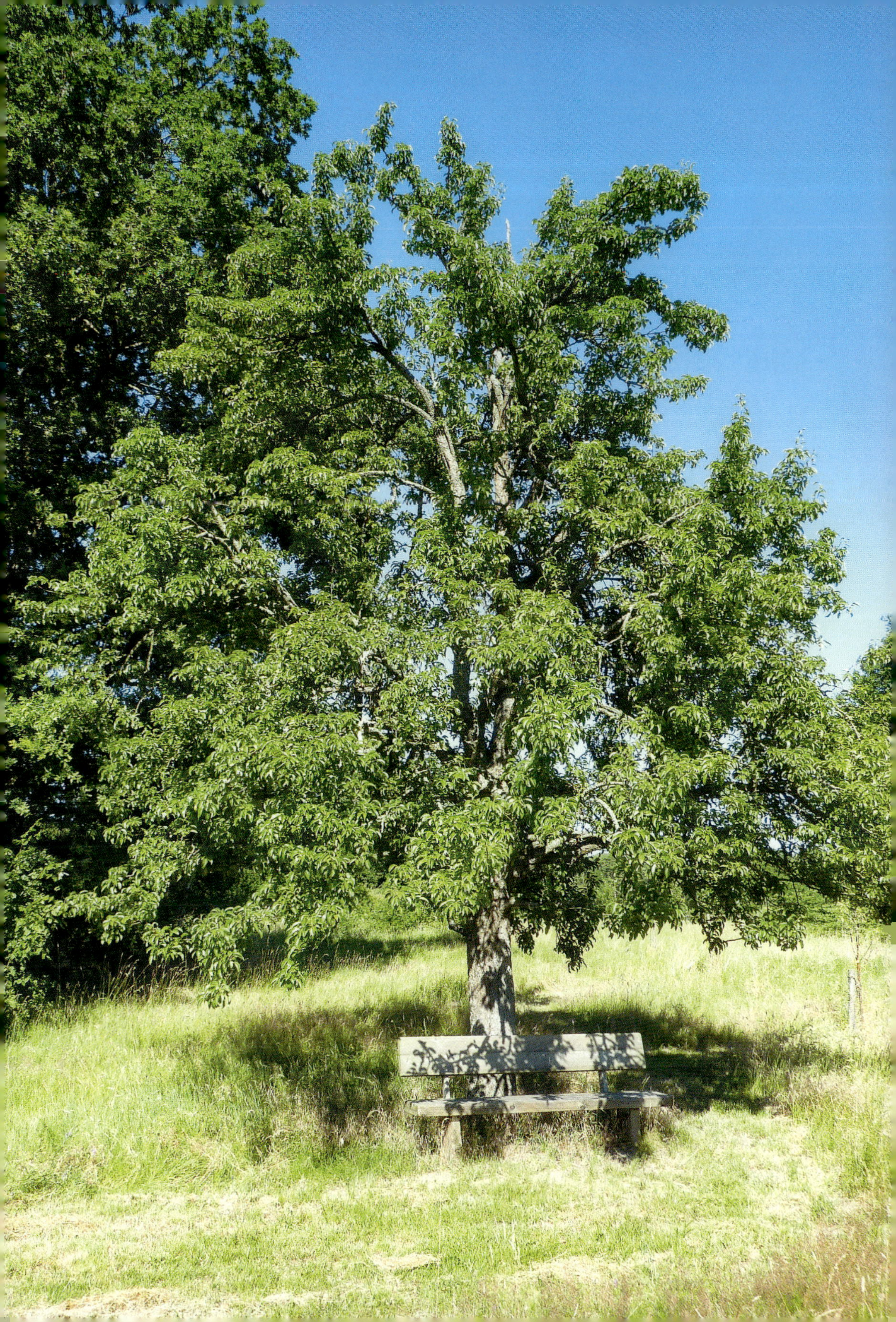

die Steinheimer Straße gelangen wir zu einer kleinen Unterstellmöglichkeit, die gerade bei schlechtem Wetter praktisch ist. Eine Informationstafel an der Hütte vermittelt Wissenswertes zu den heimischen Vögeln. Hier lohnt es sich, innezuhalten und den Vogelstimmen zu lauschen. Vielleicht kann der eine oder andere Vogel sogar beobachtet werden. Nun führt die Wanderung zu einem Parkplatz in der Steinheimer Straße. Hier überqueren wir die Straße Richtung Steinkautenbrücke, um bald die ❶ **Steinkaute** zu erreichen. An dieser Stelle wurden vor 300 Jahren Steine gebrochen, die man unter anderem für den Bau der Kirche und des Obst & Käse-Stübchens in Lämmerspiel verwendete. Später nutzte man Feldbahnen zum Transport. Aufmerksame Wanderer können hier interessante Mineralien finden: Kugelrunde Basaltbomben oder auch der weiße bzw. braune Steinheimer Opal sind am häufigsten. Übrigens entdeckte man in der Steinkaute eine Steinzeitwerkstatt, in der Opale zu Werkzeugen verarbeitet wurden. Heute wird die Steinkaute gern für Geländespiele oder als Zeltplatz genutzt. Im Winter verwandelt sich die Gegend in ein Rodelparadies, in dem Erwachsene mit ihren Kindern gemeinsam Tempo auf den Schlitten geben.

Zu den Streuobstwiesen Nun führt uns ein Waldweg in Richtung Sanddüne zu den Streuobstwiesen am ❷ **Gailenberg**. Gailenberg ist ein ca. 1,5 Quadratkilometer großes Gebiet vulkanischen Ursprungs und liegt auf etwa 130 Metern Höhe. Schon die Römer bauten hier anscheinend Basalt ab. Die Streuobstwiesen entstanden bereits im Mittelalter. Heute kann man hier ganz unterschiedliche Obstbäume entdecken. Unter anderem wachsen hier Kirschen, Mirabellen, Walnüsse und Äpfel. Neben den

Unberührte Natur

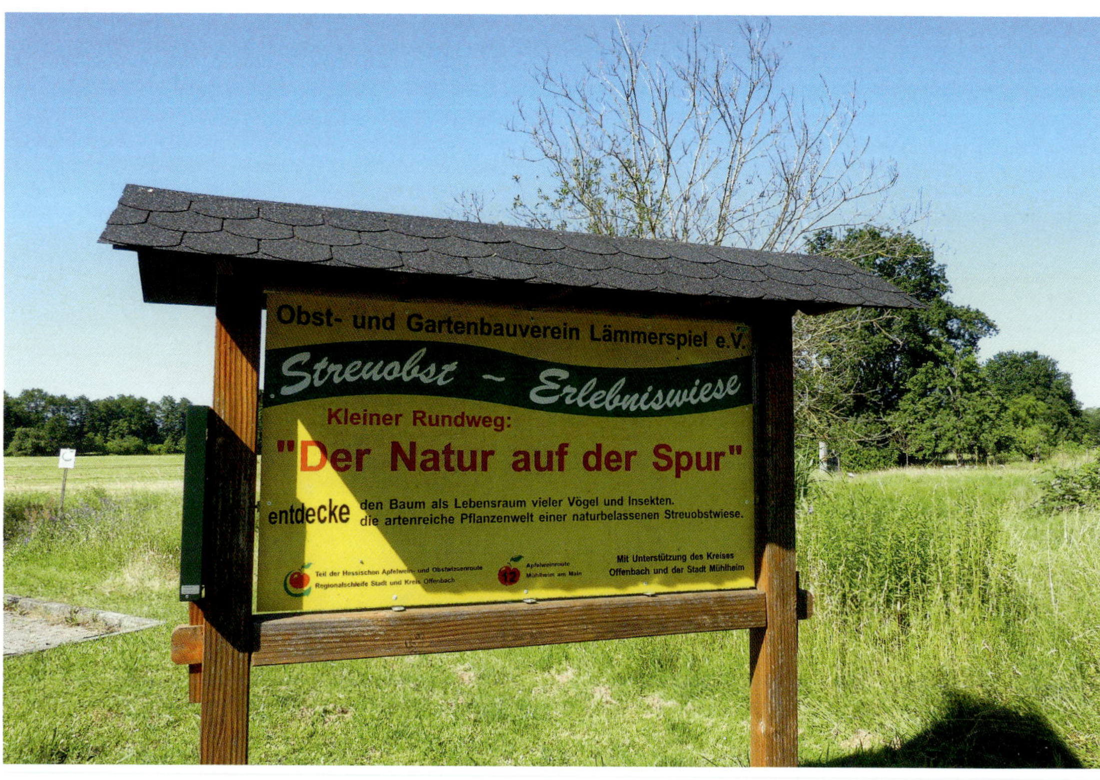

sehr alten Apfelsorten finden sich auch sehr beliebte wie der Rheinische Bohnapfel, die Goldparmäne und der Gestreifte Matapfel. Zur Apfelblüte ist der Anblick zauberhaft. Aber auch wenn die Äpfel am Baum hängen, erinnert der Ort an ein kleines Paradies. Im Zentrum der Streuobstwiesen befinden sich 99 Weißburgunderreben. Sie erinnern an den »Weingarten uff dem Gailenbergke« im 16. Jahrhundert. Im Gebiet leben 5000 Tier- und Pflanzenarten, einige von ihnen sind streng geschützt wie der Steinkauz. Außerdem tummeln sich hier Zauneidechsen, die man mit etwas Glück bei ihrem Sonnenbad beobachten kann.

Apfelweinweg

Die Hessische Apfelwein- und Obstwiesenroute führt Interessierte auf rund 1000 Kilometern zu den schönsten Streuobstwiesen, Apfelweinlokalen und Apfelweinkeltereien. Das Logo mit dem roten Apfel und dem grünen Pfeil erweist sich bei der Wanderung als sehr hilfreich. Die entsprechenden Wanderkarten sind bei den Kommunen erhältlich.

Zum Naturdenkmal Sieben Eichen Ein kleines Wegstück weiter ist der ❸ **Steinheimer Galgen** erreicht. An dieser Stelle wurden vom Steinheimer Gericht bis zum Jahr 1734 Todesurteile vollstreckt. Zwei große Säulen im Steinheimer Wald erinnern an diese Ereignisse. Nach einer kleinen Pause erreichen wir das ❹ **Naturdenkmal Sieben Eichen**. Hierbei handelt es sich um eine siebenstämmig gewachsene Eiche, die bereits 200 Jahre alt ist. Mit ihrem Umfang von etwa acht Metern wirkt sie imposant. Bevor wir unser Ziel, den Ⓔ **Parkplatz am Friedhof** erreichen, kommen wir noch am Bienenhotel des NABU vorbei.

Lernen und Erfahren auf dem Lämmerspieler Rundweg

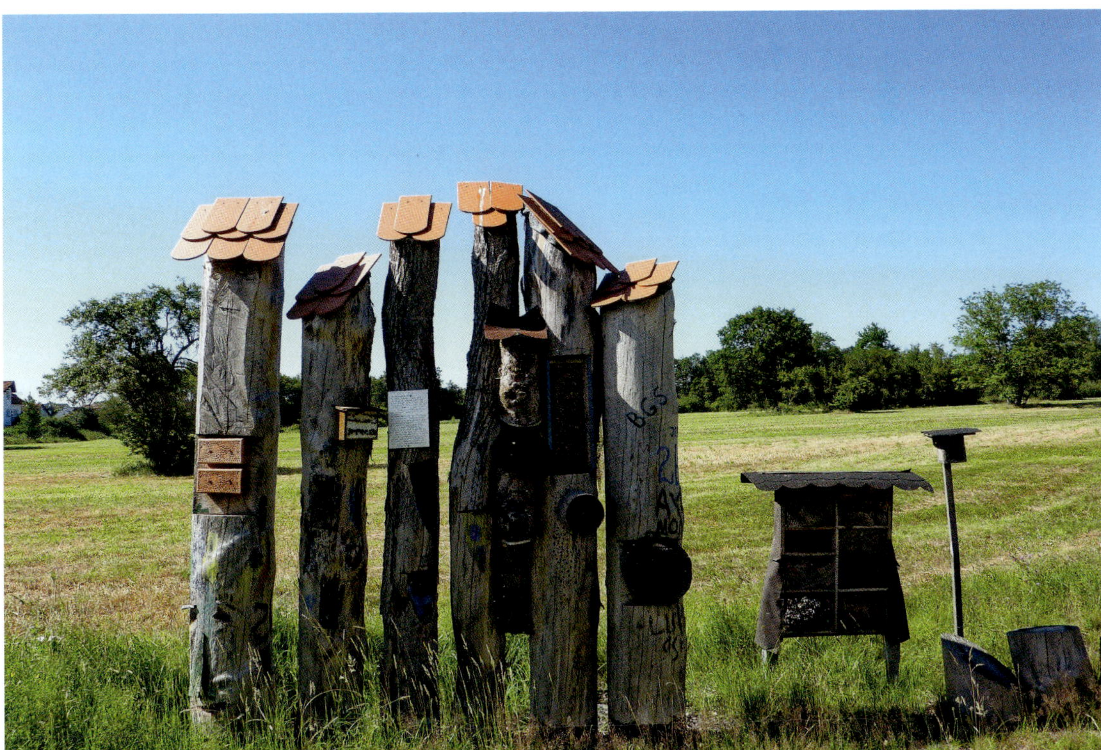

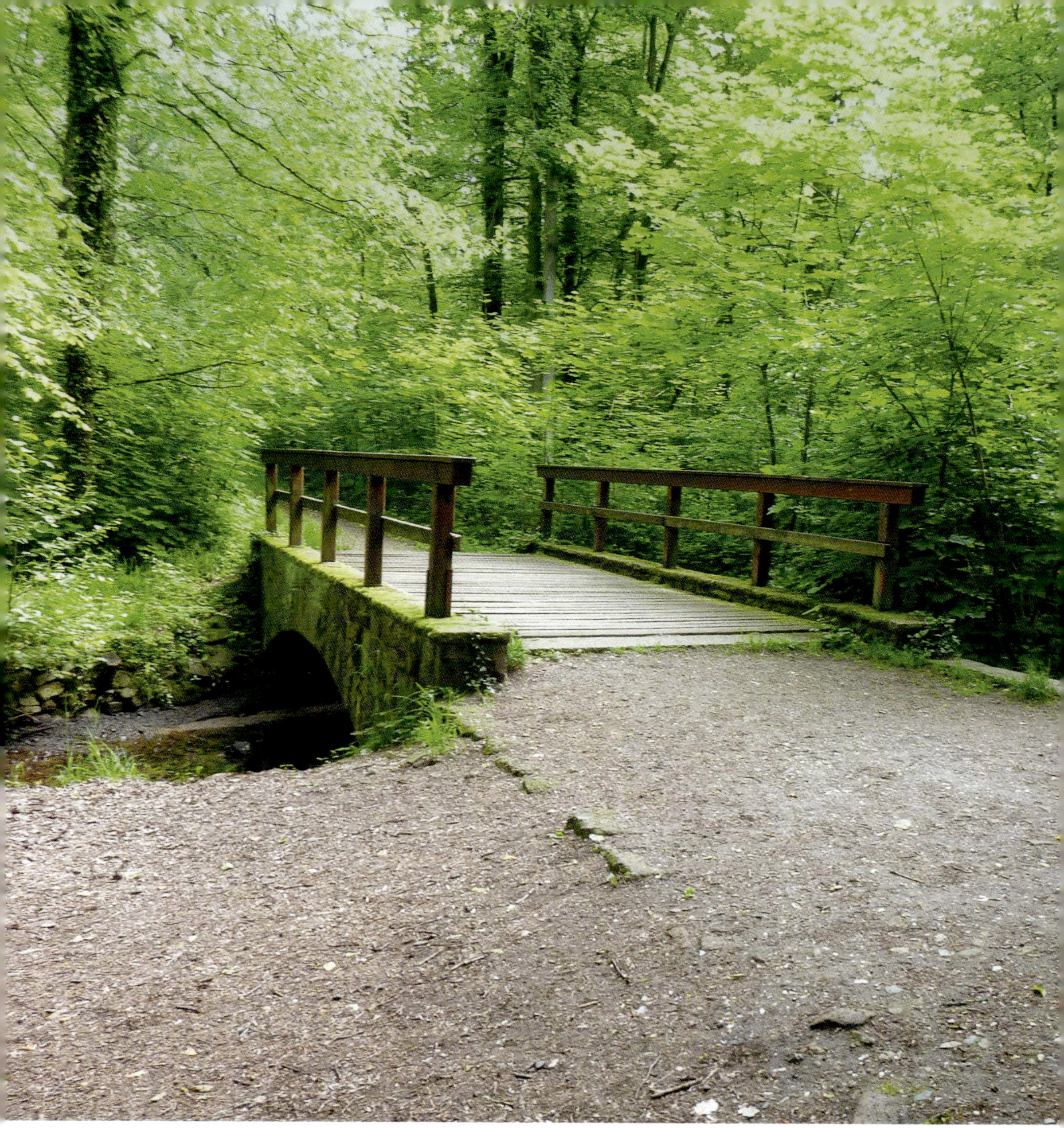

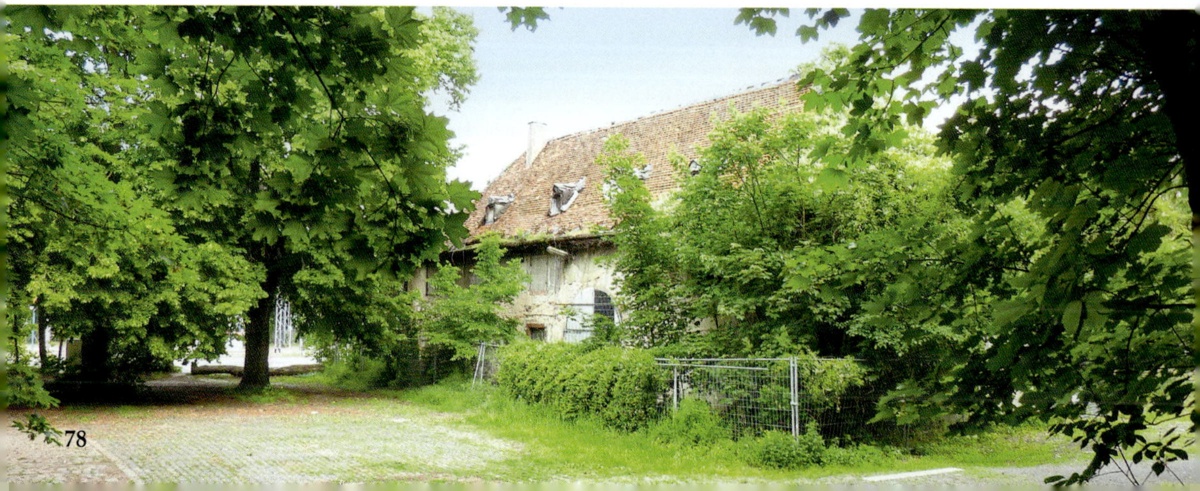

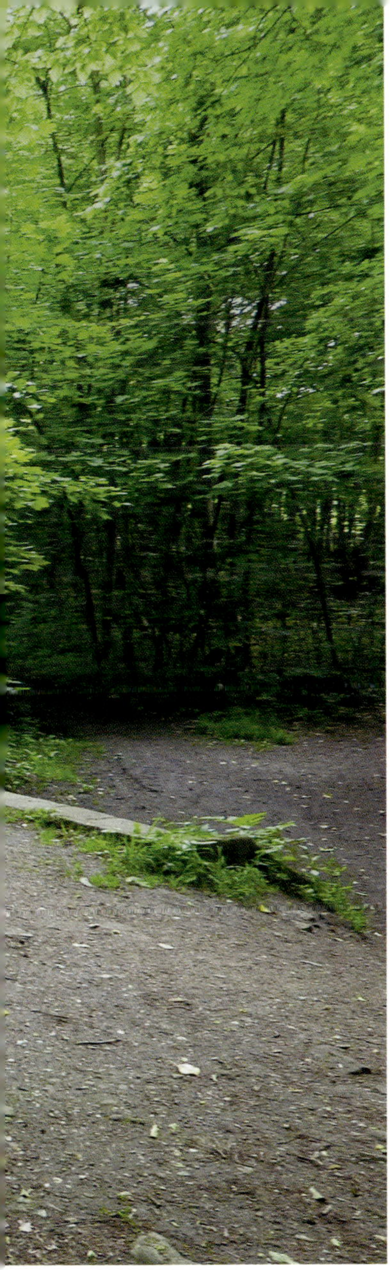

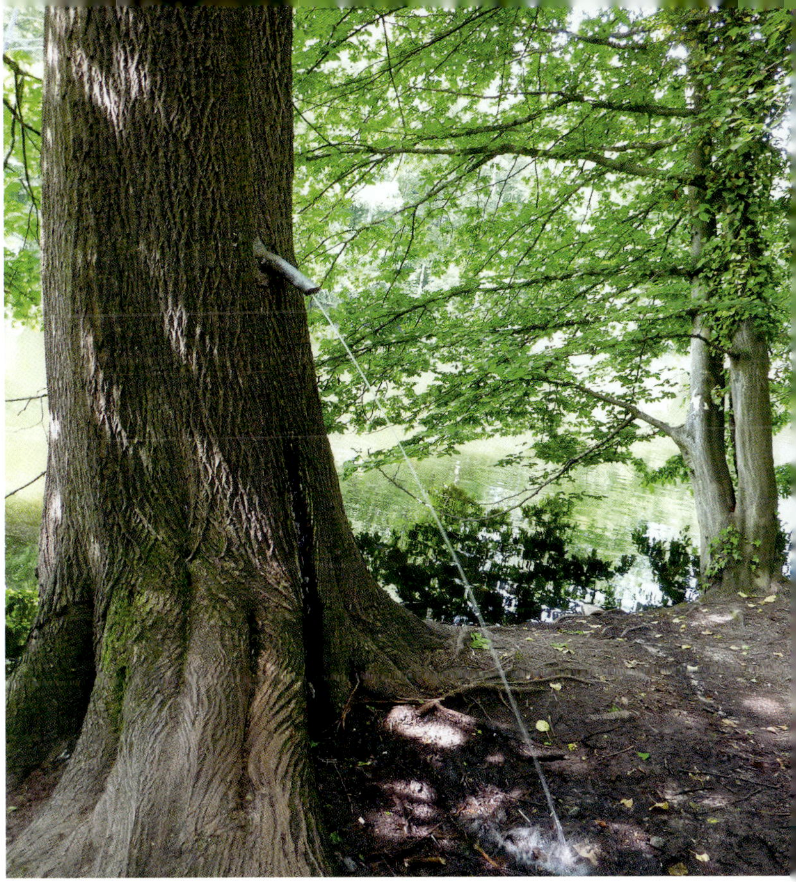

Mitten in Frankfurt

Brücke nahe des Jacobiweihers (o. li., Tour 21); der Pinkelbaum im Stadtwald (o. re., Tour 21); Grenzstein Deutschordenskreuz auf dem Schäfersteinpfad (u. re., Tour 19); das Oberforsthaus in Frankfurt (u. li., Tour 19).

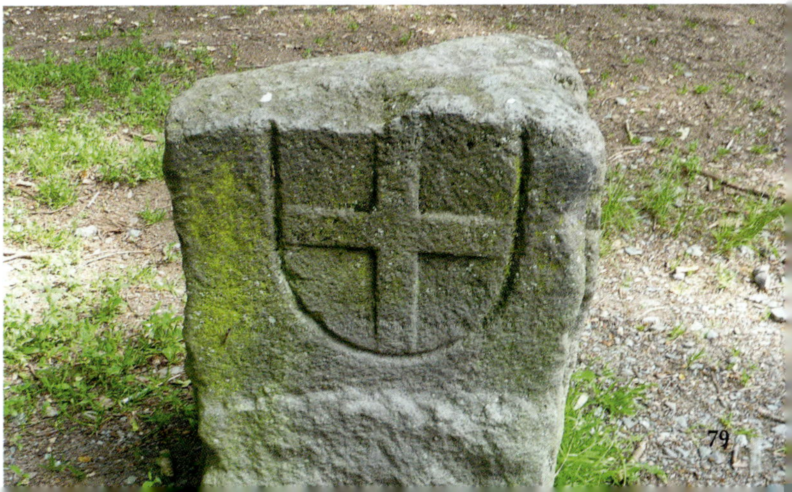

16

Auf Goethes Spuren

Ausflug in die Vergangenheit

Mittel 3.5 Std. 170 Hm 11 km

Tourencharakter
Spannende Mischung aus Stadt und Wald

Ausgangs- und Endpunkt
Goethe-Haus, Großer Hirschgraben 23–25, 60311 Frankfurt am Main

Höchster Punkt
Goetheturm (160 Hm)

Anfahrt
Auto: Über die Mainzer Landstraße, Taunusanlage, Kaiserstraße bis Roßmarkt. Dann über Am Salzhaus in den Großen Hirschgraben
Bus & Bahn: Mit der S-Bahn bis Frankfurt-Hauptwache

Gehzeiten
Goethe-Haus – Gerbermühle 1.25 Std. – Goetheturm 1 Std. – Willemerhäuschen 1 Std. – Goethe-Haus 0.25 Std.

Beste Jahreszeit
Januar bis Dezember

Einkehr
Gerbermühle, Gerbermühlstraße 105, 60594 Frankfurt am Main, Tel. 069/689 77 79 20, www.gerbermuehle.de

Karte
GrünGürtel-Freizeitkarte 1:25.000, Stadt Frankfurt am Main, Umweltamt (Hrsg.), erhältlich unter www.frankfurt.de

Info
Frankfurt Tourist-Information, Römerberg 27, 60311 Frankfurt am Main, www.frankfurt-tourismus.de

Mehrere kulturelle Höhepunkte, lauschige Plätzchen und weiche Waldwege kennzeichnen diese Wanderung. Für manche Teilziele ist es empfehlenswert, ein bisschen mehr Zeit einzuplanen, um Interessantes über die Beziehung Johann Wolfgang von Goethes zu Frankfurt in Erfahrung zu bringen.

Zum Römer Vom **A Goethe-Haus** führt die Strecke kurz über den Großen Hirschgraben, bis in die Weißadlergasse abgebogen werden kann. Dieser folgen wir, bis wir rechts in die Sandgasse einbiegen können. Wir überqueren die Berliner Straße, halten uns links Richtung Paulsplatz mit der **1 Paulskirche**, den wir ebenfalls überqueren. In der Paulskirche finden regelmäßig Ausstellungen statt. Zudem wird das historische Gebäude für bedeutsame Veranstaltungen genutzt. Über die Braubachstraße erreicht man nach kurzer Wegstrecke den Römerberg. Hier lohnt es sich, einen Abstecher zum **2 Römer** zu unternehmen. Der Römer wird seit dem 15. Jahrhundert als Rathaus genutzt. Nur wenige Schritte entfernt liegt der Gerechtigkeitsbrunnen mit der Justitia, die Richtschwert und Waage hält. Der Brunnen war bei Kaiserkrönungen ein wichtiges Element. Auf dem Römerberg fand zu diesem Anlass ein großes Fest statt. Der Brunnen diente dann als sprudelnde Weinquelle.

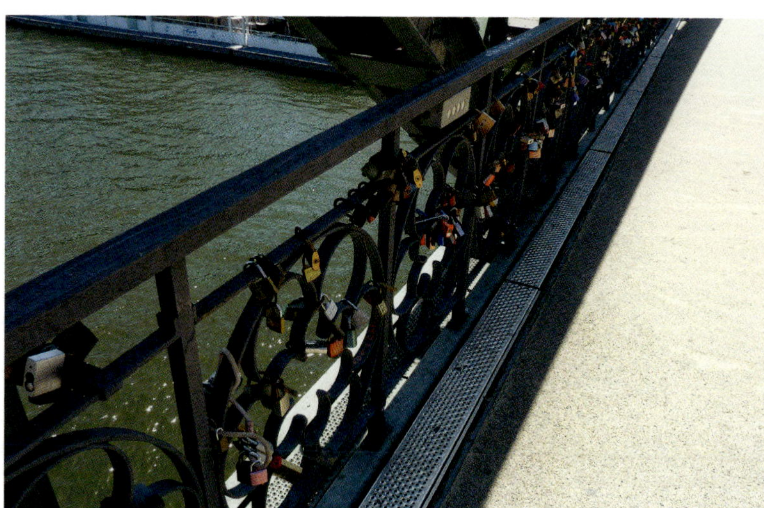

Eine Vielzahl von Liebesschlössern gibt es am Eisernen Steg.

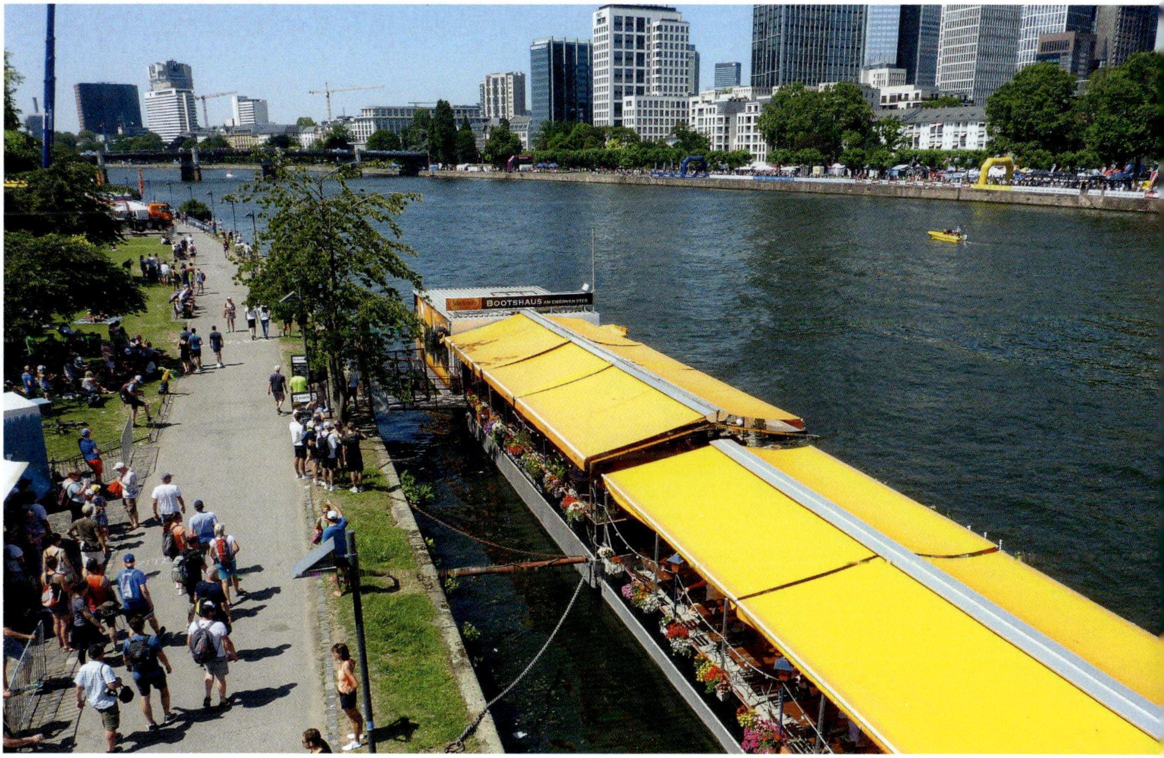

Nach Sachsenhausen Wir gehen links weiter und erreichen den **3 Dom**. Sein 95 Meter hoher Turm ist schon von Weitem zu sehen. Zehn Kaiser wurden hier zwischen 1562 und 1792 gekrönt. Von der Aussichtsplattform in 66 Metern Höhe hat man einen wundervollen Blick auf Frankfurt. Allerdings sollte man gut zu Fuß sein, denn bis dorthin sind ca. 300 Stufen zu bewältigen. Wir umrunden den Dom, indem wir links an ihm vorbeigehen. Vom Weckmarkt mit dem sehenswerten Leinwandhaus

Das Sachsenshäuser Mainufer

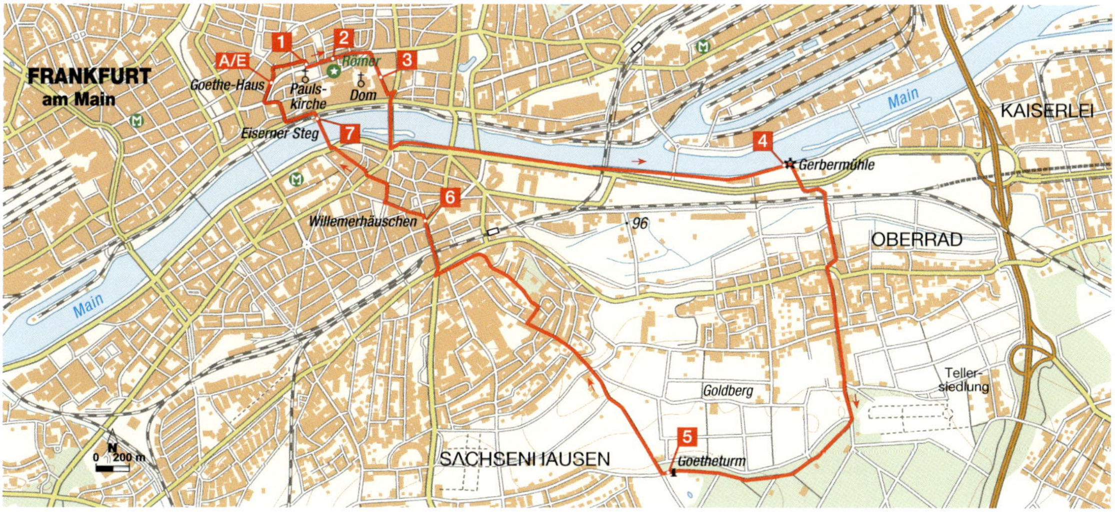

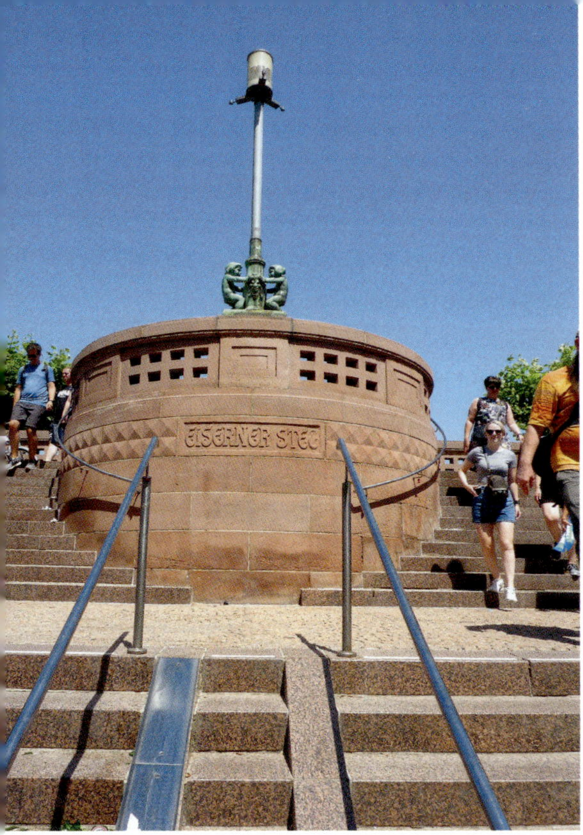

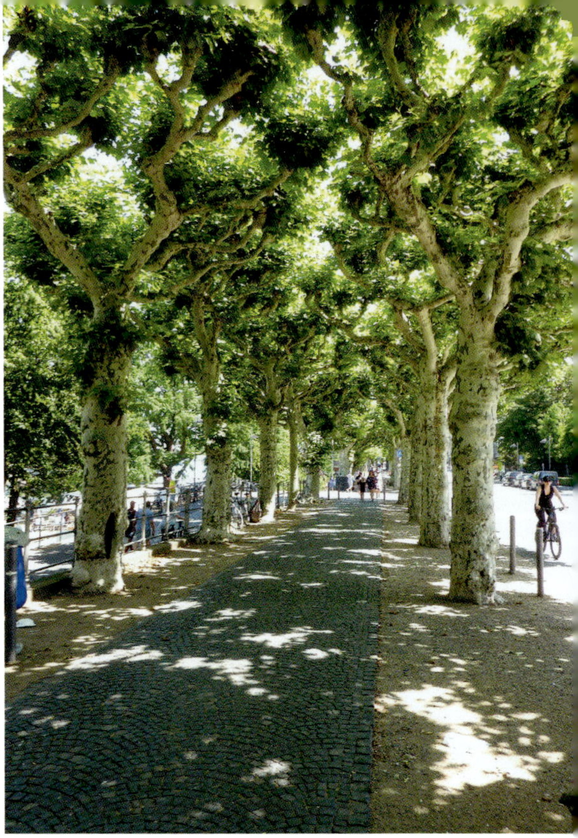

Links: Der Eiserne Steg ist die bekannteste Fußgängerbrücke über den Main.

Rechts: Am Sachsenhäuser Ufer findet regelmäßig der beliebte Flohmarkt statt.

gehen wir links weiter zur Fahrgasse. Hier halten wir uns rechts Richtung Main und nehmen die Alte Brücke nach Sachsenhausen.

Auf dem GrünGürtel-Rundweg An der Sachsenhäuser Brückenseite führen links Treppen zur Promenade. Weiter geht es am Main entlang und unter der Ignatz-Bubis-Brücke, der Flößerbrücke sowie der Deutschherrenbrücke hindurch in Richtung Osthafen, der schon bald zu sehen ist. Ab der Deutschherrenbrücke folgen wir der Markierung des GrünGürtel-Rundwegs. Am Gelände der Rudervereine vorbei und weiter am Main entlang erreichen wir kurz nach dem ICH-Denkmal die ❹ **Gerbermühle**. Sie ist ein beliebter Ausflugsort. Auch Johann Wolfgang von Goethe kam in den Jahren 1814/15 hierher. Gerade der Biergarten lädt an schönen Tagen dazu ein, nicht nur die Frankfurter Spezialitäten, sondern auch die Aussicht auf die Skyline und den Main zu genießen.

Zum Goetheturm Rechts an der Gerbermühle vorbei, stoßen wir auf die Gerbermühlstraße, die wir überqueren. Immer weiter der Markierung nach, geht es durch Oberrad zum Beckerweg. Jetzt haben wir auch den Stadtwald erreicht. Wir folgen dem Weg durch den Wald und erreichen eine Wegkreuzung. Hier nehmen wir die Buchrainstraße nach rechts. Nun stoßen wir auf den Sachsenhäuser Landwehrweg und halten uns links. Nachgehend streifen wir den Waldspielpark Scheerwald und den Waldspielpark Goetheturm. In direkter Nähe befinden sich der ❺ **Goetheturm** und Goetheruh. Anschließend verlassen wir den Wald und wandern rechts den Wendelsweg weiter bis zur Abbiegung Steinhausenstraße. Diese bringt uns zum Hühnerweg, wo wir links das ❻ **Willemer-Häuschen** besuchen können. In diesem Gartenhaus traf sich Goethe mit der Schauspielerin, Sängerin und Tänzerin Marianne von Willemer im Jahr 1814. Die Einrichtung wie auch die Ausstellungsstücke sollen an die Begegnungen erinnern. Die drei Etagen des Häuschens können im Sommerhalbjahr besichtigt werden.

Alt-Sachsenhausen

Schmale Gassen führen durch Alt-Sachsenhausen. Die erste urkundliche Erwähnung Sachsenhausens stammt von 1193. Mehrere Apfelweinlokale und historische Fachwerkhäuser laden zu einem gemütlichen Bummel durch die Große und Kleine Rittergasse, die Paradies- und Klappergasse ein. In der Klappergasse befindet sich der Frau-Rauscher-Brunnen, der immer zu unerwarteten Zeitpunkten Wasser auf die Vorbeilaufenden spuckt.

Zum Eisernen Steg Vom Willemer-Häuschen gehen wir durch die Grünanlage, bis der Wendelsweg wieder erreicht ist. Er bringt uns direkt zum Hühnerweg und zum Wendelsplatz. Rechts auf der Darmstädter Landstraße weiter, ist der Affentorplatz bald erreicht. Links weiter auf der Wallstraße überqueren wir die Brückenstraße. Als Nächstes stoßen wir auf die Walter-Kolb-Straße, die wir wiederum überqueren, und gehen auf der Schulstraße rechts weiter. In Kürze ist der Schaumainkai erreicht. Am Mainufer nutzen wir den ❼ **Eisernen Steg** mit seiner markanten Stahlkonstruktion zur Überquerung des Flusses. Die Brücke wurde bereits 1868 errichtet. Heute zieren sie Tausende von Liebesschlössern. Auf der anderen Seite des Mains befinden sich die Anlegestellen der Ausflugsschiffe. Über die Straße weiter, sind es nur noch wenige Minuten bis zum Römerberg. Links bringt uns nun die Mainzer Gasse zur Buchgasse. Rechts weiterlaufend, erreichen wir bald die Berliner Straße, die es zu überqueren gilt. Links weiter über den Kornmarkt sind es nur noch wenige Minuten bis zum Ausgangspunkt, dem Ⓔ **Goethe-Haus**.

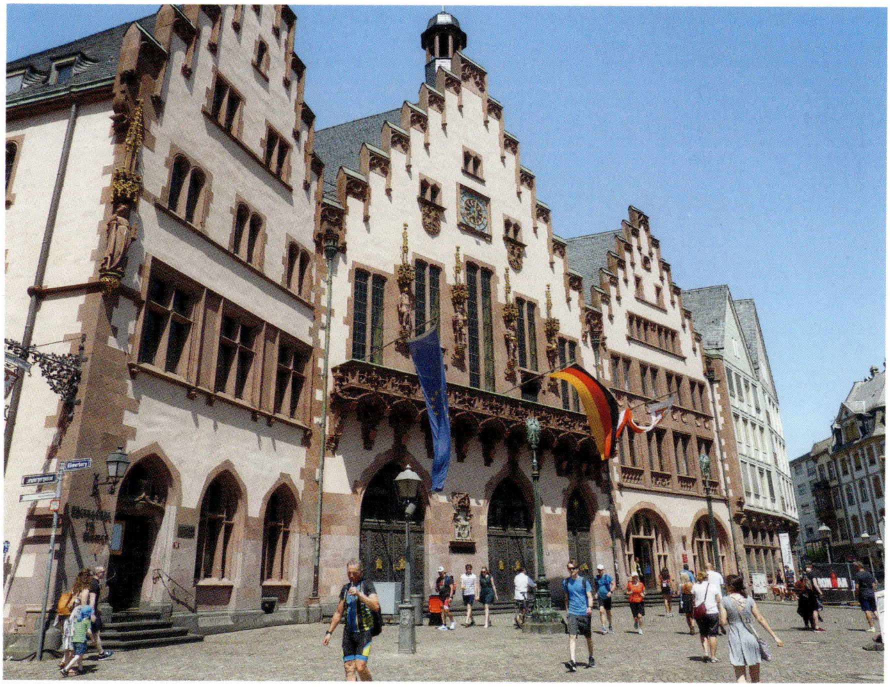

Der Römer ist seit dem 15. Jahrhundert das Rathaus der Stadt.

17

Naturlehrpfad Weilruh

Kunst in der Natur

Leicht 1.5 Std. 50 Hm 6,5 km

Tourencharakter
Kurzweilige Rundwanderung mit kulturellen Höhepunkten

Ausgangs- und Endpunkt
Parkplatz Hainer Weg, Ecke Babenhäuser Landstraße, 60599 Frankfurt

Höchster Punkt
Hainer Weg (157 m)

Anfahrt
Auto: Von der A661 oder A3 am Offenbacher Kreuz auf die B3 Richtung Frankfurt bis zum Parkplatz
Bus & Bahn: Mit der S-Bahn bis Frankfurt-Süd; weiter mit dem Bus 30 bis zum Hainer Weg

Gehzeiten
Parkplatz – Grastränke 0.5 Std. – Mörderbrunnen 0.25 Std. – Parkplatz 0.75 Std.

Beste Jahreszeit
Januar bis Dezember

Einkehr
Es gibt mehrere Restaurants und Cafés in der Altstadt von Sachsenhausen.

Karte
GrünGürtel-Freizeitkarte 1:25.000, Stadt Frankfurt am Main, Umweltamt (Hrsg.), erhältlich unter www.frankfurt.de

Info
Frankfurt Tourist-Information, Römerberg 27, 60311 Frankfurt am Main, www.frankfurt-tourismus.de

Der Naturlehrpfad Weilruh führt uns auf bequemen Waldwegen zu einem interessanten Kunstobjekt und zwei Waldweihern. An schönen alten Buchen vorbei, erreichen wir den Mörderbrunnen, wo uns eine schauerliche Geschichte erwartet.

Zum Monsterspecht Der Ⓐ **Parkplatz Hainer Weg** an der Babenhäuser Landstraße bzw. die dortige Haltestelle ist unser Startpunkt. Nun geht es direkt in den Frankfurter Oberwald durch ein Wildgatter mit Damwildbestand. Vierbeiner müssen hier an die Leine. Wir folgen der Markierung mit dem braunen Eichenblatt. Auf unserem gemütlichen Weg durch den Wald, in dem sich auch viele alte Buchen befinden, erreichen wir als Erstes den ❶ **Monsterspecht**, der am Stamm einer Eiche sitzt. Er gehört mit zu den Kunstobjekten, die nach den Entwürfen von F. K. Waechter entstanden sind. Der komische Vogel aus Pappelholz wiegt sagenhafte 300 Kilogramm und ist etwa zwei Meter groß. Die Eiche, auf der er sitzt, ist bereits über 170 Jahre alt.

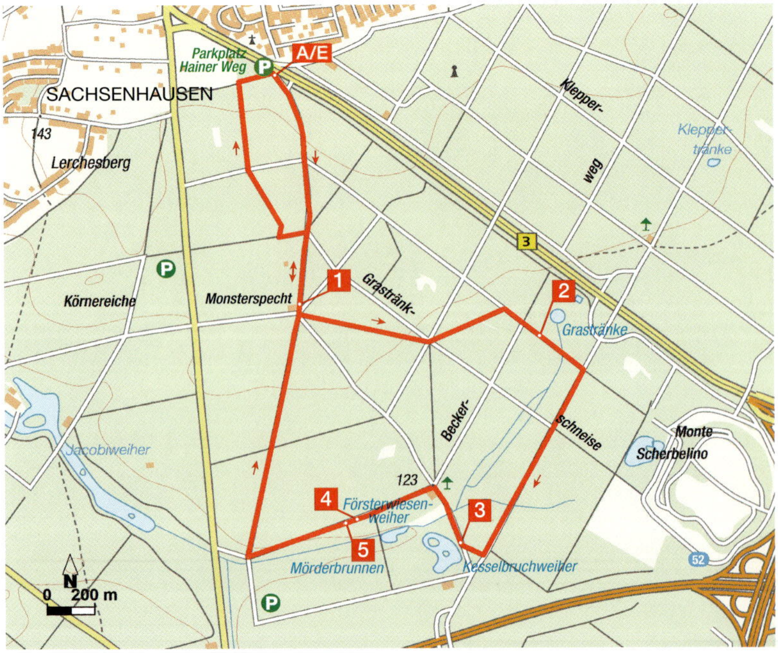

Rechte Seite: Die friedliche Stimmung im Wald sorgt für Entspannung.

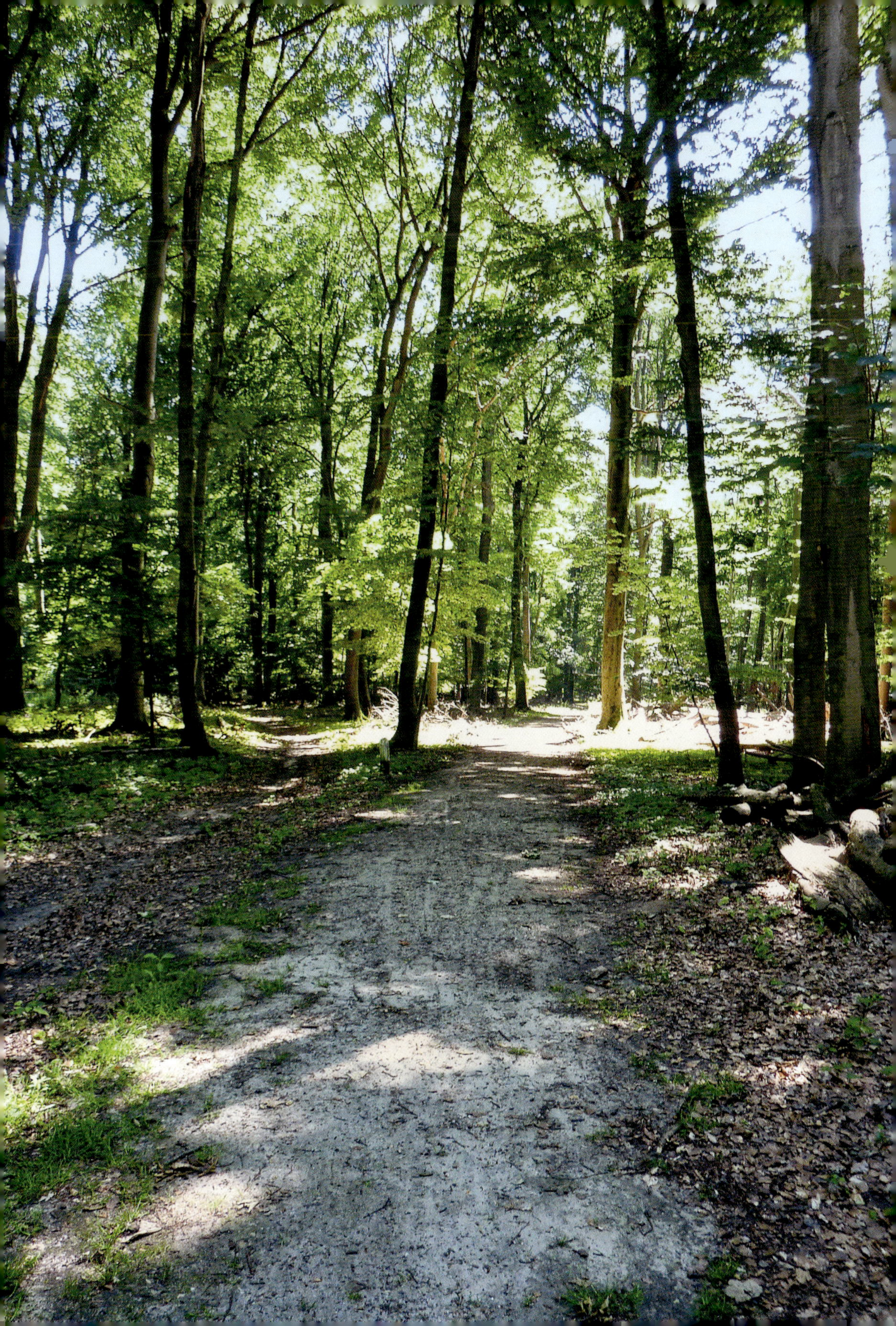

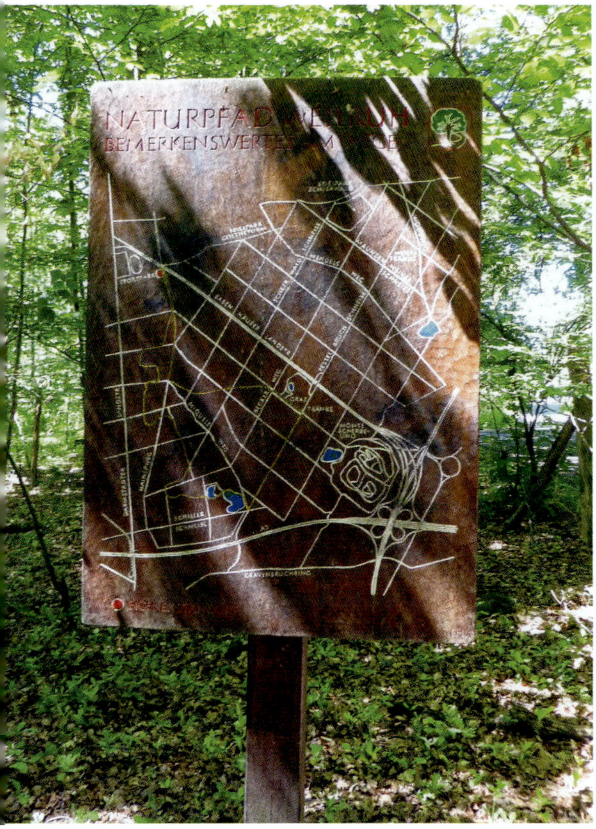

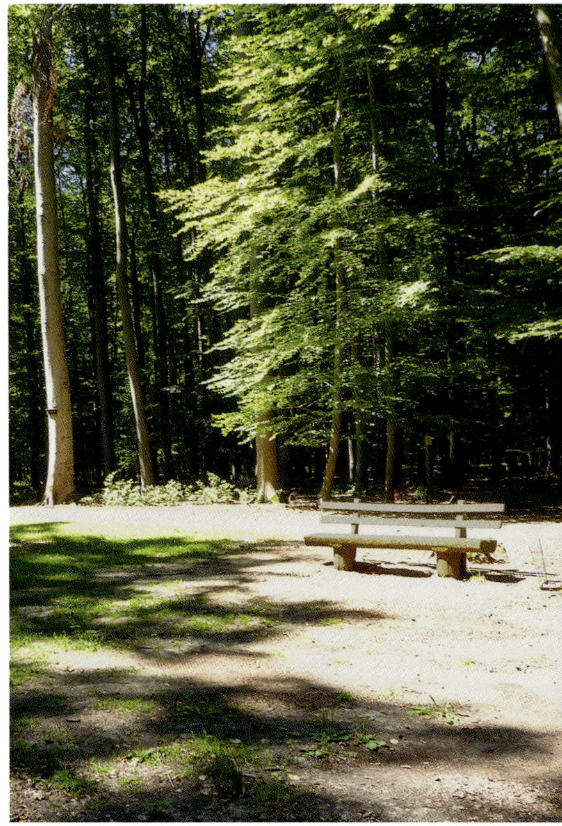

Zum Informationszentrum Über den Grasweg geht es direkt zur Ebertschneise, die uns weiter bis zum Eingang der ❷ **Grastränke** bringt. Die Wildtränke diente einst zur Kühlung der Bierkeller des Stadtteils Sachsenhausen. In der kalten Jahreszeit kamen die sogenannten Eismänner hierher und brachen das Eis. Heute befindet sich hier ein Informationszentrum, an dem sich Interessierte über Vogelschutz informieren können. Besonders spannend sind die Nistkästen, in die man hineinsehen kann, um live am Geschehen teilzuhaben. Die Grastränke hat vom 1. bis zum 15. April jeweils an Sonntagen und Feiertagen zwischen 9.30 und 17.30 Uhr geöffnet.

Augen auf!

Aufmerksame Beobachter werden im Stadtwald die Kaisertannen entdecken, die im einstmals kaiserlichen Reichsforst gesät wurden und deswegen diesen Namen tragen. Etwa 50 Kiefern mit einem ehrwürdigen Alter von rund 280 Jahren und einer Höhe von ca. 24 Metern befinden sich zwischen der Babenhäuser und Darmstädter Landstraße auf beiden Seiten des Hainerwegs.

Der Kesselbruchweiher Wir halten uns rechts und wandern auf der Kesselbruchschneise weiter. Nach wenigen Minuten erreichen wir den ❸ **Kesselbruchweiher**, ein kleines Gewässer, das künstlich angelegt wurde. Ein Spazierweg führt um das schöne Plätzchen herum und Bänke laden zum Ausruhen ein. Im Weiher befinden sich zwei Inseln, die von Vögeln zum Brüten genutzt werden.

Zum Försterwiesenweiher In direkter Nähe schließt sich der ❹ **Försterwiesenweiher** an, der nach der

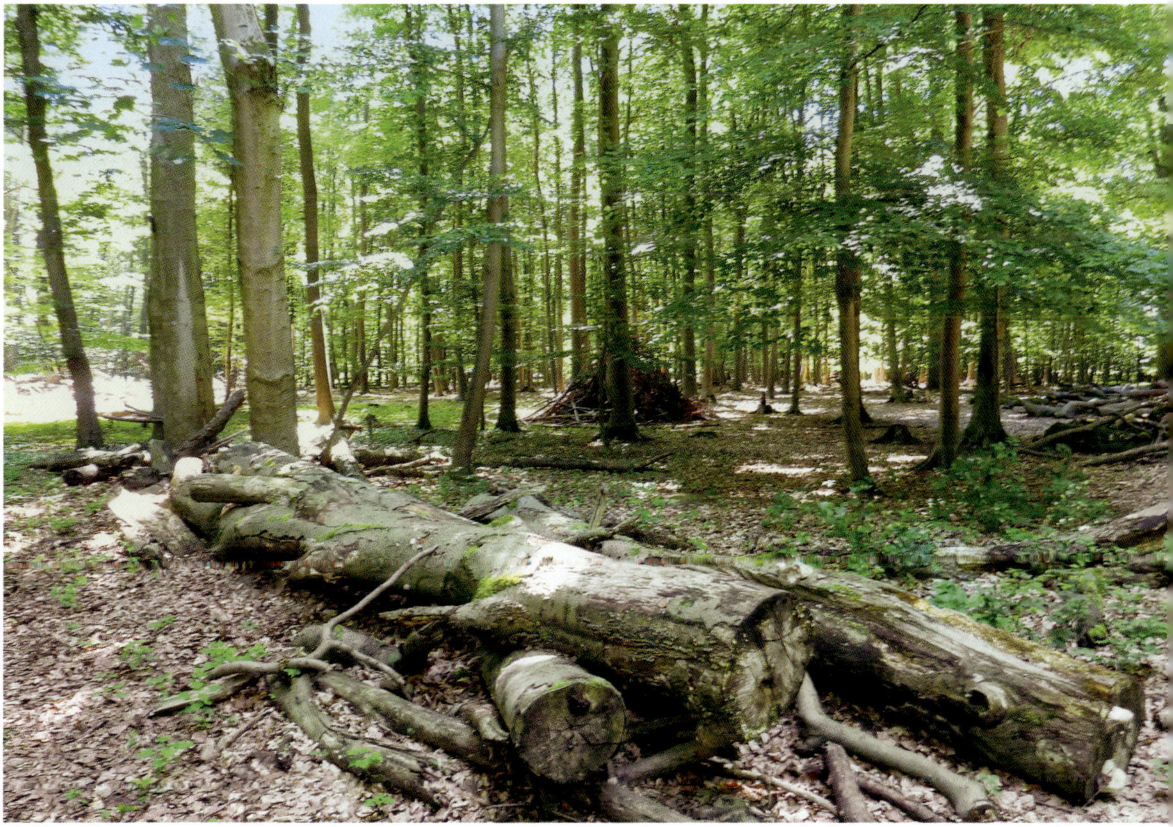

Försterwiese benannt wurde, die sich in direkter Nähe befindet. Auf ihr durfte ein Förster um 1795 zwei Kühe als »Nahrungsvieh« halten. Der Försterwiesenweiher entstand 1958 und dient als Rückhaltebecken für Sickerwasser. Um ihn herum führt ein schön angelegter Rundweg mit einigen Bänken zum Ausruhen. Eine Informationstafel erzählt die Geschichte des Weihers.

Links: Hinweistafel zum Naturpfad

Mitte: Geeignete Sitzgelegenheit für Sonnenanbeter

Rechts: Kinder nutzen die Baumstämme gern zum Balancieren.

Zum Mörderbrunnen Als Nächstes erreichen wir den **5 Mörderbrunnen**. Er wurde ursprünglich als Trinkwasserbrunnen genutzt. Um ihn rankt sich eine traurige Sage: Einst lebte eine wunderschöne Wasserfee in dem Brunnen. Ein Jäger verliebte sich in sie und wollte ihr sieben Jahre die Treue halten, um sie so zu erlösen. Die Fee gab ihm einen Ring, der sich verfärben sollte, falls er ihr untreu würde. Einmal schlich ein Bursche dem Jäger zum Brunnen hinterher. Er verliebte sich ebenfalls in die Fee, ermordete den Jäger am nächsten Abend und erzählte danach der Fee von des Jägers angeblicher Untreue. Die Fee erkannte jedoch an der blutroten Verfärbung des Ringes, dass der Bursche den Jäger ermordet hatte und erwürgte ihn. Seitdem hört man die Fee in hellen Nächten jammern und klagen. Tatsächlich sollen die Geräusche allerdings von einem Waldkauz stammen. Über den Mörderbrunnen gelangen wir in den Beckerweg und biegen dann links in die Büchenschneise ein. Anschließend queren wir den Hainerweg und laufen, der Markierung folgend, über den Tränkweg zurück zum **E Parkplatz** bzw. zur Bushaltestelle in der Babenhäuser Landstraße.

18 Zum Goetheturm

Spielend Goethe erwandern

Leicht | 1.5 Std. | 60 Hm | 5,5 km

Tourencharakter
Leichte Wanderung mit schönen Spielplätzen

Ausgangs- und Endpunkt
Wanderparkplatz Goetheturm, Sachsenhäuser Landwehrweg, 60599 Frankfurt am Main

Höchster Punkt
Goetheturm (160 m)

Anfahrt
Auto: Vom Offenbacher Kreuz A661 und B3 weiter in den Sachsenhäuser Landwehrweg
Bus & Bahn: Mit der S-Bahn bis Frankfurt-Süd und weiter mit dem Bus 48 bis zum Anton-Burger-Weg

Gehzeiten
Wanderparkplatz – Maunzenweiher 0.75 Std. – Hensel-Ruhe 0.5 Std. – Wanderparkplatz 0.25 Std.

Beste Jahreszeit
Januar bis Dezember

Einkehr
Goetheruh, Zum Goetheturm 1, 60599 Frankfurt am Main, www.goetheruh.de

Karte
GrünGürtel-Freizeitkarte 1:25.000, Stadt Frankfurt am Main, Umweltamt (Hrsg.), erhältlich unter www.frankfurt.de

Info
Frankfurt Tourist-Information, Römerberg 27, 60311 Frankfurt am Main, www.frankfurt-tourismus.de

Die familientaugliche Rundwanderung führt zu idyllischen Plätzen. Auf weichem Waldboden wandern wir durch den Stadtwald, zum Maunzenweiher und dem Goetheturm. Für die Jüngsten gibt es auf dieser Tour genügend Abwechslung.

Zur Goetheruh Vom Ⓐ **Wanderparkplatz Goetheturm** am Sachsenhäuser Landwehrweg führt die Rundtour zur Goetheruh. Die Goetheruh nördlich vom ❶ **Goetheturm** ist ein lauschiger Aussichtshügel mit schönem Blick. Eine dorische Säule des schottischen Künstlers Ian Hamilton Finlay erinnert an Goethe und lädt seit dem Jahr 2000 zum Ausruhen ein. Hier gibt es auch eine Inschrift zu entdecken, die aus einem leicht veränderten Goethe-Zitat stammt: »Arkadien, ein Königreich in Spartas Nachbarschaft« (Faust II).

Zum Maunzenweiher Nun führt die Wanderung auf dem Landwehrweg am Stadtwaldrand entlang. Nach kurzer Zeit ist der ❷ **Waldspielpark**

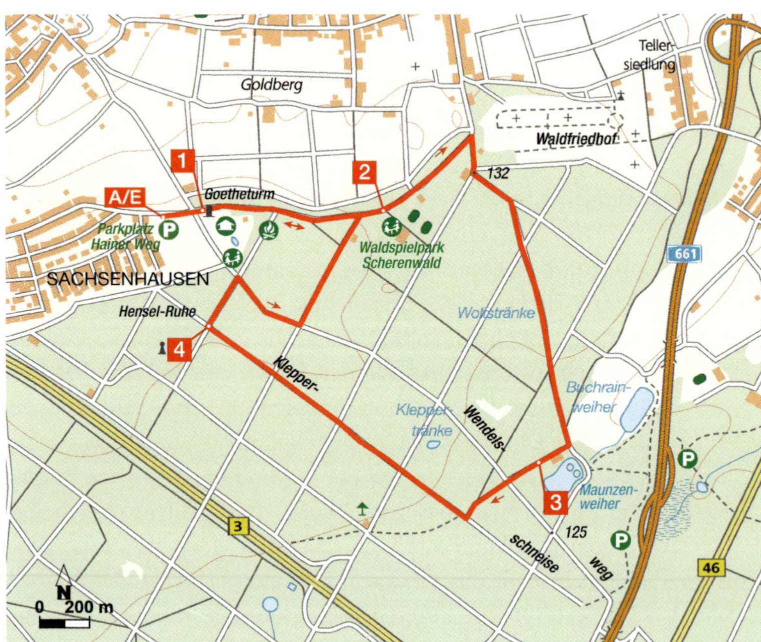

Scheerwald in Sichtweite. Während die Kinder dort ausgelassen toben, erholen sich ihre Eltern im Schatten der Bäume. Weitergehend, erreichen wir die Buchrainschneise und den Rastplatz Beckerweg. Dann geht es auf gemütlichen Wegen durch den Frankfurter Stadtwald. Die Hügelschneise und der Wolfsweg bringen uns zum 3 Maunzenweiher. Der Weiher ist ungefähr zwei Hektar groß und wurde künstlich angelegt. Seinen Namen verdankt er einigen Wildkatzen, die sich einst hier maunzend aufhielten.

Goethes Leben in Frankfurt

Goethe und sein Frankfurt können am besten während einer Führung ergründet werden. Wie er mit seiner Familie in Frankfurt lebte, wo seine Lieblingsplätze waren oder welche Erlebnisse er an bedeutenden Schauplätzen Frankfurts in seinen Werken verarbeitet, lässt sich hierbei erfahren. Die Führungen können beispielsweise unter www.frankfurt-tourismus.de oder auch www.frankfurter-stadtevents.de gebucht werden.

Zum Goetheturm Wir folgen dem Steinweg weiter durch den Stadtwald. Über die Klepperschneise und die Kesselbruchschneise führt die Route parallel zur Babenhäuser Landstraße und zur 4 Hensel-Ruhe. Der Gedenkstein erinnert an den städtischen Forstmeister Karl Hensel, der großen Anteil daran hatte, dass der Stadtwald heute ein Erholungsgebiet ist. Weiter auf unserer Wanderung erreichen wir den Waldspielpark Scheerwald, bevor der Goetheturm zu sehen ist. Der erste Goetheturm wurde 1867 erbaut und war 22 Meter hoch. Wegen Baufälligkeit wurde er nach dem Ersten Weltkrieg ersetzt. 1931 begann man mit dem Bau dieses zweiten Goetheturms, der zum Goethe-Jahr 1932 anlässlich des 100. Todestags des berühmten Dichters eröffnet wurde. Er wurde komplett aus Holz erbaut und hatte eine Höhe von gut 43 Metern. Bis 2017 war der Turm ein Ausflugsziel und beliebter Treffpunkt. Dann, im Oktober diesen Jahres, fiel er einem Feuer zum Opfer. Die Frankfurter unternahmen alles, um ihr Wahrzeichen wieder aufzubauen. Mit vielen Spenden war es schließlich möglich, den Turm nach historischem Vorbild neu zu erreichen. Seit 2020 dient er wieder als Treffpunkt der Frankfurter. Der Spielplatz am Goetheturm ist ein Paradies für Kinder: mit einer großen Matsch-Spielanlage mit Pumpen, Schleusen und kleinen Wasserbecken und einem Irrgarten, in dem die GrünGürtel-Tiere entdeckt werden können. Im Ausflugslokal Goetheruh mit seinem Sommergarten können müde Füße ausruhen und hungrige Wanderer sich stärken. Von hier aus ist der E Wanderparkplatz zügig erreicht.

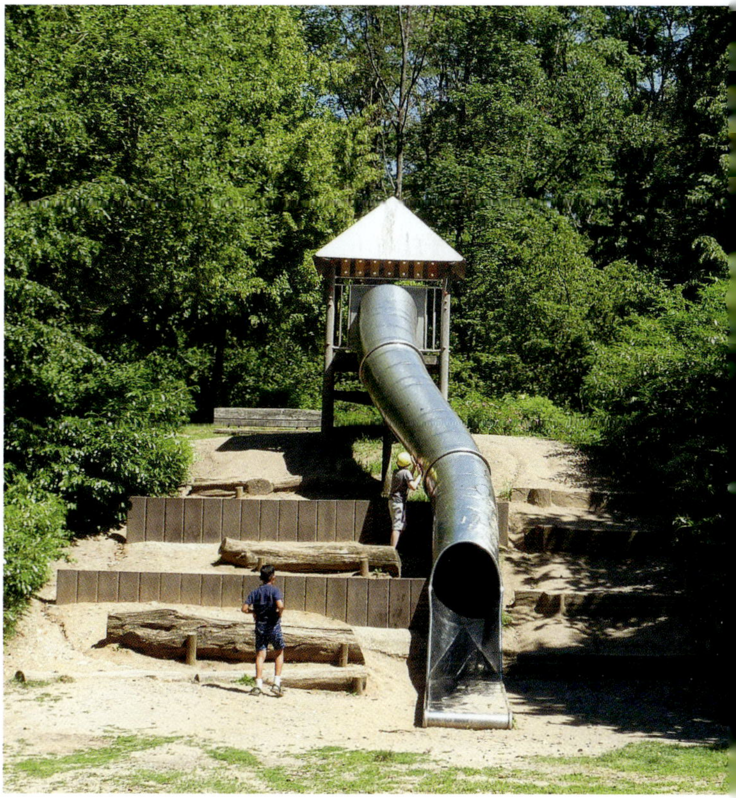

Der Spielplatz lockt zu einer kurzen Auszeit.

19 Schäfersteinpfad

»GrünGürtel-Tiere« in Tiroler Schützentracht

Mittel | 3 Std. | 100 Hm | 12,6 km

Tourencharakter
Ruhezonen zwischen Hauptverkehrsadern in Frankfurt

Ausgangs- und Endpunkt
Bahnhof Neu-Isenburg, 63263 Neu-Isenburg

Höchster Punkt
Louisa (128 m)

Anfahrt
Auto: Über das Autobahnkreuz Frankfurt-Süd und B44 auf die L3117. Dann über die Kurt-Schumacher-Straße in die Bahnhofstraße
Bus & Bahn: Mit der S3 und S4 bis zum Bahnhof Neu-Isenburg

Gehzeiten
Bahnhof – Waldspielpark 1.5 Std. – Waldspielplatz Tannenwald 1 Std. – Bahnhof 0.5 Std.

Beste Jahreszeit
Januar bis Dezember

Einkehr
Pizzeria Enoteca Trattoria La Locanda, Mörfelder Landstraße 255, 60598 Frankfurt am Main, Tel. 069/58 00 97 66, www.pizzeria-la-locanda.com

Karte
GrünGürtel-Freizeitkarte 1:25.000, Stadt Frankfurt am Main, Umweltamt (Hrsg.), erhältlich unter www.frankfurt.de

Info
www.gruenguertel.de

Von Neu-Isenburg führt die Rundtour auf dem Schäfersteinweg durch den Wald nach Niederrad. Vorbei am Tiroler Weiher, geht es zum Waldstück Holzecke, das zum Ende des Mittelalters ein Streitpunkt zwischen der Stadt Frankfurt und dem Deutschen Orden war.

Der Schäfersteinpfad markiert heute noch die historische Grenze zwischen Frankfurt und dem Weideland des Deutschen Ordens. Ursprünglich stritten beide Parteien gegen Ende des Mittelalters um das Waldstück Holzecke. Es wurde schließlich Frankfurt zugeschlagen, während der Orden Weideland im Wald erhielt. Der Schäfersteinpfad splittet sich in zwei Teilstrecken, auf denen noch alte Grenzsteine zu sehen sind.

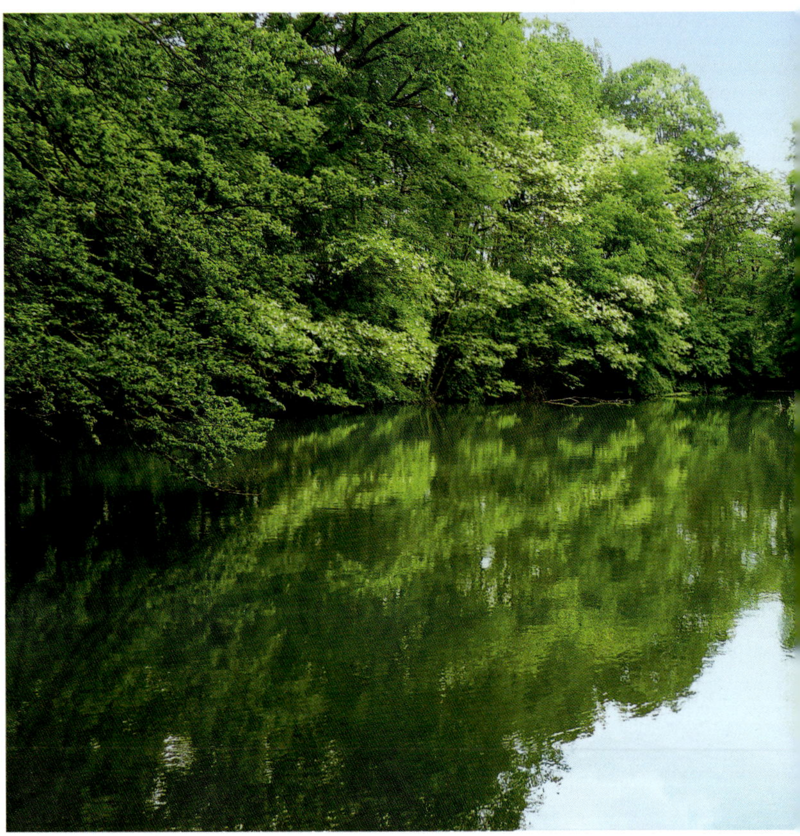

Der Tiroler Weiher inmitten des Waldes

Zum Tiroler Weiher Von der **Ⓐ S-Bahn-Station Neu-Isenburg** wandern wir am P+R-Parkplatz direkt in den Wald. Wir folgen der Markierung, einem spiegelverkehrten gotischen F, auf dem Kernweg. An der Weggabelung halten wir uns links und streifen die Sickeranlage. Anschließend überqueren wir die Kuhpfadschneise und laufen weiter durch den Wald. Durch die Unterführung der A3 links weitergehend, queren wir die Deutschherrenschneise, die Otto-Fleck-Schneise und die Bussardschneise. Jetzt geht es geradewegs zur Milanschneise, an der wir einen historischen Schießwall besichtigen können. Auf der anderen Seite führt die Wegmarkierung zum **❶ Tiroler Weiher** mit seiner Jupitersäule, den wir kurz streifen. Der Tiroler Weiher wurde angelegt, um den Grundwasserspiegel des Stadtwalds zu regulieren. Heute dient er vielen Spaziergängern als Ort für eine kleine Pause. Mehrere Bäume sorgen an heißen Tagen für Abkühlung. Am Ufer des Teiches ist die Jupitersäule.

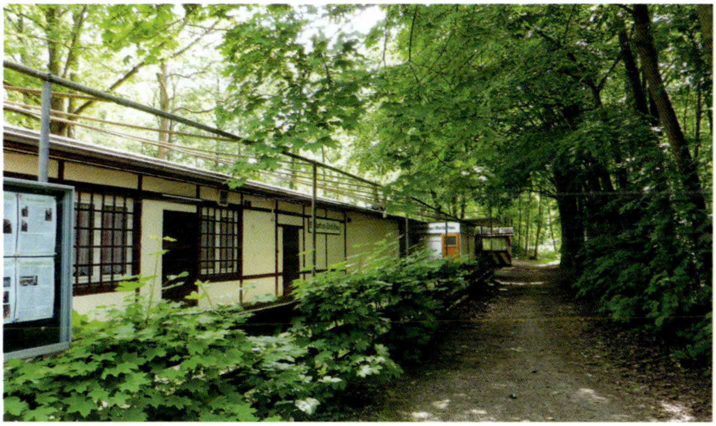

Frankfurter Schützenkorps Oberforsthaus

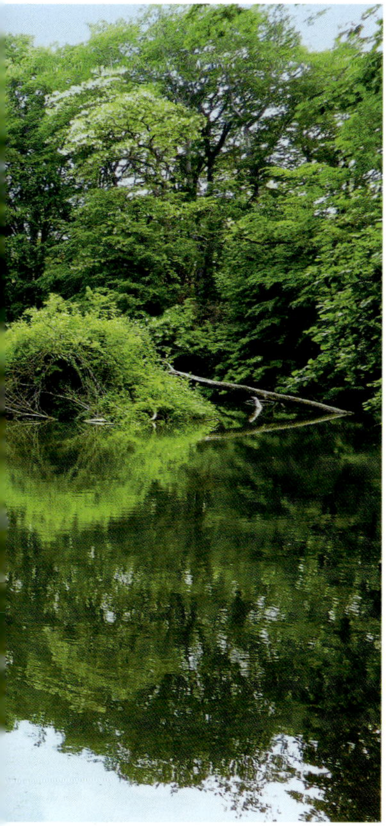

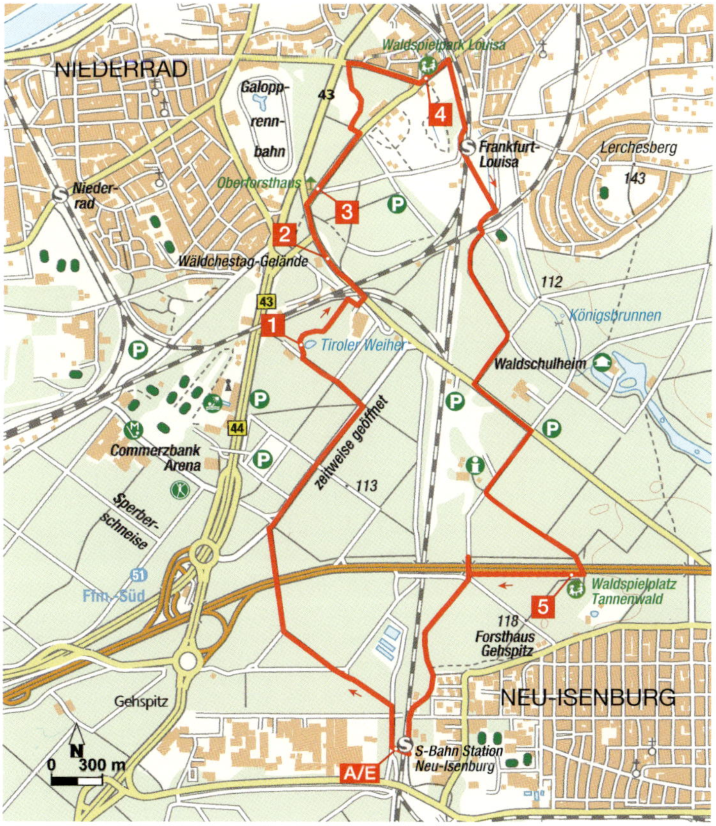

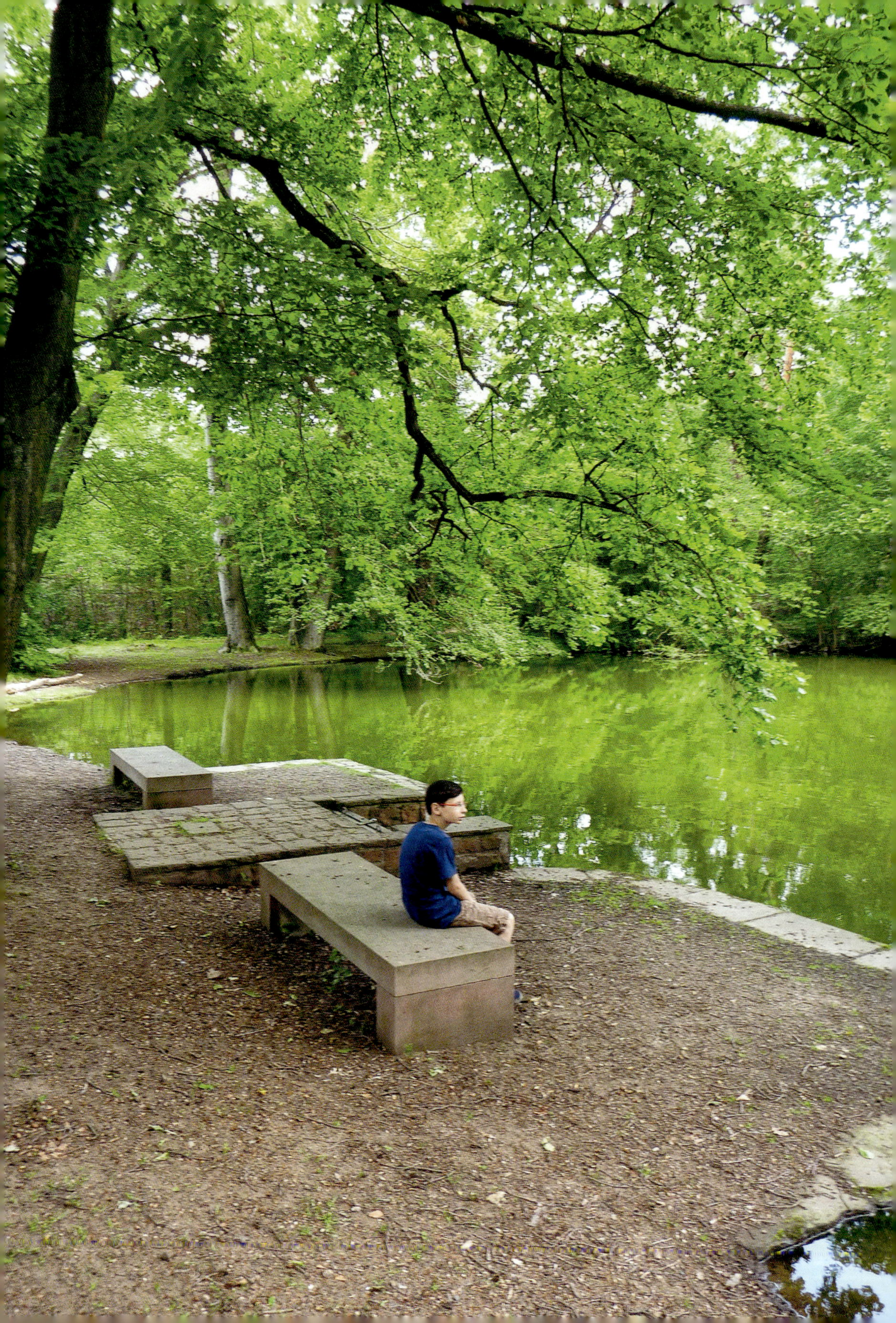

Auf ihr sitzt die Figur des Frankfurter GrünGürtel-Tieres. Zwei weitere GrünGürtel-Tiere in Tiroler Schützentracht stehen an anderen Stellen am Tiroler Weiher. Das GrünGürtel-Tier wurde 2001 vom Frankfurter Zeichner und Autor Robert Gernhardt entworfen und ziert mehrere Stellen – auf Stelen, Wegweisern und Schildern entlang der Wege des Frankfurter GrünGürtels.

Linke Seite: Innehalten und genießen am Gewässer

Der Wäldchestag Wir halten uns links und erreichen bald die Mörfelder Landstraße. Hier wechseln wir die Seite der Mainbahn, bevor wir rechts das ❷ Wäldchestag-Gelände erreichen. Schon viele Generationen lang zieht es Einheimische am Dienstag nach Pfingsten mittags in den Stadtwald, um hier gemeinsam den Wäldchestag zu feiern. Neben Vergnügungsgeschäften gibt es ein Bühnenprogramm, mehrere Händler und Spezialitätenstände für das leibliche Wohl. Weiter auf unserem Weg gelangen wir zum ❸ Oberforsthaus. Vom alten Oberforsthaus ist allerdings nur noch der Pferdestall zu erkennen. Am Oberforsthaus halten wir uns rechts, queren die Mörfelder Landstraße und erreichen die Bürgerwiese und das Waldstück Holzhecke.

Zum Waldspielpark Louisa Auf der Niederräder Landstraße halten wir uns rechts und überqueren die Mörfelder Landstraße. Nachdem wir über den ❹ Waldspielpark Louisa gelaufen sind, wandern wir parallel zur Mörfelder Landstraße, bis wir rechts vor den Gleisen dem Weg zum Bahnhof Louisa folgen können. Wir wandern weiter auf dem Schwarzsteinkautweg durch die Unterführung und über die Gleise der Straßenbahn und kommen so zum Ziegelhüttenweg und wenden uns nach rechts. Wir folgen dem Weg, bis wir in den Wald auf den Welscher Weg stoßen. Den laufen wir gemütlich weiter, bis wir die Oberwaldschneise erreichen. Diese überqueren wir und biegen, uns rechts haltend, in den Wald ab.

Zum Waldspielplatz Tannenwald Nach der Überquerung der Isenburger Schneise wandern wir wieder durch den Wald. Wir lassen als Nächstes die A3 hinter uns und laufen auf dem Korsoweg weiter. Links streifen wir den ❺ Waldspielplatz Tannenwald, ein Highlight für Kinder. Neben einer Rollschuhbahn gibt es hier Klettermöglichkeiten und eine Minigolfanlage. Im Sommer ist die Wassersprühanlage heiß begehrt. Wir halten uns rechts und gehen den Weg parallel zur Friedensallee immer geradeaus, bis wir links unseren Ausgangspunkt, den Ⓔ Parkplatz oder den Bahnhof Neu-Isenburg erreichen.

GrünGürtel-Tiere in Tiroler Schützentracht

Die zwei hintereinanderstehenden Skulpturen in Tiroler Schützentracht am Tiroler Weiher sollen an die Schützen der Bundestruppen erinnern. An dieser Stelle wurden Schießübungen durchgeführt, um in den Jahren 1833 und 1848 gegen Aufständische gewappnet zu sein.

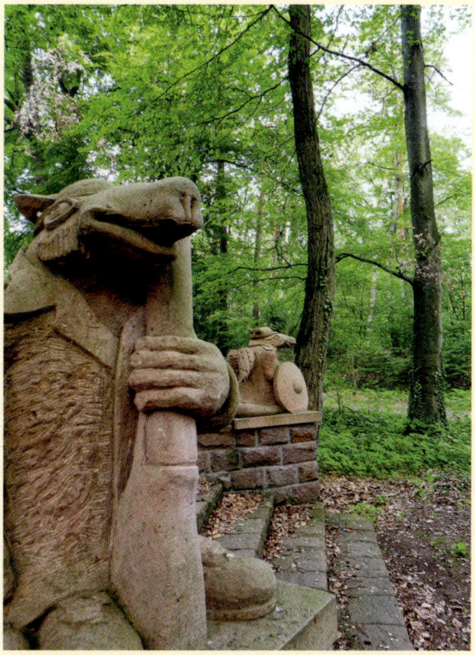

20 Zum StadtWaldHaus

Wissenswertes zur Flora und Fauna

Leicht | 2 Std. | 121 Hm | 9 km

Tourencharakter
Leichte Wanderung durch den Wald mit mehreren Höhepunkten

Ausgangs- und Endpunkt
Wanderparkplatz Isenburger Schneise, Frankfurt

Höchster Punkt
Oberschweinstiegschneise (145 m)

Anfahrt
Auto: Über die A3 und B44 in die Isenburgerschneise abbiegen
Bus & Bahn: Mit der Straßenbahn 17 bis zur Haltestelle Oberschweinstiege

Gehzeiten
Wanderparkplatz – Kesselbruchweiher 1 Std. – Parkplatz 1 Std.

Beste Jahreszeit
Januar bis Dezember

Einkehr
StadtWaldHaus,
Isenburger Schneise,
60528 Frankfurt am Main,
www.stadtwaldhaus-frankfurt.de

Karte
GrünGürtel-Freizeitkarte 1:25.000, Stadt Frankfurt am Main, Umweltamt (Hrsg.), erhältlich unter www.frankfurt.de

Info
www.gruenguertel.de

Diese familientaugliche Wanderung führt über mehrere Gewässer durch den Frankfurter Stadtwald. Der Höhepunkt ist der Besuch im StadtWaldHaus, das zu vielfältigen Entdeckungen einlädt.

Zum Jacobiweiher Vom Ⓐ **Wanderparkplatz Isenburger Schneise** an der L3317 zwischen Frankfurt-Sachsenhausen und Neu-Isenburg starten wir zu der zweistündigen Tour. Gleich wenige Meter weiter befindet sich die Haltestelle Oberschweinstiege, wo die Straßenbahn aus Frankfurt hält. Die Oberschweinstiegschneise bringt uns bis zum Luderbach. Dem folgen wir nach rechts weiter durch den Wald. In wenigen Minuten haben wir den ❶ **Jacobiweiher** erreicht. Hier tummeln sich einige Graureiher neben Stockenten. Links an unserem Weg direkt am Jacobiweiher befindet sich eine historische Brunnen- und Kneippanlage.

Zum Kesselbruchweiher Direkt neben dem Jacobiweiher lädt das Ausflugslokal Oberschweinstiege zur Pause ein. Das Gasthaus ist seit vielen

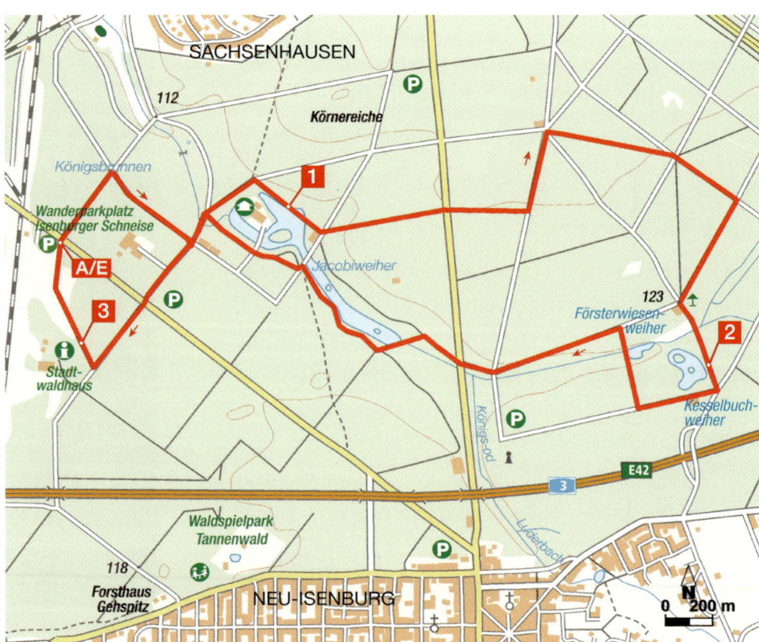

Rechte Seite: Etwas versteckt im Wald, nur wenige Schritte vom Weg entfernt

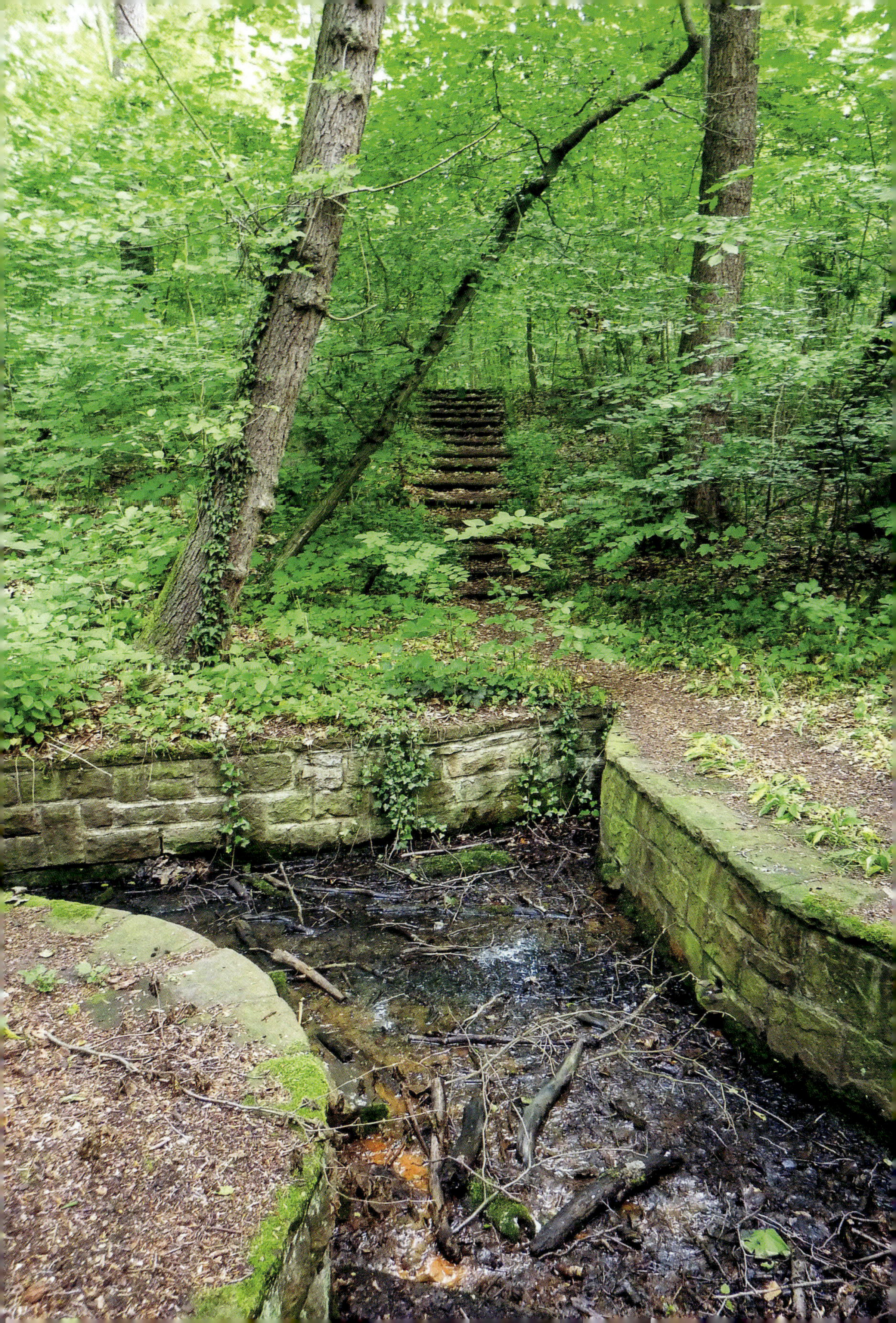

Jahren ein beliebter Treffpunkt und Ausgangspunkt für einen Ausflug ins Grüne. Wieder am Jacobiufer entlang, streifen wir Speaker's Corner, ein Rednerpult mit viel Platz für Zuhörer. Linker Hand biegen wir anschließend in die Goetheschneise ein. Dieser folgen wir und überqueren schließlich die Darmstädter Landstraße. Nach einer Weile verlassen wir sie nach links und unternehmen einen Abstecher zum großen Monsterspecht. An der nächsten großen Kreuzung wählen wir den Steinweg und biegen danach in die Grastränkschneise ein. Danach stoßen wir auf den Beckerweg, wo wir rechts abbiegen. Links bringt uns der Försterwiesenweg zum ❷ **Kesselbruchweiher**. Wir umrunden den idyllischen Weiher mit seinen zwei Inseln und gelangen zum Försterwiesenweiher. Wenige Meter auf der Heuschneise entlang, biegen wir rechts in den Weg ein und wandern parallel zum Königsbach, bis wir auf die Mörderbrunnenschneise treffen. Dieser folgen wir rechter Hand und queren den Königsbach. Etwas weiter treffen wir auf den Beckerweg. Hier biegen wir links ab und überqueren nach einer Weile die Darmstädter Landstraße. Der Steinweg führt uns direkt wieder zum Jacobiweiher, dessen linker Uferweg uns zur *Eule im Norwegerpullover* bringt.

Links: Kaum sichtbare Treppen führen zu der historischen Brunnen- und Kneippanlage.

Rechts: Farbenfroher Fingerhut

StadtWaldHaus Wir biegen jetzt ab und wandern bis zu den Gleisen, die wir überqueren. Hier lohnt sich ein Abstecher zum ❸ **StadtWaldHaus**. Dazu wandern wir über die Oberschweinstiegschneise und Kuhpfadschneise und erreichen dann, links abbiegend, bald das Informationszentrum. Das architektonisch interessante Haus besticht durch seine Glasfronten. Im Gebäude steht eine riesige Eiche und

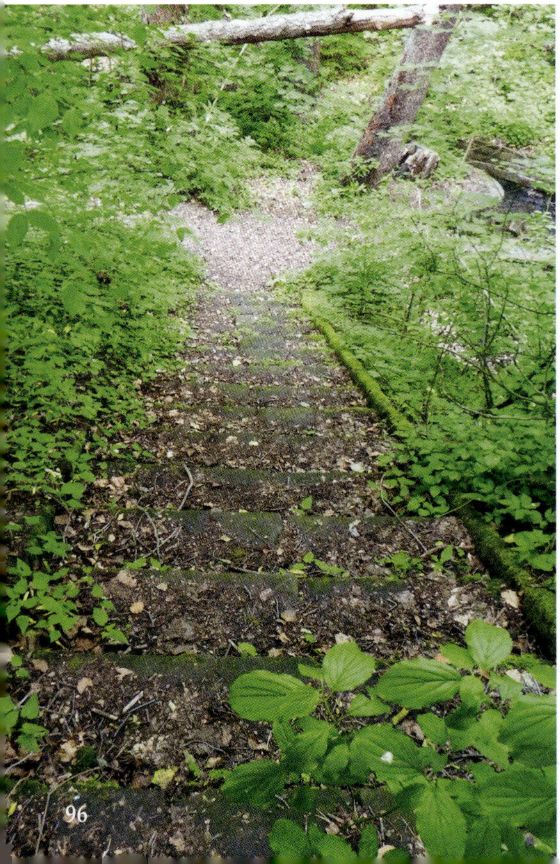

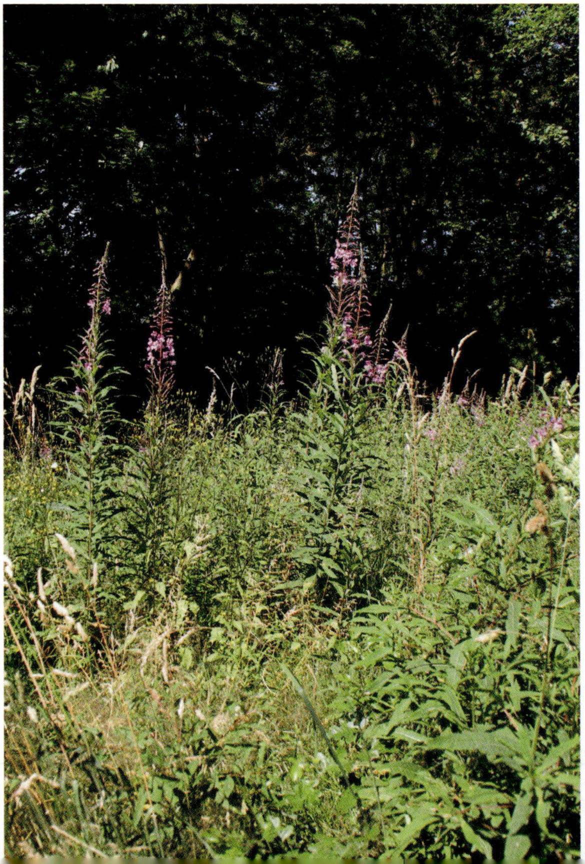

im Erdgeschoss windet sich ein plätschernder Bach. Im StadtWaldHaus können sich Interessierte über die ökologischen Zusammenhänge der Region informieren. Vieles kann in der Ausstellung, die zum Anfassen und Ausprobieren einlädt, entdeckt werden. Zudem gibt es im Gebäude eine Filmecke, eine kleine Bibliothek und eine Cafeteria für die kleine Stärkung zwischendurch. Im Außengelände befindet sich ein Wildgehege. Neben Hirschen und Wildschweinen können dort Greifvögel und Fasane beobachtet werden. Außerdem gibt es eine Auffangstation für Tiere, die aus unterschiedlichen Gründen nicht mehr in der freien Natur zurechtkommen. Ein Forsterlebnispfad lädt ebenfalls zum Entdecken ein. Wer möchte, kann sich beim Baumstämmerollen aktiv betätigen oder auch die Hochsitze erkunden. Zudem gibt es die Möglichkeit, etwas über die Zeichensprache der Förster zu lernen. Wissenswertes zu wohltuenden Heilkräutern und Küchenkräutern erfährt man bei einem Spaziergang auf dem Heilkräuterlehrpfad. Wer tiefere Informationen haben möchte, sollte an einer der Führungen teilnehmen, die regelmäßig zu verschiedenen Themen angeboten werden. Erwähnenswert sind die kostenfreien Exkursionen für Familien. Nach dem Rundgang im StadtWaldHaus sind es nur wenige Schritte, bis wir unseren E **Parkplatz** wieder erreicht haben.

Waldladen

Ein Besuch im Waldladen auf dem Gelände des StadtWaldHauses ist empfehlenswert. Hier werden nicht nur Frühstücksbretter aus Stadtwaldholz, sondern auch Wildbratwürste und Wildschinken angeboten. Honig, Gelee, aber auch Wildwurst gehören ebenfalls zum Angebot. Informationen zum Waldladen sind unter www.stadtwaldhaus-frankfurt.de einsehbar.

Links: Schöner Spielplatz am Gasthaus Oberschweinstiege

Rechts: Imposantes Exponat im StadtWald-Haus

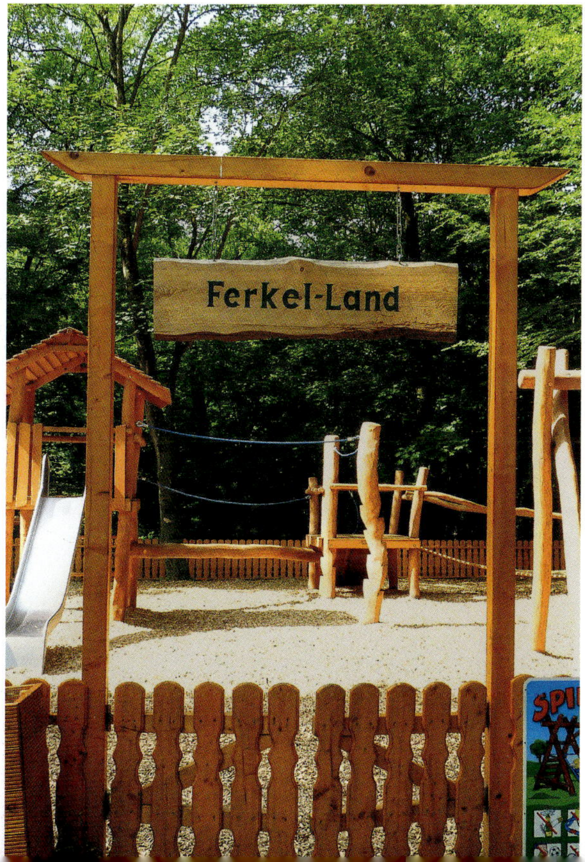

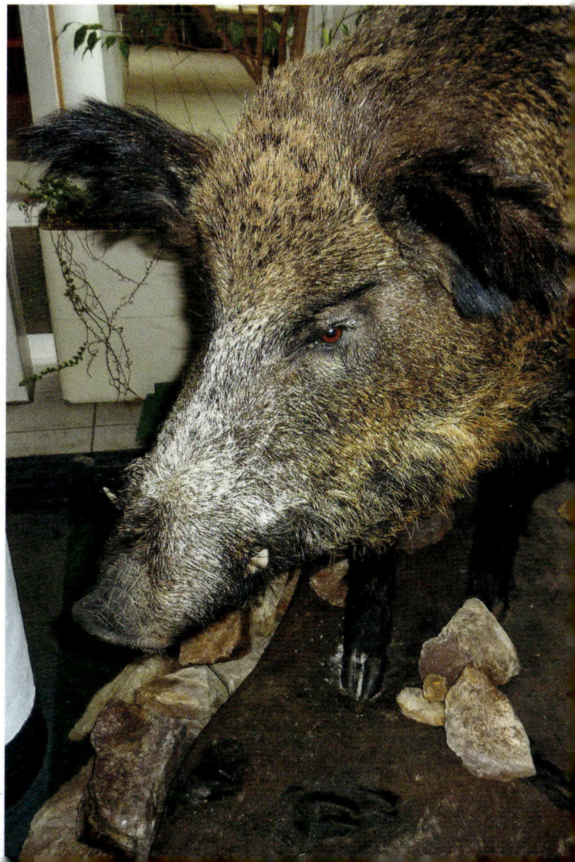

21

Zum Pinkelbaum

Auf den Spuren des Frankfurter Karikaturisten

Leicht 1 Std. 55 Hm 4,2 km

Tourencharakter
Kurzweilige Wanderung auf ebenen Wegen durch den Wald

Ausgangs- und Endpunkt
Gasthaus Oberschweinstiege, Oberschweinstiegschneise 65, 60598 Frankfurt am Main

Höchster Punkt
Lerchesbergring (152 m)

Anfahrt
Auto: Über die B44 in die Isenburger Schneise, dann in die Oberschweinstiegschneise abbiegen
Bus & Bahn: Mit der S-Bahn bis Frankfurt-Louisa. Weiter mit der Straßenbahn 14 bis Oberschweinstiege

Gehzeiten
Gasthaus – Lerchesbergring 0.5 Std. – Eule im Norwegerpullover 0.5 Std. – Gasthaus 0.1 Std.

Beste Jahreszeit
Januar bis Dezember

Einkehr
Gasthaus Oberschweinstiege, Oberschweinstiegschneise 65, 60598 Frankfurt am Main, www.oberschweinstiege-frankfurt.de

Karte
GrünGürtel-Freizeitkarte 1:25.000, Stadt Frankfurt am Main, Umweltamt (Hrsg.), erhältlich unter www.frankfurt.de

Info
www.gruenguertel.de

Die kleine, aber feine Wanderung lädt zum Schmunzeln ein. Zwei Objekte am Jacobiweiher nach den Entwürfen des Frankfurter Karikaturisten F. K. Waechter sind nicht nur für die Kinder ein Highlight. Auch Erwachsene sind zum Staunen eingeladen.

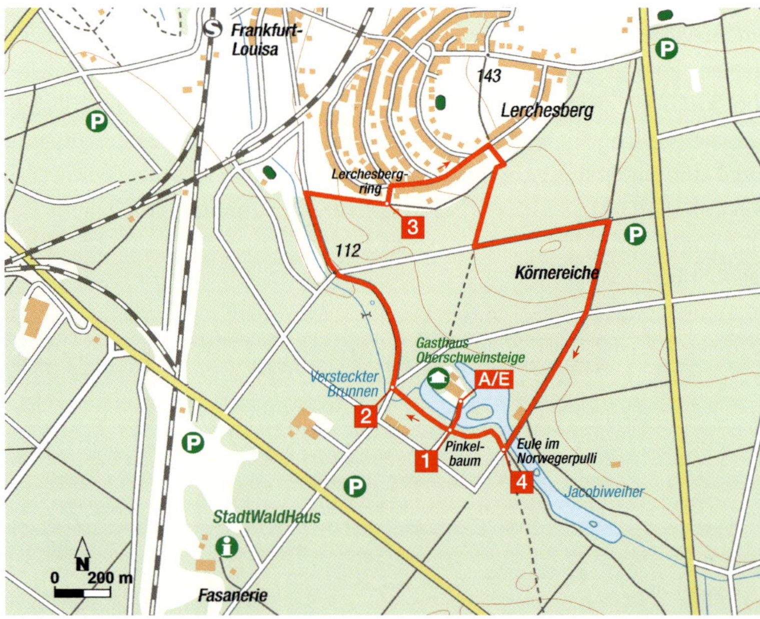

Das Ⓐ **Gasthaus Oberschweinstiege** bildet unseren Startpunkt. Das Ausflugslokal ist sehr beliebt und bietet mitten im Wald ein ideales Ziel. Klassische Frankfurter Gerichte wie Grüne Soße oder Handkäs werden neben Flammkuchen im Biergarten bzw. in den gemütlichen Gasträumen serviert. Hinter dem Gasthaus befindet sich ein schöner eingezäunter Spielplatz für die Kleinsten, wo sie sich die Zeit bis zum Essen vertreiben können.

Zum Pinkelbaum Direkt am Wirtshaus liegen ein großes Aquarium und der Parkplatz. Den Parkplatz querend, ist der Jacobiweiher in wenigen Minuten erreicht. Am Weiher halten wir uns links und erreichen anschließend den ❶ **Pinkelbaum**. Der Entwurf des Pinkelbaums stammt aus der Feder des Frankfurter Karikaturisten F. K. Waechter. Er schuf mehrere Zeichnungen zu Objekten in Bäumen. Diese Entwürfe der Komischen Baumkunst übergab Waechter Frankfurt. Die Stadt setzte sie an mehreren Stellen des GrünGürtel-Rundwanderwegs um. Der Pinkelbaum ist das vierte Objekt des Künstlers. Im Sommer wird er seinem Namen gerecht. Sobald man ihm sehr nahekommt, sendet er überraschend einen Strahl mit Wasser. Gerade für Kinder ist das ein großes Vergnügen.

Flatter-Ulmen

Mehr als 100 Flatter-Ulmen befinden sich derzeit im Frankfurter Stadtwald. Diese Bäume können bis zu 35 Meter hoch werden und eine Weile lang sogar anhaltende Trockenheit aushalten. Zu ihren Merkmalen gehören die ausladende Baumkrone, ihr wertvolles Holz mit der schönen Holzzeichnung und ihre Resistenz gegenüber Käfern.

Eule im Norwegerpullover Nun wenden wir uns nach rechts und umrunden das Gewässer. Nach wenigen Metern ist ein kleiner Durchschlupf im Wald zu sehen. Steinerne Treppen führen zum ❷ **Versteckten Brunnen**. Nun die Treppen zügig wieder hinauf. Nach wenigen Metern verlassen wir nach rechts den Jacobiweiher und laufen auf einem schönen Waldweg. Nach dem Überqueren des Königsbrunnenwegs wandern wir auf dem Königswiesenweg weiter. Als Nächstes stoßen wir auf die Stoltzeschneise und überqueren den Königsbach. An der nächsten Wegkreuzung verlassen wir die Stoltzeschneise und nehmen den zweiten Weg von links. Danach überqueren wir die Wartschneise und den Lerchesbergweg, auf dem wir den Wald verlassen. Nach den ersten Häusern biegen wir rechts in den ❸ **Lerchesbergring** ein. Hier gehen wir weiter, bis wir rechts in die Straße Letzter Hasenpfad einbiegen. Wir kommen wieder in den Wald und wandern auf der Sandbrückschneise weiter. Nach kurzer Zeit erreichen wir die Dornhöfer Schneise, über die wir nach kurzem Weg den Jacobiweiher erreichen. Jetzt sind wir nur noch wenige Meter von einem weiteren Kunstobjekt entfernt. Die ❹ **Eule im Norwegerpullover** thront entspannt auf einem Baum über uns. Die Karikatur ist das erste Objekt von F. K. Waechter, er veröffentliche sie erstmals im Buch *Wahrscheinlich guckt wieder kein Schwein*. Nach eingehender Betrachtung überqueren wir den Königsbach und wandern links am Jacobiweiher entlang zum Ⓔ **Gasthaus Oberschweinstiege** zurück.

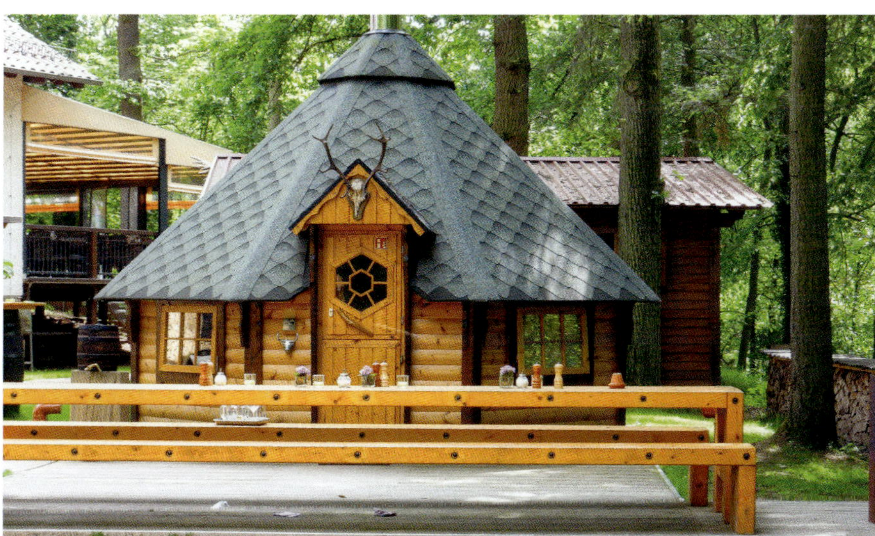

Typische Frankfurter Gerichte im idyllischen Biergarten genießen

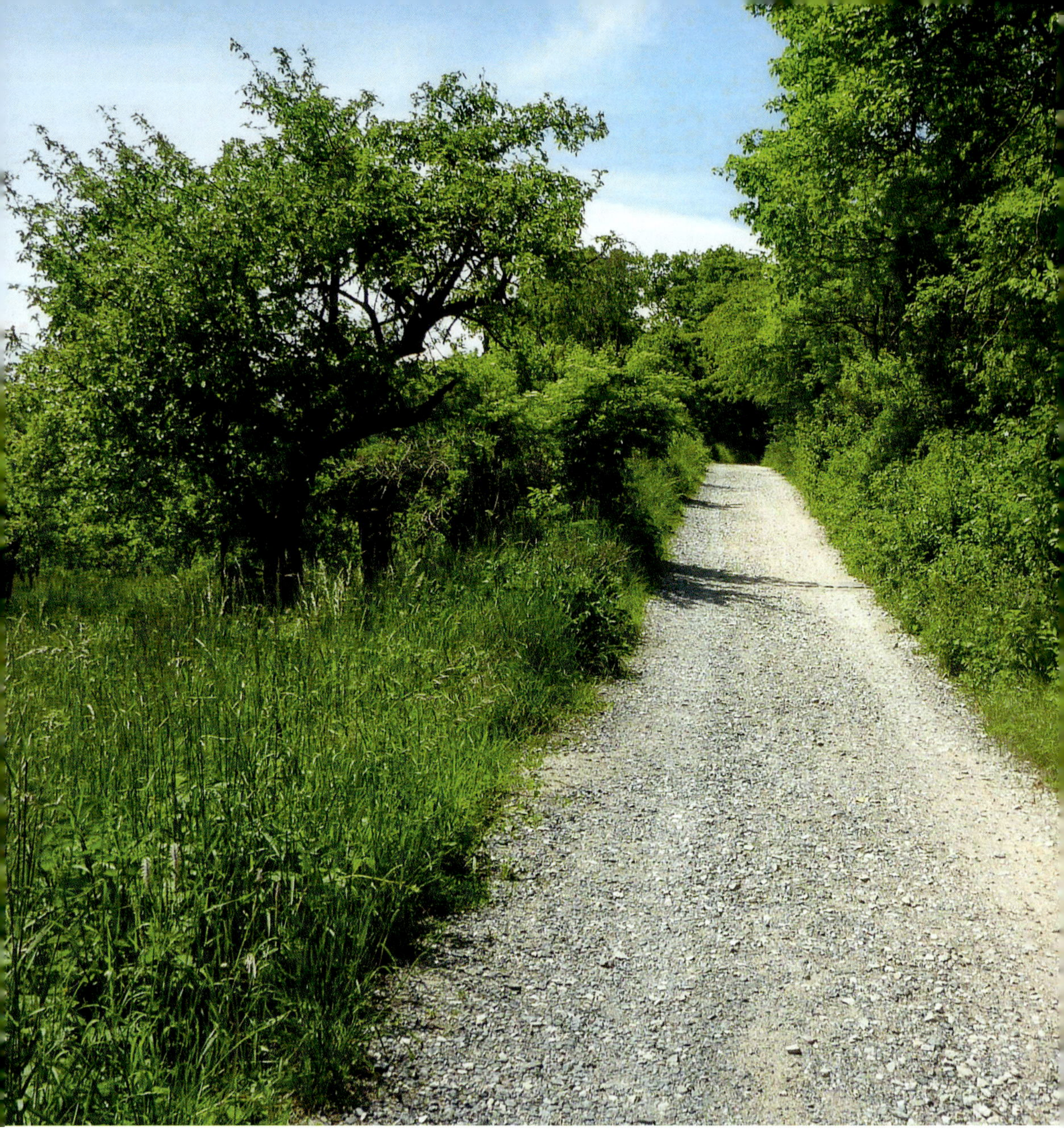

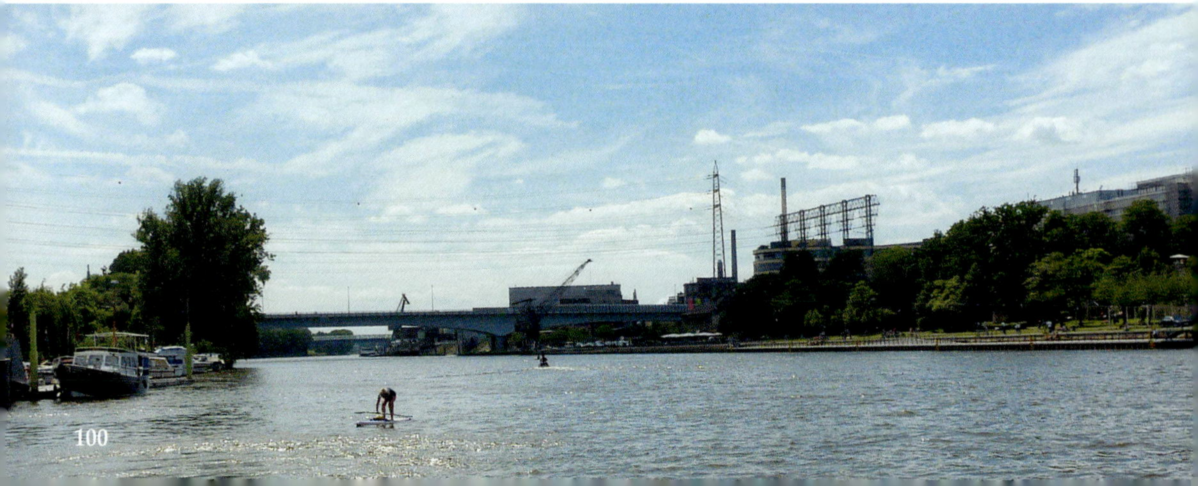

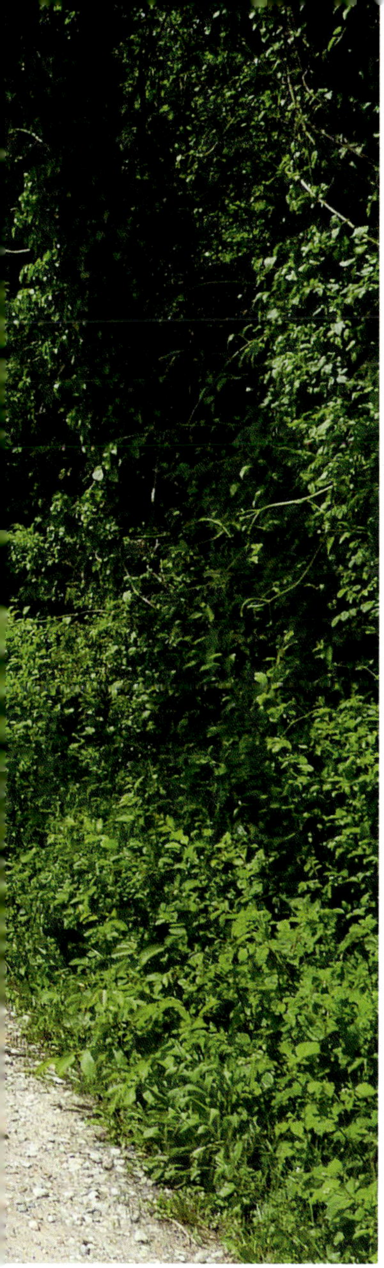

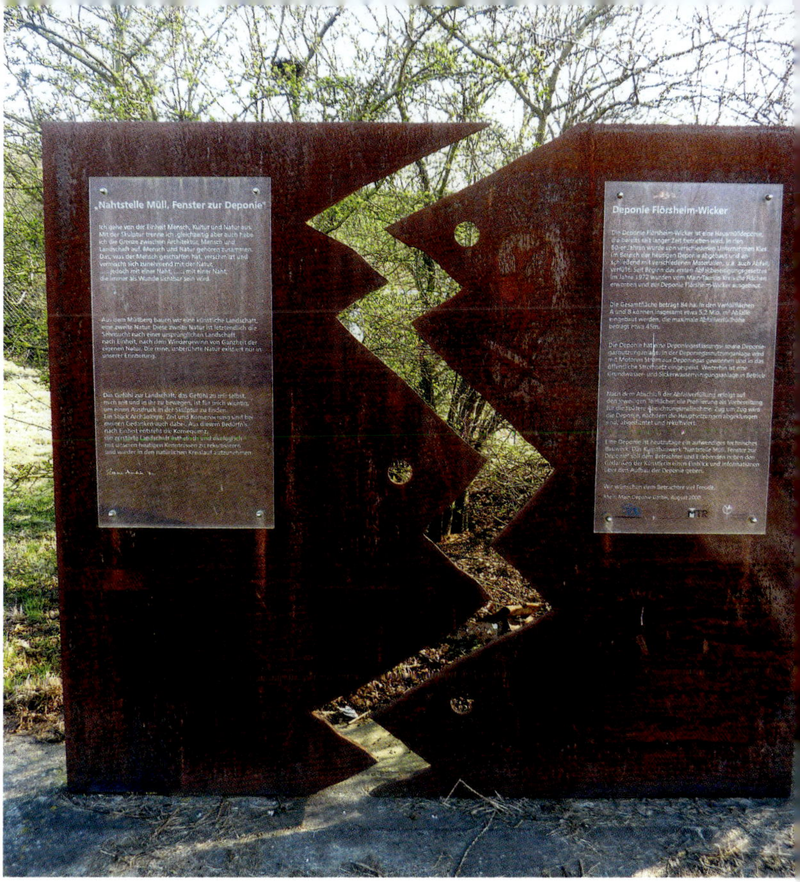

Im Westen der Stadt

Feine Waldrunde in Sossenheim (o. li., Tour 22); Kunstobjekt Nahtstelle Müll, Fenster zur Deponie in Flörsheim-Wicker (o. re., Tour 29); Bohlenweg der Schwanheimer Düne (u. re., Tour 24); in Nied trauen sich auch die Surfer aufs Wasser (u. li., Tour 23).

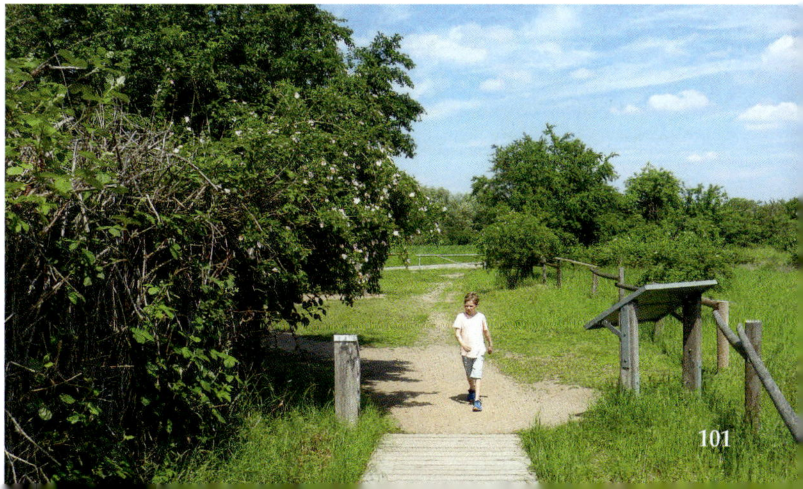

22

Sossenheimer Obstpfad

Gesunde Apfelpause

Leicht | 1.5 Std. | 14 Hm | 4,8 km

Tourencharakter
Gemütliche und sonnige Wandertour zur Nidda

Ausgangs- und Endpunkt
Parkplatz Alt-Sossenheim/Wiesenfeldstraße, 65936 Frankfurt

Höchster Punkt
Parkplatz Wiesenfeldstraße (100 m)

Anfahrt
Auto: A5 Ausfahrt Westkreuz, dann A648 Ausfahrt Frankfurt Rödelheim Richtung Sossenheim, links über die Westerbachstraße nach Alt-Sossenheim
Bus & Bahn: S-Bahn nach Frankfurt Rödelheim, Bus 55 nach Sossenheim/Kirchberg

Gehzeiten
Parkplatz – Kollmannweiher 1 Std. – Chlodwig-Poth-Anlage 0.25 Std. – Parkplatz 0.25 Std.

Beste Jahreszeit
Januar bis Dezember

Einkehr
Gasthaus zum Löwen, Alt-Sossenheim 74, 65936 Frankfurt am Main, www.zumloewen-frankfurt.de

Karte
GrünGürtel-Freizeitkarte 1:25.000, Stadt Frankfurt am Main, Umweltamt (Hrsg.), erhältlich unter www.frankfurt.de

Info
www.gruenguertel.de

Der Sossenheimer Obstpfad ist kein Waldpfad im eigentlichen Sinne, aber trotzdem gespickt mit Bäumen. Der Obstpfad führt uns zum Ufer der Nidda. Insgesamt 16 Stationen vermitteln Wissenswertes über die Streuobstwiesen in der Umgebung.

Seit 1928 ist Sossenheim ein Stadtteil von Frankfurt und weit über die Stadtgrenzen hinaus bekannt. Zur Römerzeit gab es hier Ziegeleien, die Baumaterial für Regionen wie die Wetterau herstellten. Um 1925 bohrte man hier nach Mineralwasser, denn Sossenheim sollte ein Heilbad werden. Leider sprudelte nur Wasser mit hohem Schwefelanteil empor. Der damals gebohrte Schermulybrunnen versorgt noch heute den Ort mit dem Wasser.

Zur alten Friedenseiche Der Ⓐ **Parkplatz Wiesenfeldstraße** am Ortsrand von Sossenheim dient uns als Ausgangspunkt. Ein Stück auf der Wiesenfeldstraße entlang, gelangen wir zum Startpunkt des Obstpfads mit seiner auffälligen Markierung »GrünGürtel-Tier«. Über einen asphaltierten Weg gelangen wir entspannt zur ersten Station. Eine alte ❶ **Friedens-**

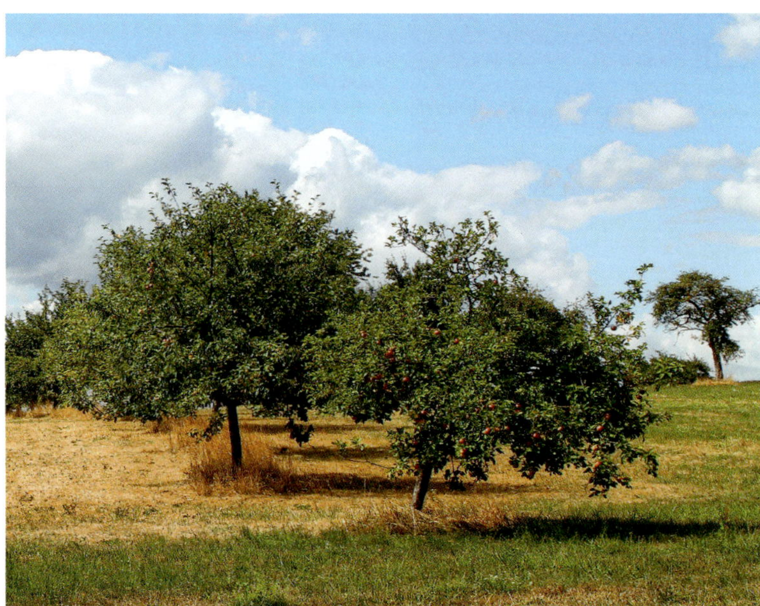

Bezaubernde Apfelbäume am Wegesrand

eiche, die schützend ihre starken Äste ausbreitet, erwartet uns hier. Unserer Markierung weiter folgend, kommen wir bald zu einem ❷ **Spielplatz**. Bei schönem Wetter tummeln sich hier viele Kinder und testen ausgiebig die Spielgeräte. Dahinter wandern wir rechts weiter, bis wir auf eine Wegkreuzung treffen. Wir kommen an einem imposanten 100 Jahre alten Apfelbaum vorbei und biegen danach links ab. Dann überqueren wir den Bach und gelangen zu einer Obstwiese. Nach der Wiese gilt es, bis zur Station »Speierling-Reihe« rechts weiterzuwandern. Links führt uns die Markierung zu drei weiteren Stationen.

Leckeres »Stöffche«

Das mittlerweile seltene Speierlei-Bäumchen sorgt für den einzigartigen Geschmack des köstlichen Apfelweins. Gerade im Sommer ist das Frankfurter Nationalgetränk als Mixgetränk beliebt. Im Winter wird das »Stöffche« mit Zucker, Zimtstange und Gewürznelken auch heiß getrunken. Der goldgelbe milde Apfelwein wird zumeist stilecht im blaugrauen Bembel serviert.

Zur Nidda Nach einem halben Kilometer geht die Strecke rechts weiter und nach einem Stück auf der Straße wiederum rechts. Ein kleiner Grasweg bringt uns nun zum ❸ **Kollmannweiher**. Hier biegen wir links ab und halten uns dann auf der Straße rechts. Nach kurzer Zeit ist ein Rastplatz erreicht, der zu einer kleinen Pause einlädt. Unsere Markierung »GrünGürtel-Tier« führt uns am Ufer der Nidda entlang, bis uns ein kleiner Pfad rechts zu einer Straße bringt. In wenigen Minuten ist die Station »Speierling-Reihe« wieder erreicht.

Zur Chlodwig-Poth-Anlage Links abbiegend und nach der Überquerung des kleinen Baches streifen wir die Obstplantage. Jetzt ist es nicht mehr weit bis zur ❹ **Chlodwig-Poth-Anlage**. Mehrere Sitzmöglichkeiten unter Weißdorn laden hier zu einer kleinen Pause ein. Außerdem finden sich hier zwei Karikaturserien des Zeichners Chlodwig Poth (1930–2004) zum GrünGürtel. Mit bissigem Humor weist er auf das touristische Potenzial des GrünGürtels hin. Der Sossenheimer Karikaturist und *TITANIC*-Gesellschafter hatte sich mit dem Buch *Last Exit Sossenheim* einen Namen gemacht. 1997 wurde ihm der Satirepreis »Göttinger Elch« verliehen. Zurück auf unserem Weg, folgen zwei weitere Stationen des Obstpfads. Nach einer rechten Abbiegung gilt es, rechts auf einem Grasweg weiterzuwandern. Beim nächsten linken Abzweig führt uns der Weg zu einer Straße, die uns, wieder rechts abbiegend, zurück in die Ⓔ **Wiesenfeldstraße** bringt.

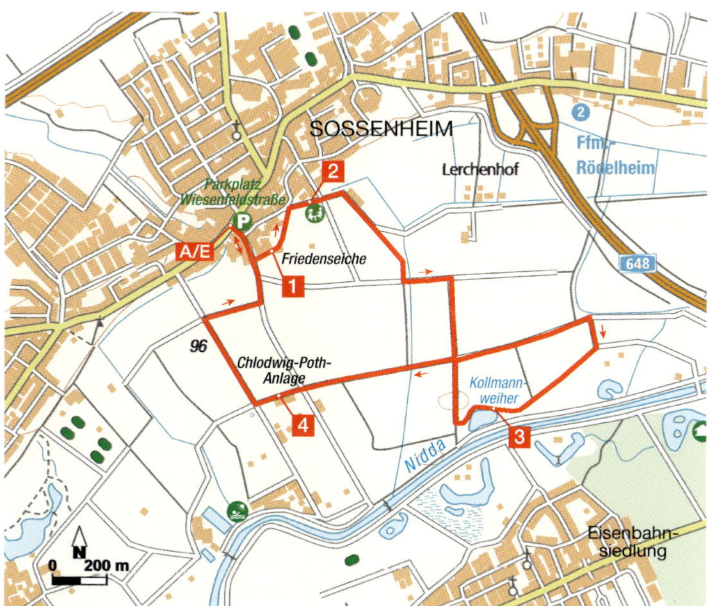

23

Stromschnellen Nied

Den Wellen des Flusses lauschen

Leicht 2 Std. 70 Hm 7,5 km

Tourencharakter
Idyllische Rundwanderung auf bequemen Wegen entlang der Nidda

Ausgangs- und Endpunkt
Neumarkt Nied

Höchster Punkt
Nied (107 m)

Anfahrt
Auto: Vom Frankfurter Westkreuz über Am Römerhof in die Oeserstraße, dann in den Neumarkt abbiegen
Bahn & Bus: Mit der S-Bahn bis Frankfurt-Nied, von dort ca. 1 km zu Fuß

Gehzeiten
Neumarkt – Eisenbahnbrücke 0.75 Std. – Bolongaropalast 0.5 Std. – Neumarkt 0.75 Std.

Beste Jahreszeit
Januar bis Dezember

Einkehr
Niddastrand, Oeserstraße 80, 65934 Frankfurt am Main, www.niddastrand.de

Karte
Kompass Wanderkarte Frankfurt und Umgebung, Nr. 828

Info
Frankfurt Tourist-Information, Römerberg 27, 60311 Frankfurt am Main, www.frankfurt-tourismus.de

Eine idyllische Wald-Auenlandschaft gilt es bei dieser Wanderung zu erkunden. Verschiedene Naturschutzmaßnahmen machen dieses Kleinod für Städter besonders attraktiv. Hier lohnt es sich, durchzuatmen und die Naturidylle eingehend zu genießen.

Nied ist ein Stadtteil von Frankfurt, der idyllisch im Mündungsdreieck von Main und Nidda liegt. Gerade die Altarme in den Niddaauen werden gern von Wanderern, Spaziergängern, Familien und Touristen aufgesucht. In der wildromantischen Gegend lassen sich seltene Vogelarten entdecken. Auch Angler sind hier regelmäßig anzutreffen. Zurzeit der Römer gab es hier schon eine Brücke, die über die Nidda führte. Außerdem stand hier früher eine Ziegelei.

Zur Nidda Vom Ⓐ **Neumarkt** in Nied, direkt in der Eisenbahnersiedlung, startet unsere Wanderung. Die Siedlung wurde hauptsächlich für die Arbeiter der Königlich-Preußischen Lokomotivwerkstätte errichtet. Von

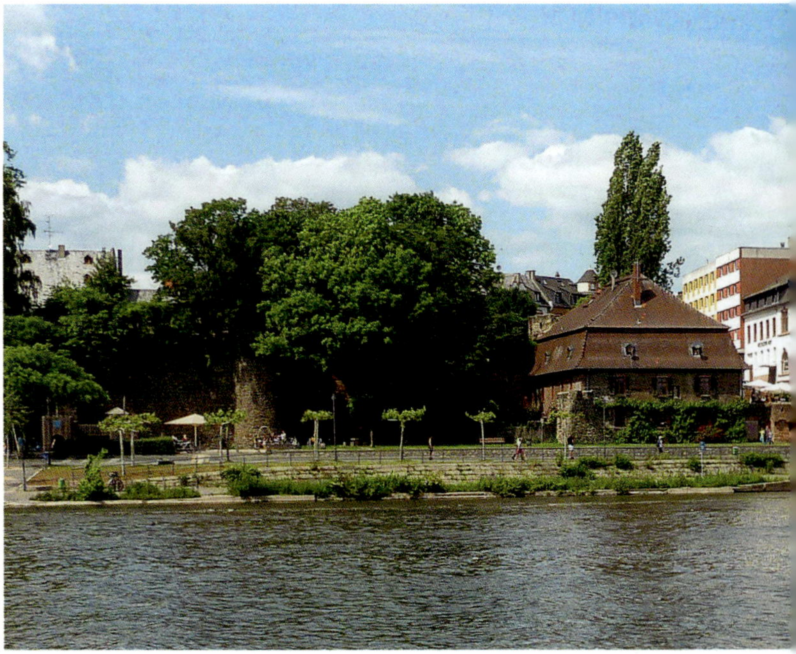

Blick von der Fähre auf das Höchster Ufer

hier aus halten wir uns zweimal links, bevor wir dann rechts die Straße Vorm Wald überqueren. Nun wandern wir ein kleines Stück geradeaus und biegen dann links in den stillen Wald ab. Alsbald erreichen wir eine Kreuzung, an der wir den zweiten Weg von links wählen. Dieser führt uns zum ❶ **Niddaweg**, dem wir rechts folgen. Der Niddaweg bringt uns bis zur Nidda, wo wir den Wald auch verlassen. Mithilfe der Brücke wechseln wir die Uferseite. Wir wenden uns nach links und laufen den schönen Weg An der Nidda entlang. Dabei kommen wir an mehreren Baumgruppen, Feldern und grünen Wiesen vorbei und streifen rechts den Kollmann-Weiher.

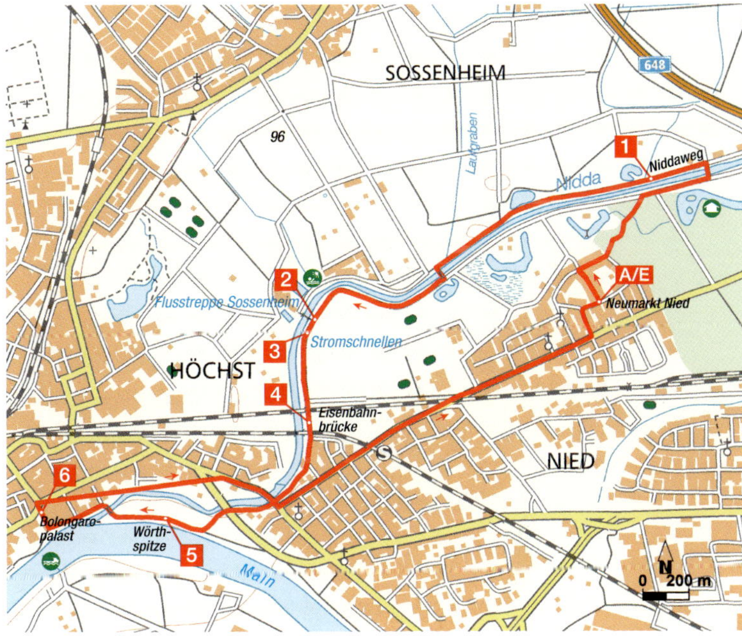

Zur Flusstreppe Weiter auf der idyllischen Tour, überqueren wir den Dottenfeldgraben und wandern dann wieder direkt zur Nidda, die wir nun ein weiteres Mal überqueren. Nach wenigen Minuten sind die Niddawiesen erreicht. Hier kann man die

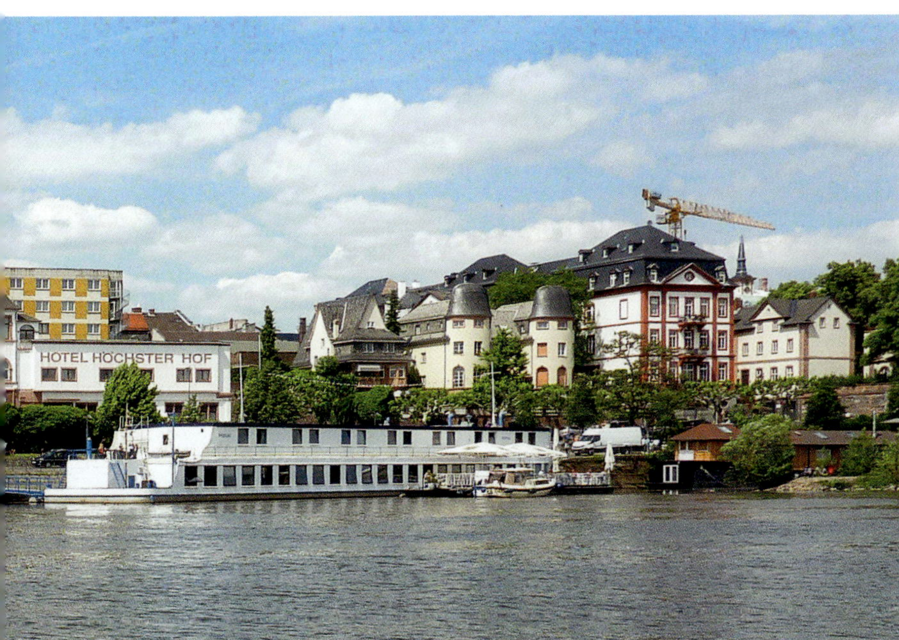

Selzerbrunnen Nied

Der Selzerbrunnen im Niedwald ist eine von drei Mineralquellen im Frankfurter Stadtgebiet und galt einst als Wahrzeichen von Nied. Entdeckt wurde die Quelle im Niedwald im 19. Jahrhundert. Erst 1927 bohrte man sie an. Seitdem sprudelt Trinkwasser aus dem Mineralwasserbrunnen aus einer Tiefe von über 35 Metern. Allerdings zeichnet es sich durch einen hohen Schwefelanteil aus.

schönen Aussichten auf Höchst und Sossenheim genießen. Als Nächstes erreichen wir die ❷ **Flusstreppe** Sossenheim. Hier gabelt sich die Nidda, um kurz danach wieder zusammenzukommen. Besonders spannend sind die ❸ **Stromschnellen**. Mal plätschernd, dann wirbelnd oder auch glucksend zeigt sich das Wasser. Ein Anblick, der vor allem den Kindern Spaß macht. Das nächste Teilziel ist die ❹ **Eisenbahnbrücke**. Die 40 Meter lange Steinbogenbrücke ist eine der ältesten in Betrieb befindlichen Eisenbahnbrücken in Deutschland. Im Jahr 1838 wurde sie errichtet. Seiter überquert die Taunus-Eisenbahn hier die Nidda.

Zur Wörthspitze Danach überqueren wir nochmals Schienen und erreichen weitergehend den Ortsrand von Nied. Schon bald ist die Alte Niddabrücke in Sicht. Weiter an der Nidda entlang, streifen wir die ❺ **Wörthspitze**. Vor der Mündung in den Main bringt uns die letzte Niddabrücke auf die andere Seite des Flusses. Nun haben wir die Möglichkeit, einen kurzen Abstecher links zum ❻ **Bolongaropalast** zu unternehmen. Der dreiflügelige Palast befindet sich in einem wunderschönen Garten mit zwei Terrassen. Im Zentrum der einen steht der Neptunbrunnen, der hübsch anzusehen ist. Der französische Kaiser Napoleon übernachtete bei seinem Rückzug vom Feldzug gegen Russland im November 1813 hier. Marschall Blücher hatte den Palast im November/Dezember 1813 als Hauptquartier bezogen. Rechts führt unsere Wanderung jetzt an der Nidda entlang und an Frankfurt-Höchst vorbei. Bald erreichen wir die Alte Niddabrücke, mit der wir rechts die Nidda über-

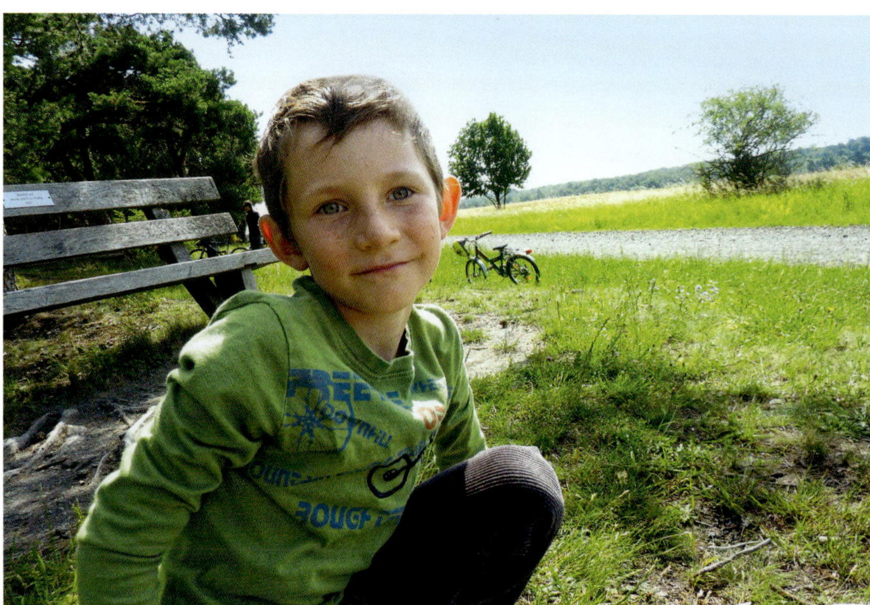

Eine Wandertour mit der ganzen Familie ist immer ein Abenteuer.

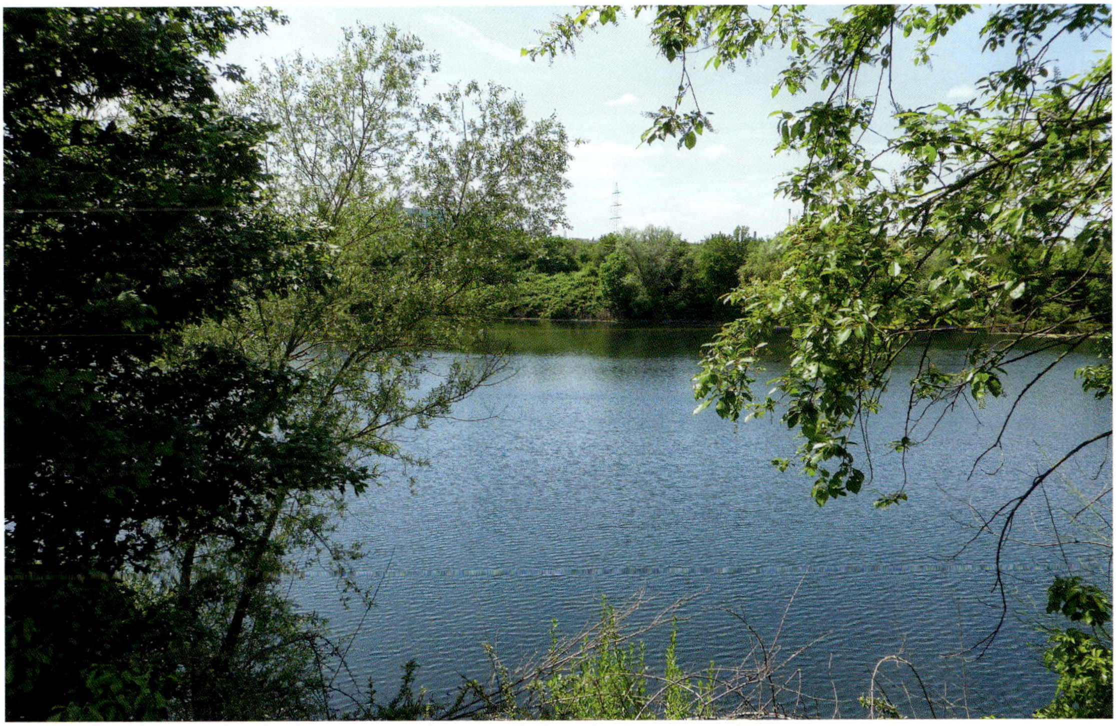

queren. Wir biegen danach links in die Oeserstraße ein und laufen weiter geradeaus. Anschließend biegen wir links in die Straße Am Selzerbrunnen ein. Nach einer weiteren rechten Abbiegung überqueren wir die Straße Grüne Winkel und erreichen in Kürze unseren Ausgangspunkt in E **Nied**.

Oben: Friedliche Stimmung am Fluss

Unten: Wilde Wasserspiele an der Nidda

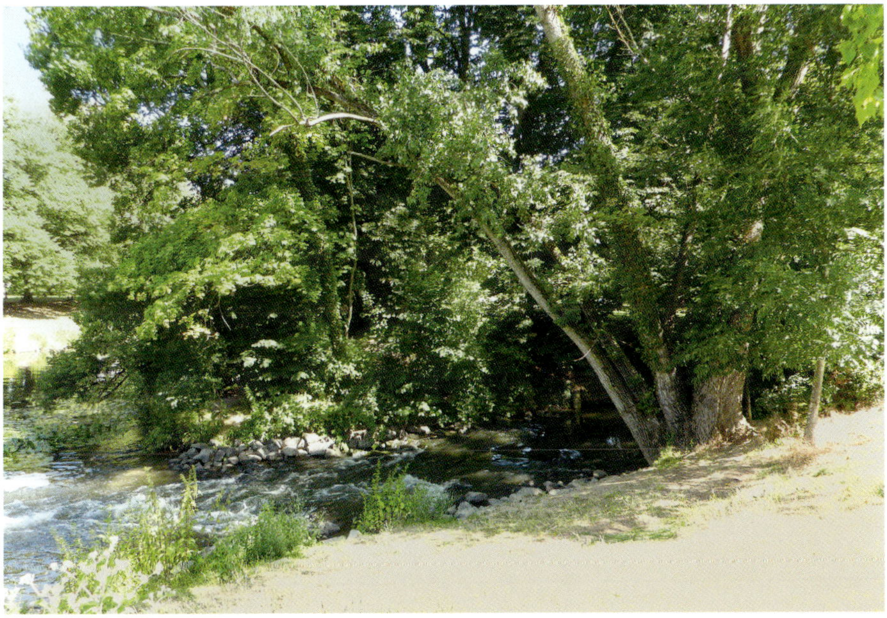

24

Schwanheimer Düne

Erholungspause in der Binnendüne

Leicht | 2 Std. | 103 Hm | 10 km

Tourencharakter
Wanderung auf ebenen Feld- und Waldwegen

Ausgangs- und Endpunkt
Waldspielpark Schwanheim, Schwanheimer Bahnstraße, 60529 Frankfurt

Höchster Punkt
117 m

Anfahrt
Auto: Von der B40 über Schwanheimer Ufer, Rheinlandstraße in die Schwanheimer Bahnstraße
Bahn & Bus: Mit der S-Bahn bis Frankfurt-Niederrad. Weiter mit der Straßenbahn 12 bis zur Rheinlandstraße

Gehzeiten
Waldspielpark Schwanheim – Schmitt'sche Grube 1 Std. – Schwanheimer Brücke 0.5 Std. – Waldspielpark Schwanheim 0.5 Std.

Beste Jahreszeit
Januar bis Dezember

Einkehr
Zum Zehnthof, Alt-Schwanheim 12, 60529 Frankfurt am Main, www.zum-zehnthof.de

Karte
Kompass Wanderkarte Frankfurt und Umgebung, Nr. 828

Info
Frankfurt Tourist-Information, Römerberg 27, 60311 Frankfurt am Main, www.frankfurt-tourismus.de

**Rechte Seite:
Ein attraktives Naturschutzgebiet in Frankfurt-Schwanheim**

Vom Waldspielpark in Schwanheim verläuft die Tour über die Agendawaldschneise durch den Wald zum Rohsee. Weiter durch das Naturschutzgebiet Schwanheimer Düne und durch die Schmitt'sche Grube erreichen wir die Alte Schwanheimer Schleuse und die Schwanheimer Brücke.

Zur Agendawaldschneise Vom Ⓐ **Parkplatz am Waldspielpark** in Schwanheim gehen wir am Waldspielpark vorüber auf der Stoppelschneise entlang. Der Waldspielpark bietet Kleinen wie Großen spannende Betätigungsfelder. Neben einem Beachvolleyball-Feld gibt es Tischtennisplätze, ein Seniorengerät und sogar eine Riesenrutsche. Große Bäume bieten bei warmen Temperaturen angenehmen Schatten.

Von der Stoppelschneise uns rechts haltend am Grillplatz vorbei, gelangen wir auf den ❶ **Waldlehrpfad Schwanheim**. Der insgesamt sechs Kilometer lange Waldlehrpfad informiert die Vorbeikommenden über die frühere Pflanzen- und Tierwelt des Auenwalds in Schwanheim. Zudem werden Informationen zur Ökologie nach der letzten Eiszeit sowie den

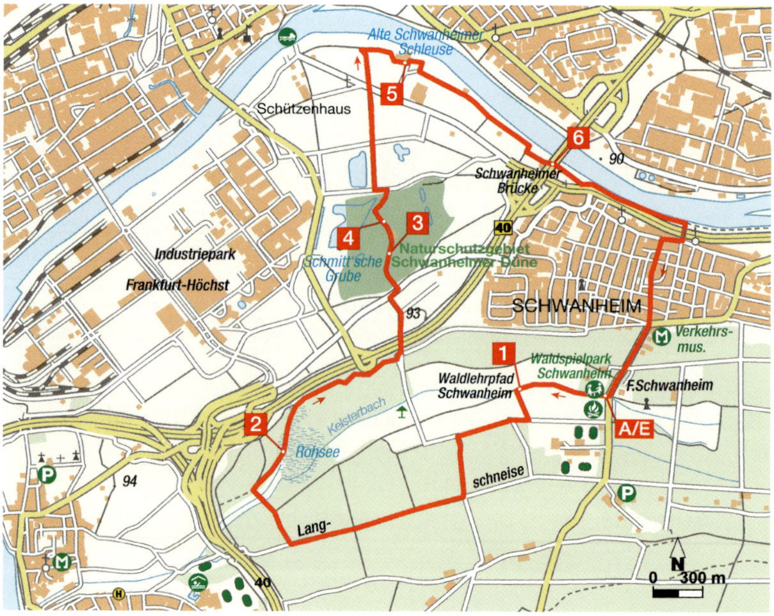

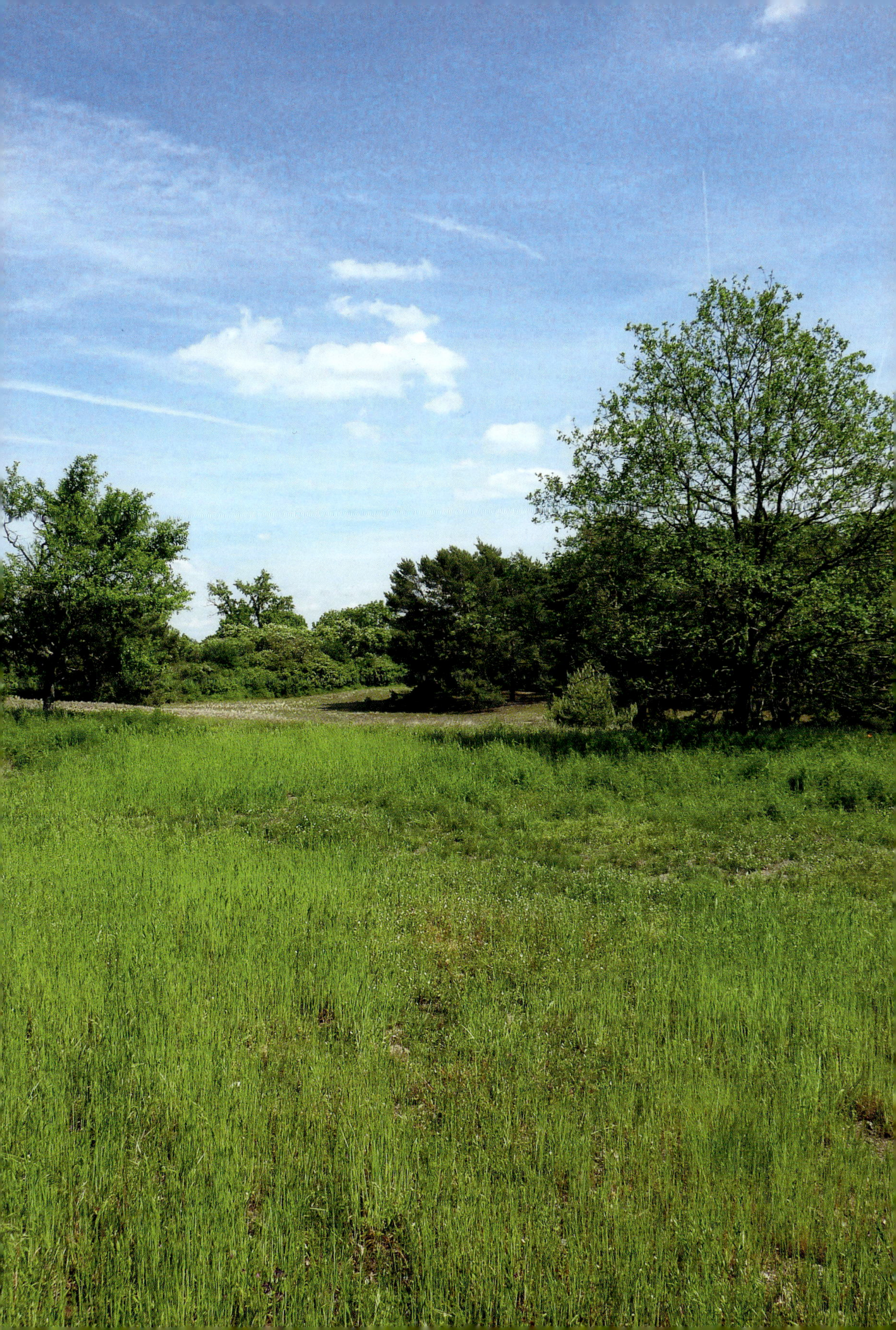

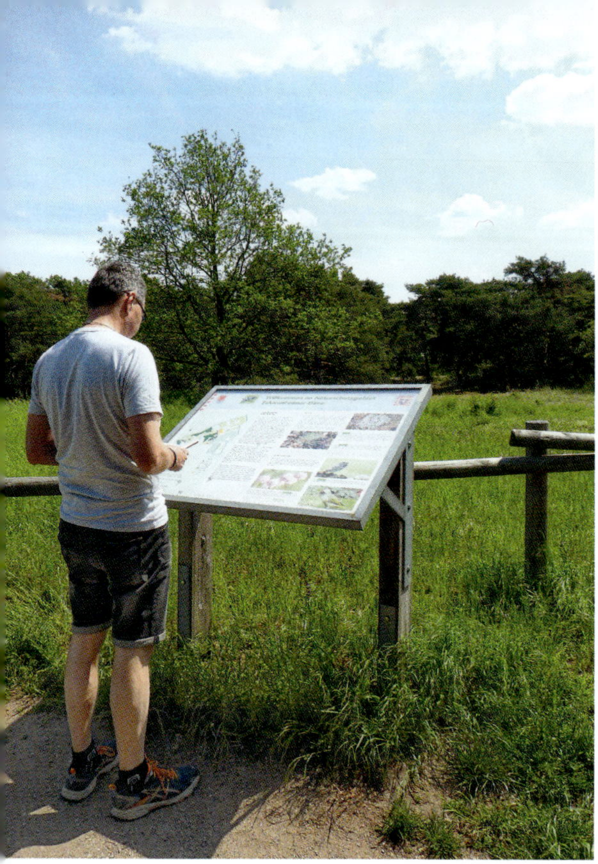

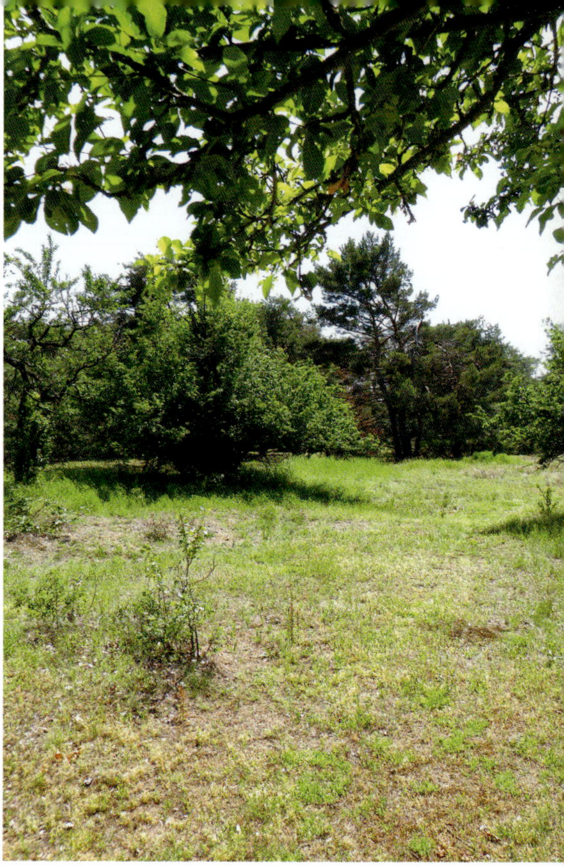

Links: Die Hinweistafel informiert über die hiesigen Pflanzen- und Tierarten.

Rechts: Einzigartige Dünenlandschaft

geologischen Besonderheiten der Region gegeben. Wie sich der Main entwickelt hat, wie die Kelsterbacher Terrassen entstanden sind bzw. welche Böden in den Wäldern Schwanheims vorherrschen, sind weitere Fragen, die beantwortet werden. Nach einem kurzen Stück verlassen wir den Waldlehrpfad. Links führt uns die Buddeschneise über die Kelster. Hier wenden wir uns nach rechts und folgen dem Weg. Bei der nächsten Möglichkeit gehen wir über die Agendawaldschneise links in den Wald.

Zum Rohsee Wir folgen der Lichtetalschneise und biegen rechts auf die Langschneise ab. Dieser folgen wir ein langes Stück, bis wir auf die Schwedenschanzenschneise stoßen. Sie geht rechts in die Wanzenschneise über. Weiter auf unserer Tour überqueren wir die Riedwiese und biegen rechts in den Rohseeweg ab. Nun streifen wir den ❷ **Rohsee**. Kurz hinter dem See halten wir uns rechts und wandern auf der Kleinwiesenschneise weiter. Kurz vor der Kelter biegen wir links ab und stoßen auf die Diezelschneise. Eichen und Hainbuchen kennzeichnen jetzt den Weg.

Naturschutzgebiet Schwanheimer Düne Hier gehen wir links weiter und queren die B40. Ein kurzes Stück auf dem Kelsterbacher Weg rechts entlang, dann bringt uns links der Weg direkt zum ❸ **Naturschutzgebiet Schwanheimer Düne**. Sie ist eine der wenigen Binnendünen in Europa. Hier wachsen seltene Pflanzen wie das Silbergras. Zudem winden sich kleine Eidechsen über den Boden. Zur Schmitt'schen Grube immer geradeaus weitergehend, erreichen wir den Bohlenweg und kurz danach die ❹ **Schmitt'sche Grube**. Sie ist das größte Gewässer innerhalb des Natur-

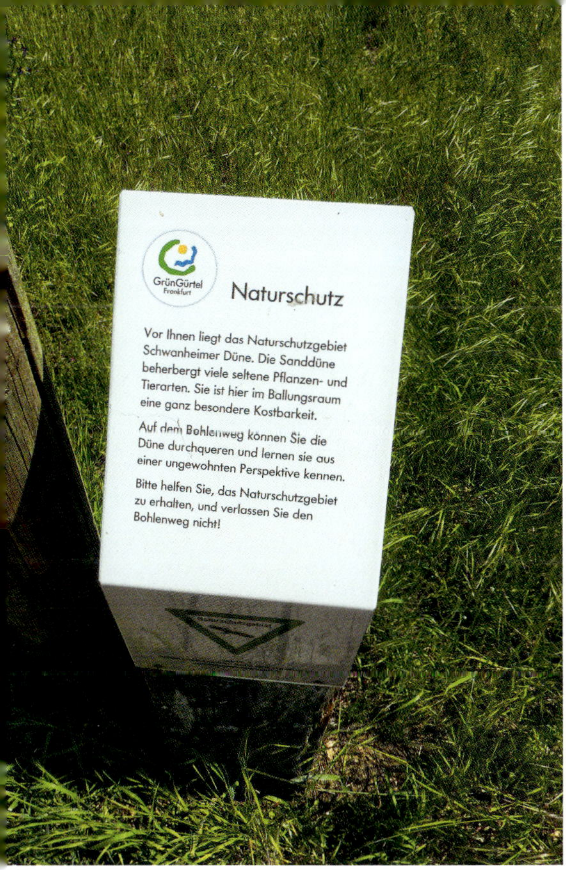

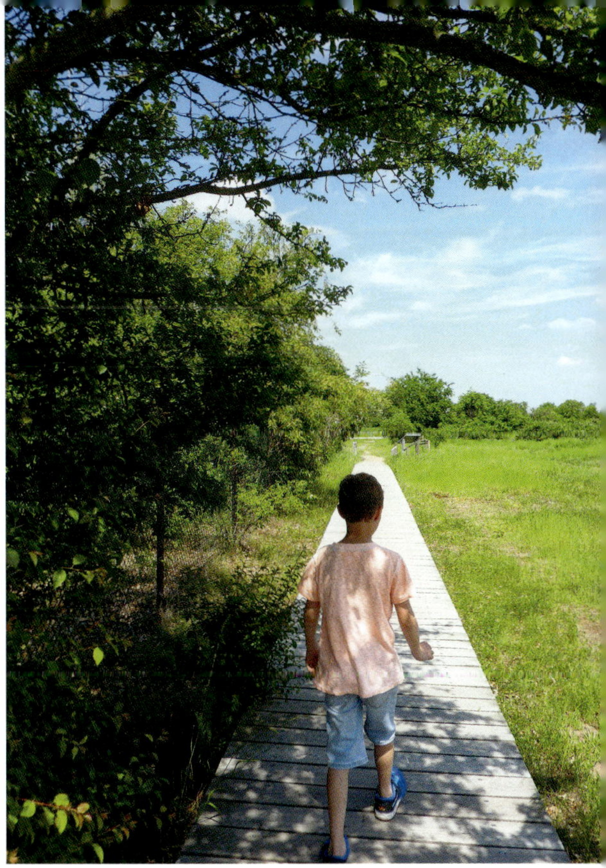

Links: Wissenswertes zur Sanddüne

Rechts: Abseits des Bohlenwegs können viele kleine Tierchen entdeckt werden.

schutzgebiets. Hier, im eingezäunten Gelände, fühlen sich insbesondere gefährdete Vogelarten wie Eisvogel, Haubentaucher und gefährdete Amphibienarten wie der Grasfrosch und der Teichmolch wohl.

Zur Schwanheimer Schleuse Entlang der Schmitt'schen Grube geht es geradewegs Richtung Main. Hier biegen wir rechts ab und kommen zur **5 Alten Schwanheimer Schleuse**. Parallel zum Main auf dem Main-Uferweg weitergehend, können wir kurze Zeit später die **6 Schwanheimer Brücke** sehen. Danach führt uns der Main-Radweg zwischen dem Main und den Schwanheimer Häusern hindurch. Kurz vor der Martinuskirche halten wir uns nach wenigen Metern rechts und gelangen zur Martinskirchstraße, der wir rechts folgen. Dann biegen wir links in Alt-Schwanheim ab, kommen an der Stadtteilbibliothek vorbei und überqueren die Schwarzbachstraße. Immer weiter geradeaus gelangen wir in die Schwanheimer Bahnstraße. Links befindet sich das Verkehrsmuseum Frankfurt mit seinem großen Außengelände. Kurz danach sehen wir rechts den **E Parkplatz des Schwanheimer Waldspielparks**. Kinder haben hier die Möglichkeit, noch schnell vor der Rückfahrt eine lustige Rutschpartie zu unternehmen.

Verkehrsmuseum

Eine historische Entdeckungstour bietet das Verkehrsmuseum in Schwanheim. Das wohl erstaunlichste Ausstellungsstück ist der elektrische Straßenbahn-Triebwagen aus dem Jahr 1884. Zudem können ein Pferdebahnwagen, eine Dampflokomotive, der Schneepflug und auch verschiedene Busse besichtigt werden. Dienstkleidung, Fahrkarten oder auch Signalbilder aus vergangenen Zeiten sind ebenfalls ausgestellt.

25

Von Niederrad in die Altstadt

Vom Wald ins Herz der Stadt

Leicht | 1.5 Std. | 72 Hm | 6,2 km

Tourencharakter
Bequeme Tour durch Wald und Stadt

Ausgangspunkt
Flughafenstraße, 60528 Frankfurt-Niederrad

Endpunkt
Römer, 60311 Frankfurt

Höchster Punkt
Waldspielplatz (125 m)

Anfahrt
Auto: Über die B44 in die Flughafenstraße
Bus & Bahn: Mit der S-Bahn bis Frankfurt-Niederrad, von dort ca. 400 Meter zu Fuß

Gehzeiten
Waldspielpark – Oberforsthaus 0.5 Std. – Friedensbrücke 0.5 Std. – Eiserner Steg 0.5 Std. – Römer 0.1 Std.

Beste Jahreszeit
Januar bis Dezember

Einkehr
Rund um den Römerplatz gibt es viele Restaurants und Cafés.

Karte
Kompass Wanderkarte Frankfurt und Umgebung, Nr. 828

Info
Frankfurt Tourist-Information, Römerberg 27, 60311 Frankfurt am Main, www.frankfurt-tourismus.de

Von Frankfurt Niederrad über den Stadtteil Sachsenhausen bis in die Frankfurter Altstadt führt diese Tour. Durch waldreiche Passagen und vorbei an kulturellen Höhepunkten gelangen wir zum Eisernen Steg, der uns in die lebendige Altstadt bringt.

Im Waldspielpark Die Wanderung beginnt am **A Waldspielpark Carl-von-Weinberg** im Stadtteil Niederrad in der Nähe der Flughafenschneise. In der Flughafenstraße gibt es einige Parkmöglichkeiten. Von hier aus geht es auf schönen Waldpfaden an Liegewiesen vorbei. Hier tummeln sich gerade an sonnigen Wochenenden die Familien zum Entspannen

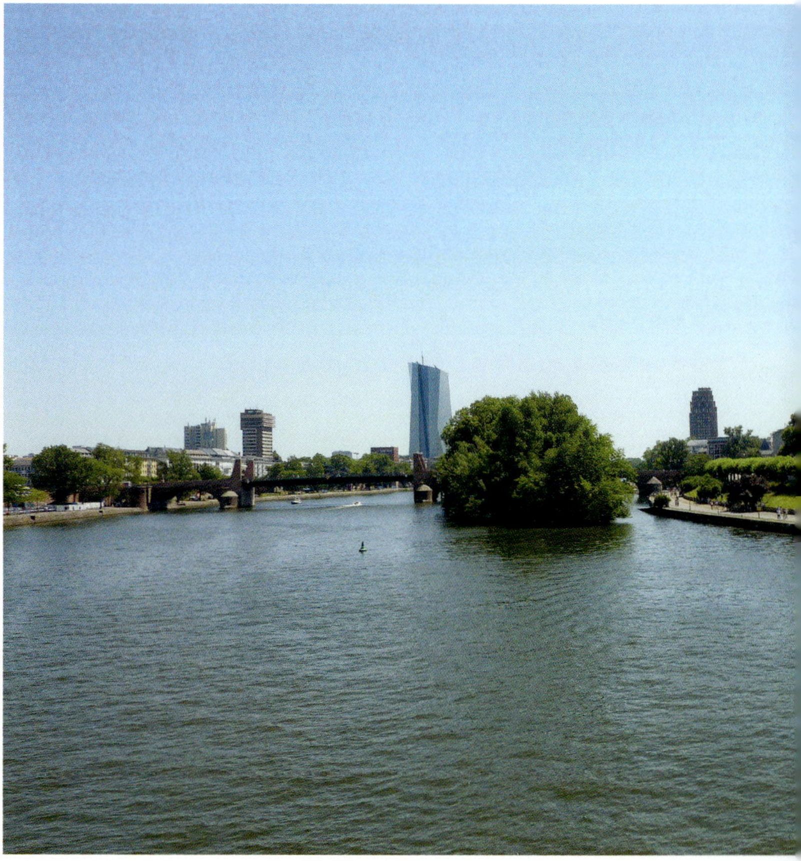

Blick vom Eisernen Steg auf den Main

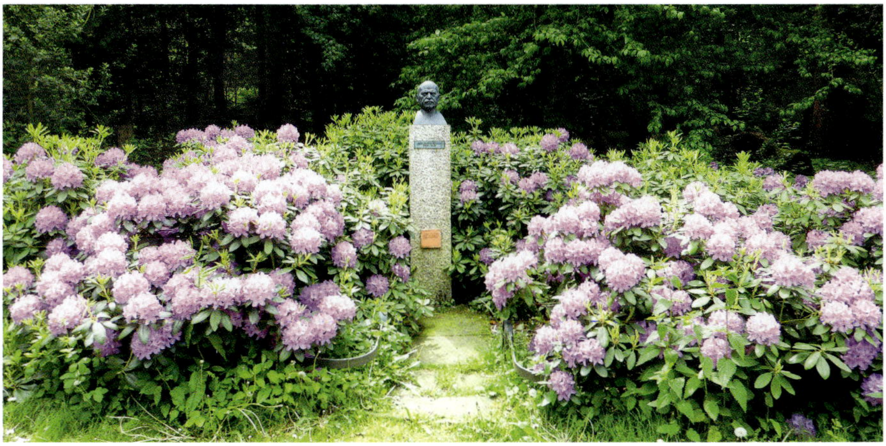

Die Büste Carl von Weinbergs am Eingang des Waldspielparks

oder auch zum Picknick. Wir wandern auf bequemen Pfaden durch das waldreiche Gebiet zum Waldspielpark. Gleich am Eingang steht die Statue des Unternehmers und Stifters Carl von Weinberg, der in Frankfurt geboren wurde. Ursprünglich war der Waldspielpark ein privater Park der Villa Weinberg, die 1898 erbaut wurde. Neben dem alten Baumbestand zeichnen ihn Rhododendronstauden aus. Im

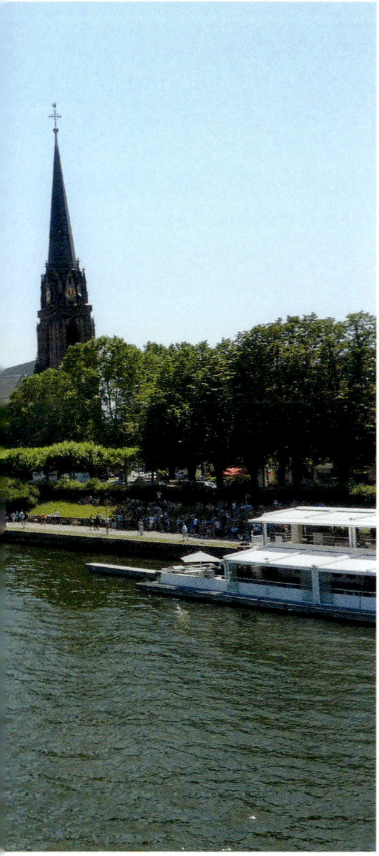

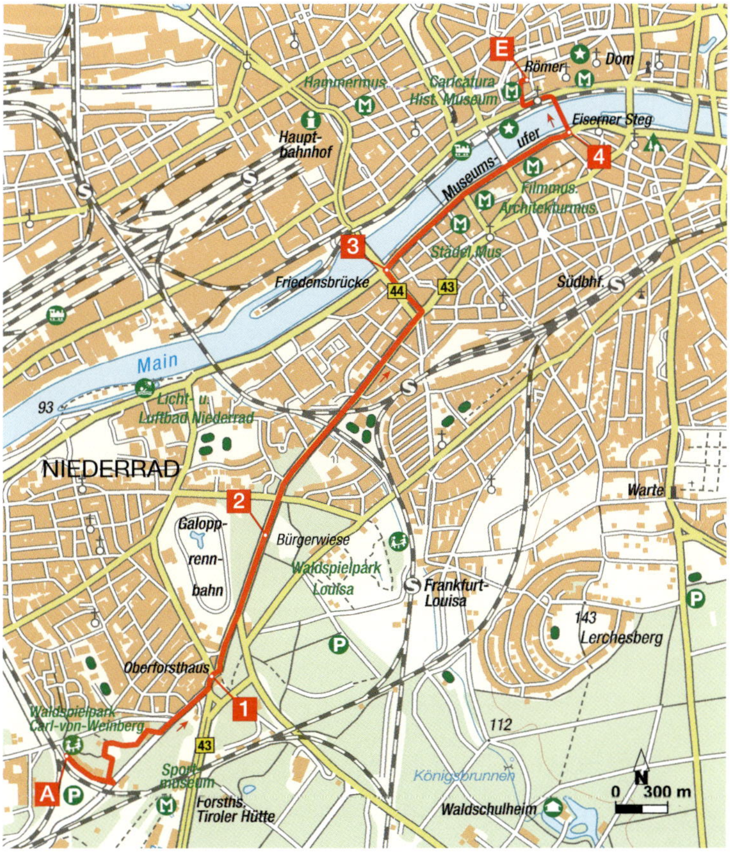

Waldspielpark selbst gibt es für die kleineren Kinder Schaukeln und Wippen. In den Sandkästen buddeln die einen eifrig, während die anderen mit Schwung die Rutschen hinuntersausen. Für die größeren Kids stehen Tischtennisplatten zur Verfügung. Auf den großen Wiesenflächen wird eifrig gekickt.

Zur Bürgerwiese Vom Waldspielpark Carl-von-Weinberg führt die Strecke über die Flughafenstraße Richtung ❶ **Oberforsthaus**. Links von der Kennedyallee befindet sich die ❷ **Bürgerwiese**, die wir als Nächstes durchstreifen. In dem Walddreieck steht der *Brunnen auf der Bürgerwiese*. Er ist aus rotem Sandstein errichtet und hat auf der Rückseite eine Bronzeplatte mit der Inschrift »Wasserwerk Frankfurt«.

Zum Schaumainkai Weiter folgen wir der Kennedyallee, bis wir links in die Stresemannallee abbiegen können. Dieses Sträßchen bringt uns direkt zur ❸ **Friedensbrücke**, einer Straßenbrücke, die den Baseler Platz im Gutleutviertel mit Sachsenhausen verbindet. Jetzt haben wir auch den Schaumainkai erreicht. Auf dem Uferweg an der Sachsenhäuser Seite kann man wunderbar spazieren gehen. Hier befinden sich zudem bedeutende Museen wie das Liebieghaus mit seiner Skulpturensammlung, das Städel Museum und das Museum für Kommunikation. Als Nächstes erreichen wir den Holbeinsteg. Diese Hängebrücke wird von Fußgängern und Radfahrern genutzt und endet in der Windmühlstraße im Bahnhofsviertel.

Zum Römer Weiter am Sachsenhäuser Mainufer entlang, haben wir wunderschöne Ausblicke auf den Schiffsverkehr am Main und zur anderen Uferseite. Jeden zweiten Samstag findet am Uferweg der Frankfurter Flohmarkt statt. Bis zum ❹ **Eisernen Steg** erstrecken sich die Stände mit ihren kunterbunten Angeboten. Wir gehen weiter auf dem Mainuferweg und kommen am Deutschen Architekturmuseum und dem Weltkulturen Museum vobei. Hinter dem Museum Angewandte Kunst erreichen wir schließlich den Eisernen Steg. Direkt daneben können wir eine kleine Pause einlegen, die Restaurantschiffe mit Tret- und Ruderbootausleihe laden zu einer gemütlichen Einkehr ein. Als Nächstes gehen wir über den Eisernen Steg und überqueren so den Main. Der Eiserne Steg besteht seit 1868 und ist eine reine Fußgängerbrücke, die den Stadtteil Sachsenhausen mit der Frankfurter Altstadt verbindet. Von hier aus hat man einen tollen Ausblick auf die beiden Uferseiten. Auf der Altstadtseite Frankfurts liegen die großen Ausflugsschiffe an der Anlegestelle. Über die Fahrgasse gelangen wir weiter zum Ⓔ **Römer**, wo immer ein reges Treiben herrscht. »Living Dolls« erheitern die Passanten mit ihren Späßen, Straßenmusiker sorgen für Unterhaltung. In einem der zahlreichen Cafés und Restaurants können wir den Tag gemütlich ausklingen lassen. Die Straßenbahn bringt uns zu unserem Ausgangpunkt, dem Ⓐ **Waldspielpark** zurück.

Museumsuferfest

Jeweils am letzten Wochenende im August findet das traditionelle Museumsuferfest statt. Es gehört zu den eindrucksvollsten Kunst- und Kulturfestivals innerhalb Europas. Die Museen haben bis in die Nacht für Besucher geöffnet. Zudem gibt es ein unterhaltsames Bühnenprogramm mit Konzerten für jeden Musikgeschmack und eine Vielzahl von kulinarischen Spezialitäten zu entdecken. www.museumsuferfest.de

Eindrucksvoller Ausblick auf die Skyline

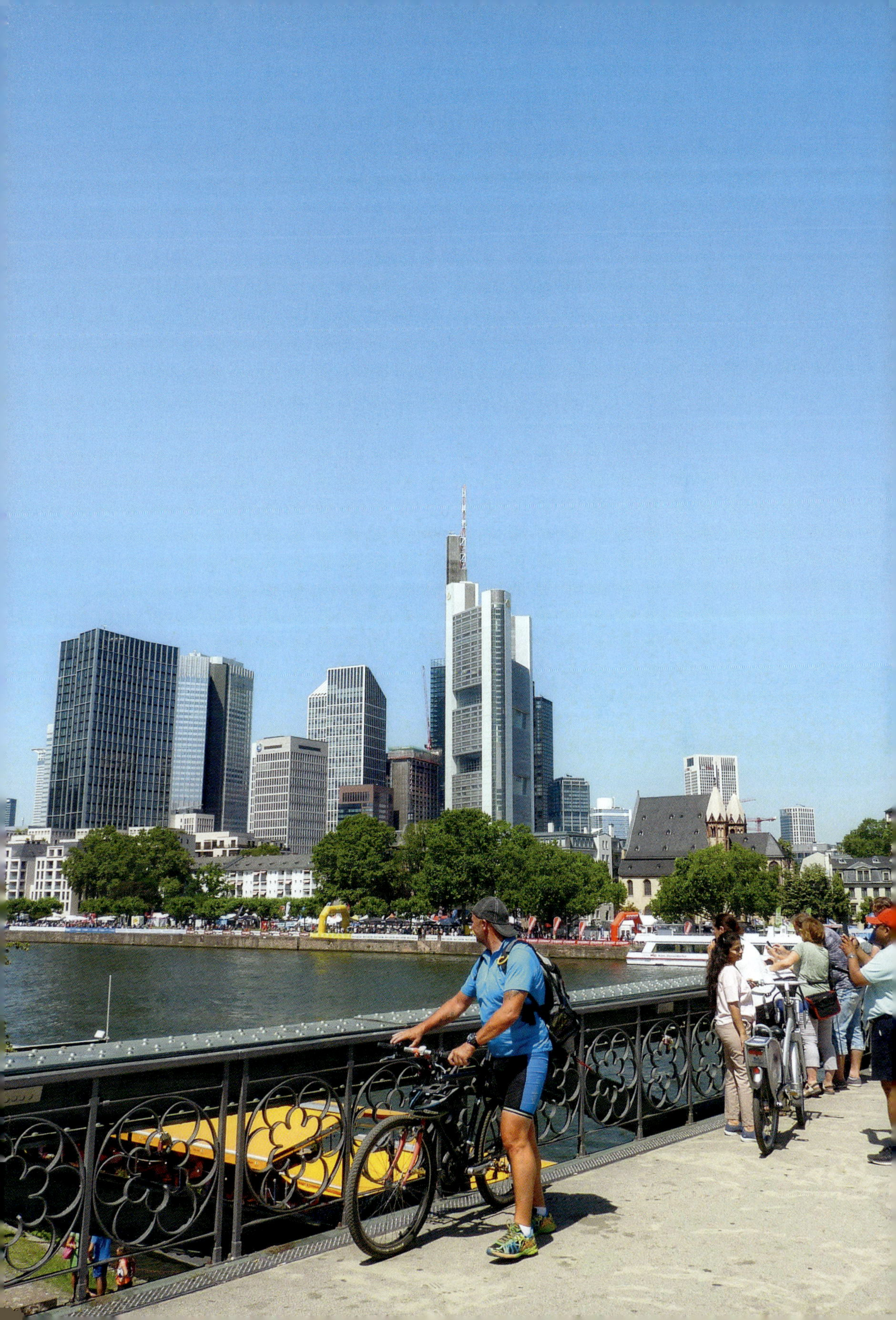

26

Golfrundweg

Stadtteilrunde mit Geschichte

Leicht 1.25 Std. 34 Hm 4,9 km

Tourencharakter
Kurze, entspannende Golfplatzrunde

Ausgangs- und Endpunkt
Golfstraße/Ecke Golfschneise, 60528 Frankfurt

Höchster Punkt
120 m

Anfahrt
Auto: Über die B44 und Flughafenstraße in die Golfstraße
Bus & Bahn: Mit der S-Bahn bis Frankfurt-Niederrad

Gehzeiten
Golfstraße – Wasserwerk 0.5 Std. – Golfstraße 0.75 Std.

Beste Jahreszeit
Januar bis Dezember

Einkehr
LILU-Ponton-Café, Niederräder Ufer 10, 60528 Frankfurt am Main, www.lilu-frankfurt.de

Karte
Kompass Wanderkarte Frankfurt und Umgebung, Nr. 828

Info
Frankfurt Tourist-Information, Römerberg 27, 60311 Frankfurt am Main, www.frankfurt-tourismus.de

Der Rundweg führt um den Golfplatz in Niederrad. Auf den bequemen Waldwegen durch die Schneisen streifen wir das Wasserwerk Goldstein. Die kurze Wanderung ist familientauglich und mit einem Abstecher zum Licht- und Luftbad auch für Kinder spannend.

In Niederrad Der Golfrundweg in Niederrad eignet sich hervorragend für einen hübschen kleinen Spaziergang direkt nach dem Nachmittagskaffee. Niederrad ist einer der kleineren Stadtteile von Frankfurt. Hier gründete der Kaufmann Eugen René Lacroix 1925 mit seinen Mitarbeitern ein Delikatessenunternehmen. Seine Schildkrötensuppe machte ihn international bekannt. Das ehemalige Wäscherdorf, in dem es viele Betriebe gab, die Wäsche an einem Bach wuschen und bleichten, hat sich zur Bürostadt entwickelt. Dennoch gibt es noch Gebäude aus der Vergangenheit. Sehenswert sind vor allem der Torbogen und die Seitenflügel vom Frauenhof, der zwischen 1761 und 1781 im Stil des Barocks errichtet wurde. Das Fabrikgebäude war ab 1841 zeitweilig im Besitz des Katharinen- und

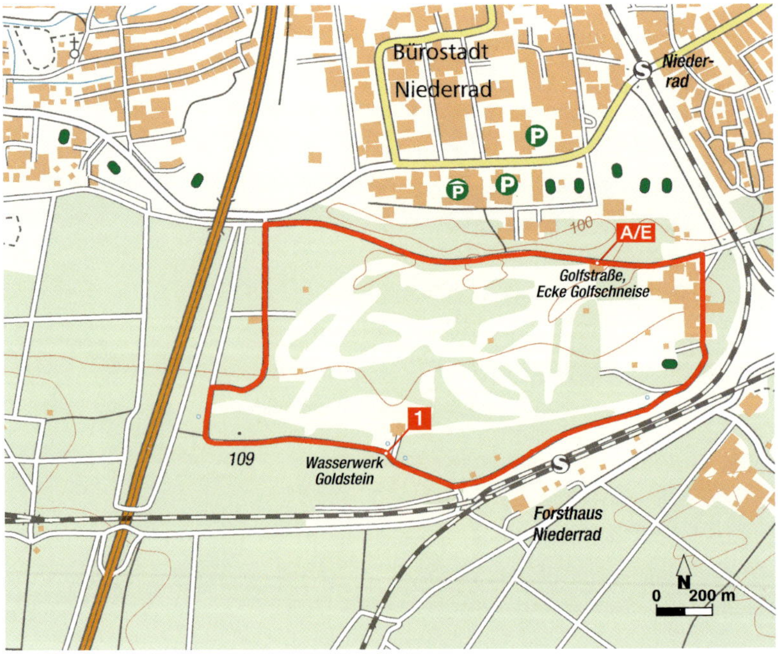

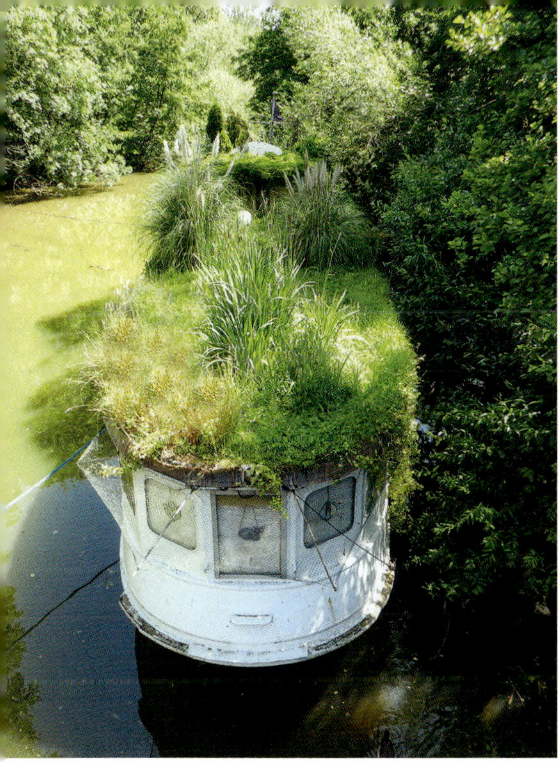

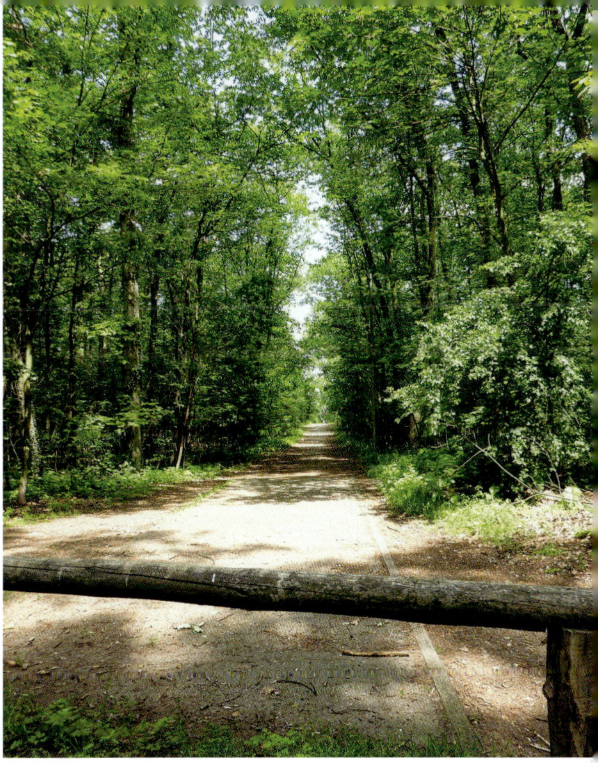

Weißfrauenstifts. In den warmen Monaten ist das Mainufer von Niederrad das unbestrittene Highlight des Stadtteils. Frankfurter und Ausflügler kommen dann hierher, um zu entspannen und ihre Freizeit zu genießen.
Unser Rundweg in Niederrad hat keine Markierung und führt direkt durch den Wald um den großen Golfplatz des Frankfurter Golf Clubs. Er wurde 1913 von

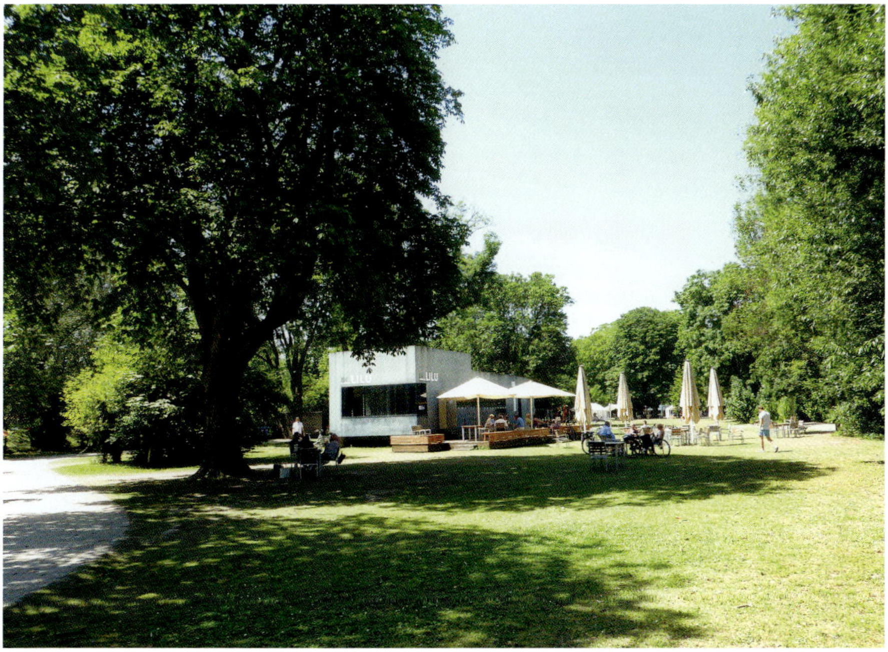

Oben links: Das bewachsene Schiff am Licht- und Luftbad

Oben rechts: Den Vogelstimmen auf der kurzweiligen Waldtour lauschen

Unten: Regionale Snacks bietet das Ponton LILU Café an.

Elli-Lucht-Park

Der Park mit seinem jungen, aber auch alten Baumbestand bietet generationenübergreifend Betätigung. Während die Kinder sich auf den Spielplätzen austoben, können Senioren die Fitnessanlage nutzen. Mehrere Geräte helfen dabei, die Muskulatur zu trainieren und sich fit zu halten. Im Zentrum des Parks befindet sich zudem eine großzügig angelegte Wiese.

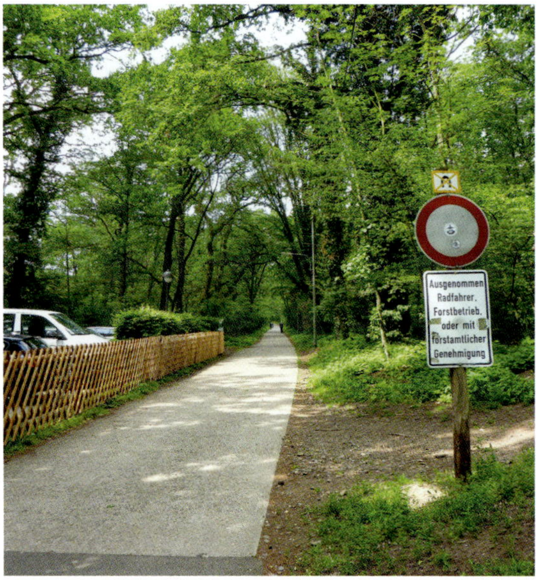

In direkter Nähe des Frankfurter Golf Clubs

bedeutenden Frankfurter Unternehmern gegründet und zählt zu den ältesten Golfclubs in Deutschland. Auf dem 64 Hektar großen Gelände zeigten schon so bekannte Golfer wie Henry Cotton und Jack Nicklaus ihr Können.

Zum Wasserwerk In der **A Golfstraße**, Ecke Golfschneise beginnt unsere Wanderung. Die Strecke führt direkt in die Golfschneise hinein. Nach einer Weile geht es rechts Richtung **1 Wasserwerk Goldstein** auf der Tränkschneise weiter. Es liegt etwas versteckt mitten im Wald. Direkt neben dem alten Wasserwerkgebäude wurde ein Neubau errichtet, der täglich in Betrieb ist. Bis zu 15 Millionen Liter Wasser fördert das Werk Tag für Tag und sichert so die Wasserversorgung in den Frankfurter Haushalten. Parallel zum Benzengrundweg stoßen wir bald auf die Eichengrundschneise. Auch hier umgibt uns Stille – bis auf das Vogelgezwitscher. Wir halten uns gleich wieder rechts und biegen in die Kiesschneise ein. Nach wenigen Minuten haben wir die **E Golfstraße** wieder erreicht.

Das »LiLu« Wer noch etwas Zeit hat, den Stadtteil Niederrad zu erkunden, sollte einen Abstecher zum Licht- und Luftbad auf der Maininsel unternehmen. Die Maininsel entstand beim Bau der ersten Schleusen am Main. Um auch größere Schiffe auf dem Main verkehren zu lassen, wurden der Westhafen und fünf Schleusen errichtet. Das beliebte Licht- und Luftbad wurde um 1900 eröffnet, und damals vorwiegend von Arbeiterfamilien genutzt. Um die Jahrhundertwende schwammen die Frankfurter noch im Main, was heute nicht mehr möglich ist. Und zu jener Zeit war das »LiLu« das beliebteste Bad in Frankfurt. Es liegt an der ehemaligen Niederräder Schleuse auf einer Landzunge, wo man auch noch ein paar in die Jahre gekommene Boote sehen kann. Seither wurde das Licht- und Luftbad ständig erweitert. Parkähnliche Anlagen, Spielplätze, auf denen Kinder herumtollen, Liegewiesen, die für Picknicks genutzt werden, und verschlungene Wege lassen sich hier entdecken. Überall bieten idyllische Plätzchen eine schöne Sicht auf den Main.

Das LILU-Ponton-Café ist in Schiffsform gebaut und für architektonisch Interessierte sehenswert. Sollte der Wasserstand des Mains steigen, wird das Gebäude auf Pontons angehoben, sodass es nicht wegschwimmen kann. Die Holzterrasse bietet sich an schönen Tagen für ein Sonnenbad an. Zudem kann man von hier aus die vorbeifahrenden Last- und Personenschiffe beobachten. Außer im Winter werden hier täglich kleine Snacks und Getränke serviert.

Rechte Seite: Jogger, Fahrradfahrer und Wanderer lieben die bequemen Wege.

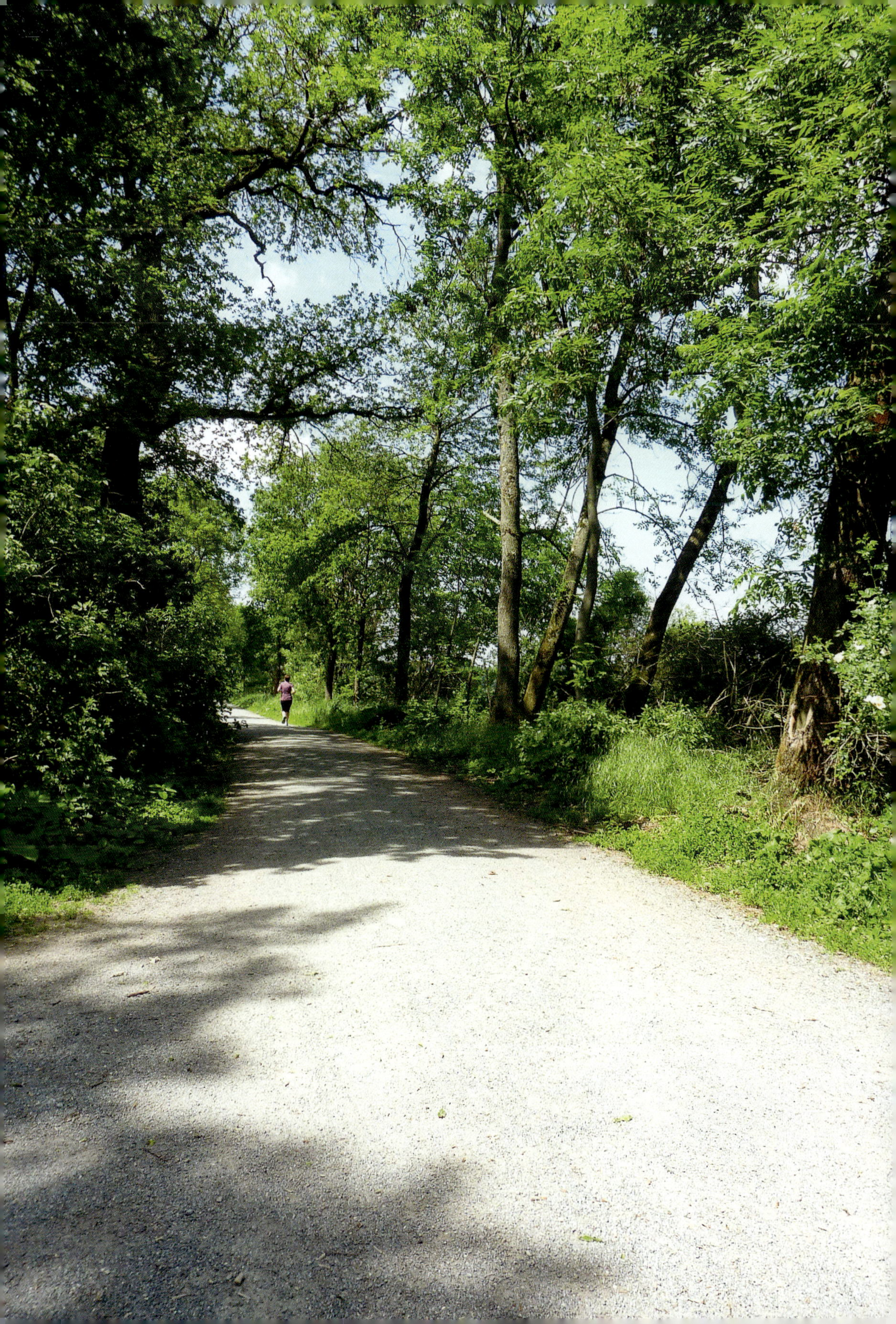

27 Agendawald

Auf den Spuren alter Märchen

Leicht | 2 Std. | 60 Hm | 6,8 km

Tourencharakter
Humoristische, leichte Tour mit bezaubernden Höhepunkten

Ausgangs- und Endpunkt
Parkplatz Schwanheimer Bahnstraße, 60529 Frankfurt

Höchster Punkt
Römerweg (108 m)

Anfahrt
Auto: Über die B40, Schwanheimer Ufer und Rheinlandstraße in die Schwanheimer Bahnstraße
Bus & Bahn: Mit der S-Bahn bis Frankfurt-Niederrad, dann weiter mit der Straßenbahn-Linie 12 bis Rheinlandstraße, von dort ca. 500 m zu Fuß

Gehzeiten
Parkplatz – Struwwelpeter 0.5 Std. – Rohsee 0.5 Std. – Parkplatz 1 Std.

Beste Jahreszeit
Januar bis Dezember

Einkehr
Frankfurter Hof Seppche, Alt-Schwanheim 8, 60529 Frankfurt am Main, www.frankfurterhof-seppche.de

Karte
Kompass Wanderkarte Frankfurt und Umgebung, Nr. 828

Info
Frankfurt Tourist-Information, Römerberg 27, 60311 Frankfurt am Main, www.frankfurt-tourismus.de

Gemütliche Waldwege führen zu den *Monsterkindern* und dem *Struwwelpeter*, bevor der Rohsee erreicht wird – ein idyllischer Ort, an dem Wanderer auf pure Natur treffen. An der Riedwiese vorbei geht es auf ebener Strecke zum Ausgangsort zurück.

Zu den Monsterkindern Vom **A Parkplatz in der Schwanheimer Bahnstraße** im Frankfurter Stadtteil Schwanheim biegen wir links in die Agendawaldschneise kurz vor dem Waldspielpark ein. Auf dem bequemen Weg durch den Wald wandern wir zu unserem ersten Teilziel. Immer geradeaus auf weichem Waldboden gelangen wir parallel zum Kelsterbach zur Lichtetalschneise. Hier weiter links entlang und wir kommen zu den **1 Monsterkindern**: Unter einer riesigen Eiche liegen drei übergroße Ei-

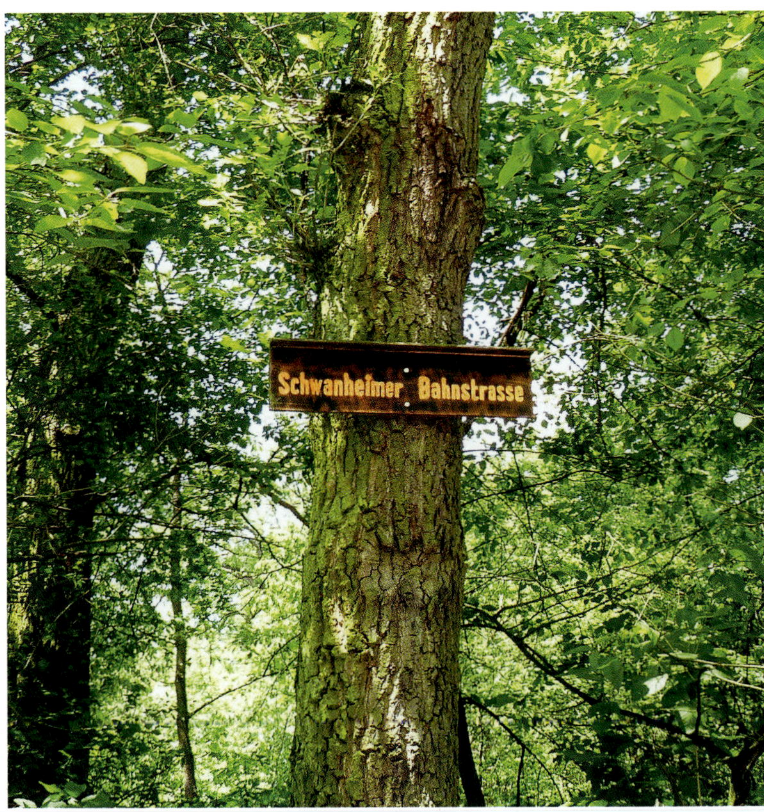

Ausgangspunkt für einige schöne Wanderungen

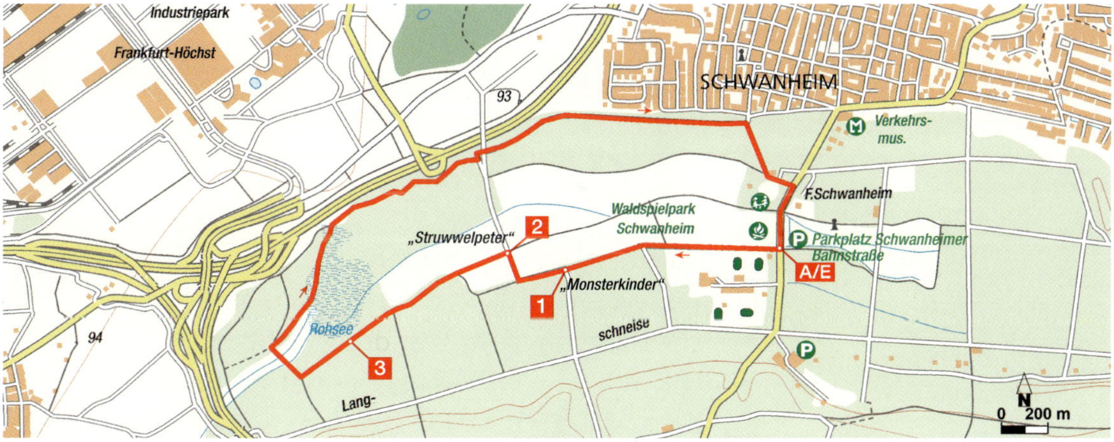

cheln, die sich als Sitzgelegenheit anbieten und wie geschaffen für eine kleine Pause sind. Die *Monsterkinder* gehören zu den Objekten, die aus den Entwürfen der Serie *Komische Baumkunst* aus der Feder des Frankfurter Karikaturisten F. K. Waechter entstanden sind.

Der Struwwelpeter Zurück auf der Agendawaldschneise, biegen wir rechts ab und wandern zur Alten Wiese und zum nächsten Höhepunkt, dem ❷ **Struwwelpeter**.

Kleiner Wanderer auf Entdeckungstour

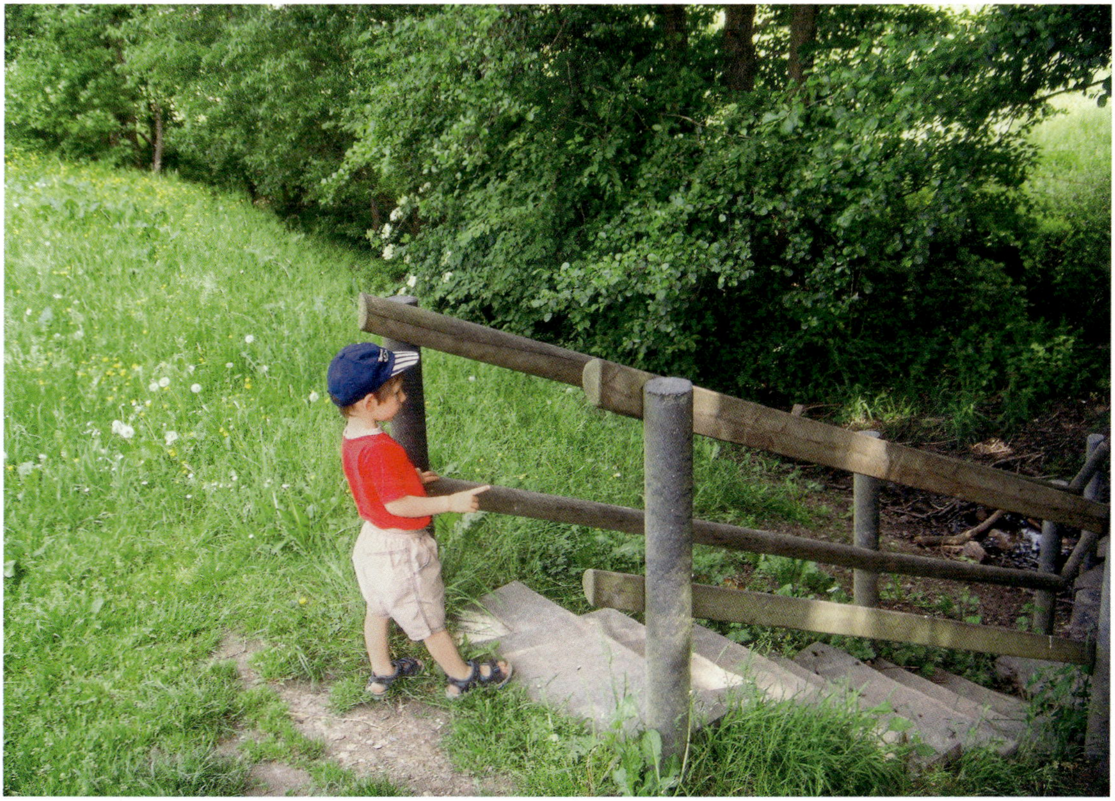

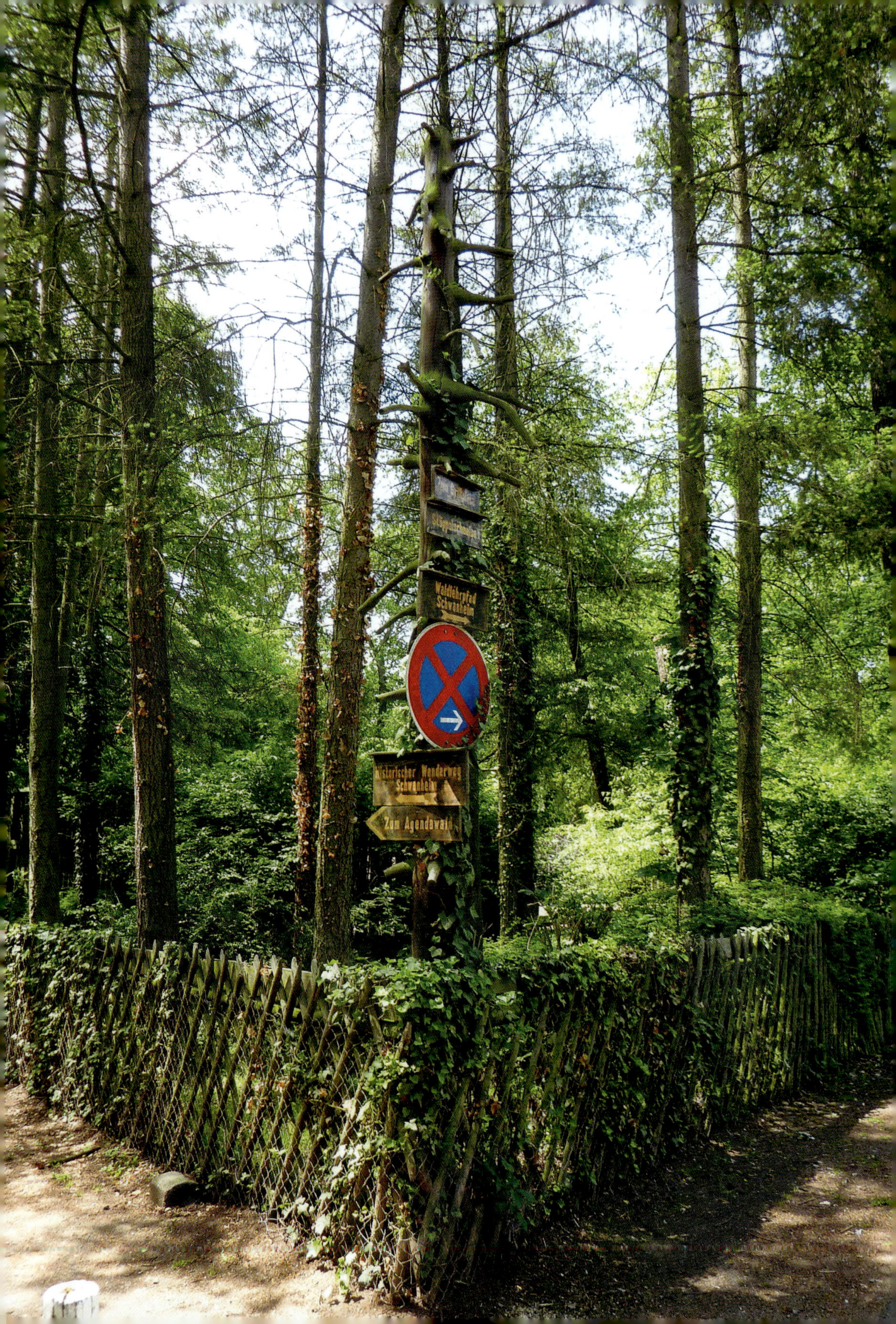
Waldlehrpfad
Schwanheim
istorischer Wanderweg
Schwanheim
Zum Agendawald

Der *Struwwelpeter* ist ein weiteres Objekt des Karikaturisten F. K. Waechter. Hier wurde eine Kopfweide als Struwwelpeter gestaltet. Die Weide besitzt sogar Augen, die anfangen zu leuchten, sobald es dunkel wird. Wahrlich zerzaust sieht der Gute aus – ein richtiger Waldschrat! F. K. Waechter zeichnete 1970 den *Antistruwwelpeter*, der echte *Struwwelpeter* war das Werk des Frankfurter Arztes Heinrich Hoffmann. Das Buch erschien im Jahr 1845.

Weitere Kunstobjekte

Ein weiteres Objekt von F. K. Waechter ist die »Dicke Raupe« am Erlenbruch im Riederwald, ganz in der Nähe der U-Bahn Haltestelle Schäfflestraße.
Außerdem gibt es den »König der Eichhörnchen« in einem Baum nahe des StadtWaldHauses an der Kuhpfadschneise. Hier bilden drei bronzene Eichhörnchen eine Leiter, sodass ein viertes Eichhörnchen die Gabelung in aller Ruhe überqueren kann.

Zum Rohsee Weiter führt unsere Wanderung links bis zur Kleinwiesenschneise. Hier gehen wir rechts, bis der **3 Rohsee** erreicht ist. Pure Natur umgibt uns an diesem Ort. Der ehemalige Altarm des Mains ist heute ein kleines Sumpfgebiet. Ihn ihm ist ein kleiner See, der in heißen Sommermonaten austrocknen kann. Bei angemessener Feuchtigkeit bietet er vielen Pflanzen und Tieren einen idealen Standort. Schwertlilien wie auch Sumpfdotterblumen sind hier neben Eisvögeln und Teichrohrsängern zu Hause. Im Eichenwald rund um den Rohsee haben Hirschkäfer und Fledermäuse eine Heimat gefunden. Als Nächstes stoßen wir auf den Römerweg, dem wir links folgen. An der Riedwiese mit ihrem imposanten Schilfröhricht entlang, erreichen wir bald die abbiegende Langschneise, die wieder in der **E Schwanheimer Bahnstraße** mündet.

Linke Seite: Wegweiser zum Agendawald

Kobelt-Zoo Wer mit Kindern unterwegs ist, kann einen Abstecher zum Kobelt-Zoo machen. An der Schwanheimer Bahnstraße weiter entlang, streift man den Schwanheimer Waldspielpark. Nach nur wenigen Minuten liegt der Eingang des ca. 1,7 Hektar großen Kobelt-Zoos auf der rechten Seite. Der Tierpark wurde nach dem Naturforscher Prof. Dr. Wilhelm Kobelt benannt, und hier können mehr als 50 verschiedene Tierarten entdeckt werden, darunter Ziegen, Hasen, Chinchillas, aber auch Bennett-Kängurus und Nasenbären. Ihre ganze Farbenpracht zeigen die Papageien, während der Uhu beim Flügelausbreiten gern auf seine stattliche Größe hinweist. Lieblinge der Kinder sind die Pferde und Esel, die sich gern streicheln lassen. Aber auch die Miniatur-Shetlandponys, welche gerade einmal 87 Zentimeter groß sind, erfreuen sich großer Beliebtheit. Auf dem Spielplatz können die Kinder herumtollen, während die Eltern einen Kaffee oder ein Stück Kuchen genießen. Der Kobelt-Zoo hat von Mai bis September jeweils am Samstag, Sonntag und an Feiertagen geöffnet. Der Eintritt ist frei. Die genauen Öffnungszeiten können unter www.kobelt-zoo.de eingesehen werden.

Blühende Schönheit

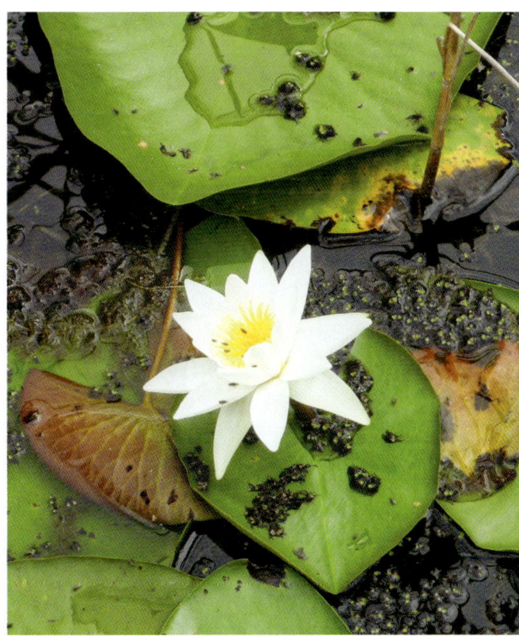

28

Entdeckungen in der Rosenstadt

Wundervolles für die Sinne

Leicht | 1 Std. | 30 Hm | 4 km

Tourencharakter
Einfacher Spaziergang zum Rosarium mit seinen duftenden Rosen

Ausgangs- und Endpunkt
Im Mühlenviertel, 65795 Hattersheim

Höchster Punkt
Rosarium (100 m)

Anfahrt
Auto: Über die A66, Mainzer Landstraße und Hessendamm in die Straße Im Mühlviertel abbiegen
Bus & Bahn: Mit der S-Bahn S1 bis Hattersheim, von dort ca. 250 Meter zu Fuß

Gehzeiten
Im Mühlenviertel – Rosarium 0.75 Std. – Platz der Deutschen Einheit 0.25 Std. – Mühlenviertel 0.1 Std.

Beste Jahreszeit
Januar bis Dezember

Einkehr
Zum Rotenhof, Rotenhofstraße 35, 65795 Hattersheim am Main, Tel. 06190/25 81

Karte
Kompass Wanderkarte Frankfurt und Umgebung, Nr. 828

Info
Magistrat der Stadt Hattersheim am Main, Im Nassauer Hof 1–3, 65795 Hattersheim am Main, Tel. 06190/97 00, www.hattersheim.de

Faszinierendes für Auge und Nase bietet sich bei dieser Tour. Entlang des Schwarzbachs führt die Wanderung zum Rosarium, wo sich uns ein beeindruckendes Farbenspiel bietet. Die explodierende Blütenpracht in einer wunderbaren Anlage mit Teich lässt den Trubel des Alltags vergessen.

Hattersheim liegt an der westlichen Stadtgrenze von Frankfurt am Main. Direkt im Zentrum dieses Stadtteils befindet sich eine idyllische Parkanlage mit einem schönen Weiher, der zum Träumen einlädt. Am Grünen Haus können die Jüngsten auf dem Kleinkinderspielplatz toben. Am Marktplatz befinden sich zudem ein Brunnen und ein kleiner Bach, der bis zum Weiher führt. An der ehemaligen Altmünstermühle am Rande des Parks steht eine ca. 250 Jahre alte, riesige Eiche.

Zum Rosarium In der Straße **A Im Mühlenviertel** in Hattersheim beginnt unsere Wanderung zum Rosarium. Wir laufen parallel zum Schwarzbach und gelangen schon nach kurzer Zeit ins Grüne. Weiter geht es, bis wir links in den Elsternpfad abbiegen können. Nach wenigen Minuten wendet sich der Elsternpfad nach rechts, doch wir halten uns weiterhin geradeaus, bis wir rechts und nochmals rechts wieder auf den Elsternpfad gelangen. Wir umrunden das **1 Wehr am Schwarzbach** und laufen dann auf der

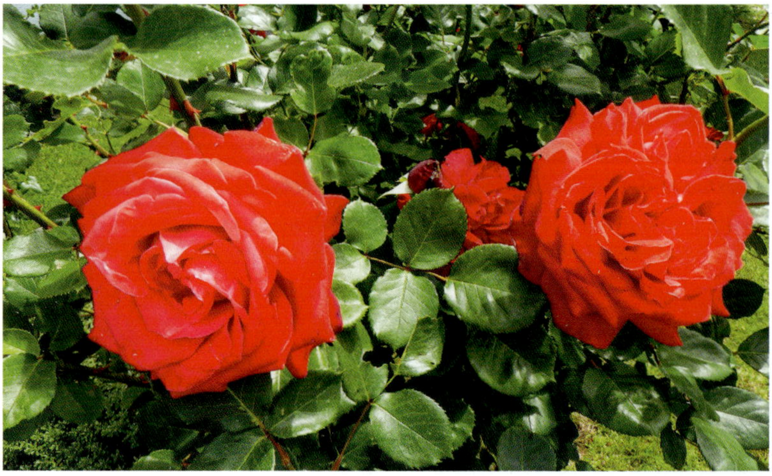

Betörende Gerüche im Rosarium

Schwarzbachstraße entlang. Nach kurzer Zeit biegen wir links ab und überqueren schließlich die Mainstraße. Am Anfang des Okrifteler Friedhofs führt der rechte Weg mit dem Pyramiden-Wegweiser zum ❷ **Rosarium**. Nur wenige Meter weiter erreichen wir dann das im Jahr 1997 eröffnete Rosarium. Es soll daran erinnern, dass Hattersheim bis Mitte der 1970er-Jahre zu den weltweit bedeutendsten Rosenlieferanten zählte. Drei Gärtnereien hatten sich damals auf den Anbau von Schnittrosen spezialisiert. Heute gibt es in der Gegend immer noch kleinere Rosenfelder.

Keltenpark Hattersheim

Zwischen der Leonhardstraße und der Dürerstraße in Hattersheim befindet sich der Keltenpark. Er soll an den Fund eines bedeutenden keltischen Gräberfelds mit mehr als 50 Gräbern erinnern. Auf den etwa 13 000 Quadratmetern lassen sich ein Baumkreis mit 16 verschiedenen Bäumen aus der keltischen Mythologie sowie Stelen, Sitz- und Balanciersteine entdecken.

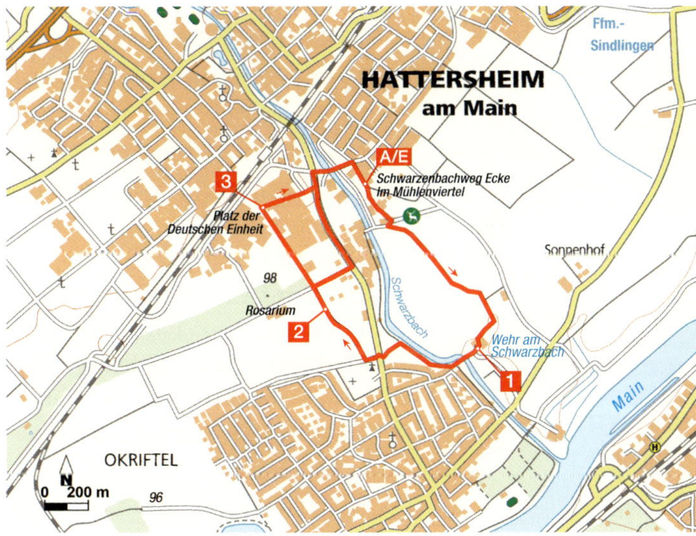

Im Reich der Rosen Im 24 Stunden geöffneten Rosarium können verschiedene Rosenarten auf einer Fläche von ca. 1,3 Hektar entdeckt werden. Die über 6500 Rosen wachsen auf speziell angelegten Flächen. Im Zentrum des Rosariums befindet sich die Rosenpyramide: Prächtige Kletterrosen ranken an der 6,50 Meter hohen Pyramide entlang. Interessant sind auch die speziellen Züchtungen aus Hattersheim und die Seerosen. Im Rosarium finden ganzjährig Veranstaltungen für Interessierte statt. Rosenliebhaber haben die Möglichkeit, an speziellen Kursen und Führungen teilzunehmen. Außerdem gibt es bezaubernde musikalische Veranstaltungen und bunte Feste auf dem Gelände.

Alter riesiger Fabrikschornstein Nach der Besichtigung wandern wir auf unserem Weg weiter bis zur Wasserwerk-Chaussee. Die beeindruckende Lindenallee diente einst als Zufahrtsstraße für das Wasserwerk Hattersheim, das 1905 erbaut wurde. Auf etwa zwei Kilometern säumen alte Winterlinden den Kopfsteinpflaster-Weg, der für den Autoverkehr gesperrt ist. Unter dem grünen Dach lässt es sich wunderbar flanieren.
Links weiter, erreichen wir die ersten Häuser und biegen anschließend rechts ab. Nun laufen wir auf dem Hugo-Hoffmann-Ring nach links. Weiter auf dem Hugo-Hoffmann-Ring, gelangt man zum alten Fabrikschornstein der ehemaligen Sarotti-Schokoladenfabrik, ehemals Zuckerfabrik Maingau. Der Schornstein besteht aus Backstein und ist schon von Weitem zu sehen. Für die Hattersheimer gilt er schon fast als Wahrzeichen. Ein Stück wieder zurück und am ❸ **Platz der Deutschen Einheit** entlang, überqueren wir den Hessendamm. Die Straße Im Mühlenviertel bringt uns dann wieder zu unserem Ausgangspunkt im Ⓔ **Mühlenviertel**.

29 Weilbacher Kiesgruben

Kunst im Naturschutzgebiet

Schwer | 5.5 Std. | 170 Hm | 21 km

Tourencharakter
Lange Tour mit vielen Aussichtspunkten

Ausgangs- und Endpunkt
Bleichstraße, 68542 Eddesheim

Höchster Punkt
Wicker (127 m)

Anfahrt
Auto: Von der A66 über die B519 nach Weilbach, dann weiter auf der Raunheimer Straße, die in die Bahnhofstraße übergeht, nach Eddesheim; dann rechts in die Bleichstraße
Bus & Bahn: Mit der Bahn bis zum Bahnhof Eddesheim, von dort ca. 600 Meter zu Fuß

Gehzeiten
Bleichstraße – Naturschutzgebiet 1 Std. – Flörsheimer Warte 1.5 Std. – Eisenbaum 0.5 Std. – Bleichstraße 2.5 Std.

Beste Jahreszeit
Januar bis Dezember

Einkehr
Flörsheimer Warte, Landwehrweg, 65439 Flörsheim am Main, www.flörsheimer-warte.de

Karte
Kompass Wanderkarte Frankfurt und Umgebung, Nr. 828

Info
Magistrat der Stadt Hattersheim am Main, Im Nassauer Hof 1–3, 65795 Hattersheim am Main, Tel. 06190/97 00, www.hattersheim.de

Das Kunstwerk »Beobachter«, Rhein-Main Deponie Flörsheim-Wicker

Von Eddersheim führt uns die Wanderung zum Naturschutzgebiet Weilbacher Kiesgruben. Danach können wir besondere Kunstwerke auf dem Panoramaweg ansehen, bevor das lebendige Eisenbäumchen uns seine Geschichte erzählt.

Zum Naturschutzgebiet Weilbacher Kiesgruben In Eddesheim in der Ⓐ **Bleichstraße** starten wir mit dieser schwierigen Wanderung. Wir entfernen uns auf der Bleichstraße immer weiter vom Main und biegen rechts ab. Nach der Überquerung der Bahnhofstraße biegen wir links in die Kapellenstraße ein und laufen geradeaus weiter. Eine Querstraße nach Am Weißen Stein biegen wir von der Kapellenstraße rechts ab und folgen dem Weg. Die zweite Abbiegung nach links und gleich wieder rechts bringt uns zum Posten-19-Weg. Links auf ihm weiter, erreichen wir Schienen und ein Wäldchen. Jetzt kommen wir auf den Hahnenpfad, verlassen ihn aber gleich nach wenigen Metern wieder nach links. Immer geradeaus und links erreichen wir die ❶ **Rabenskulptur**. Wir gehen den

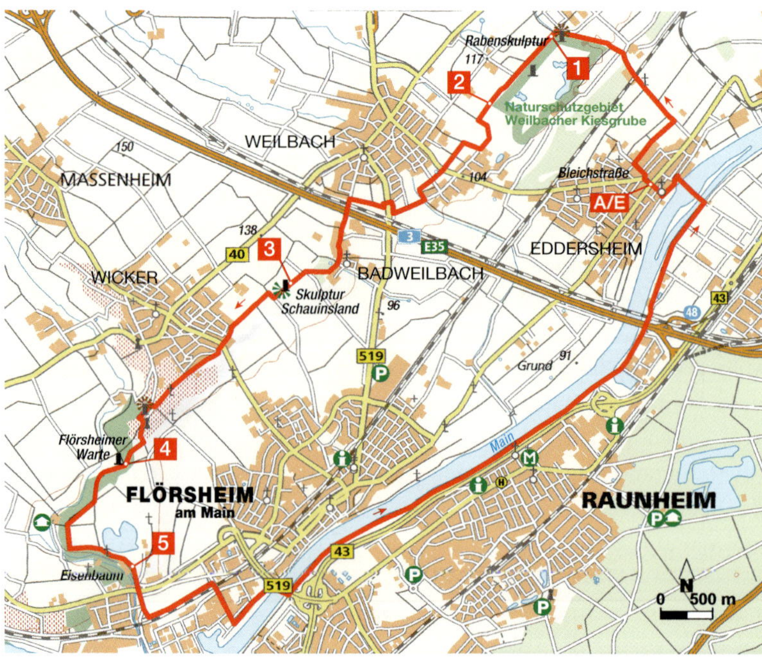

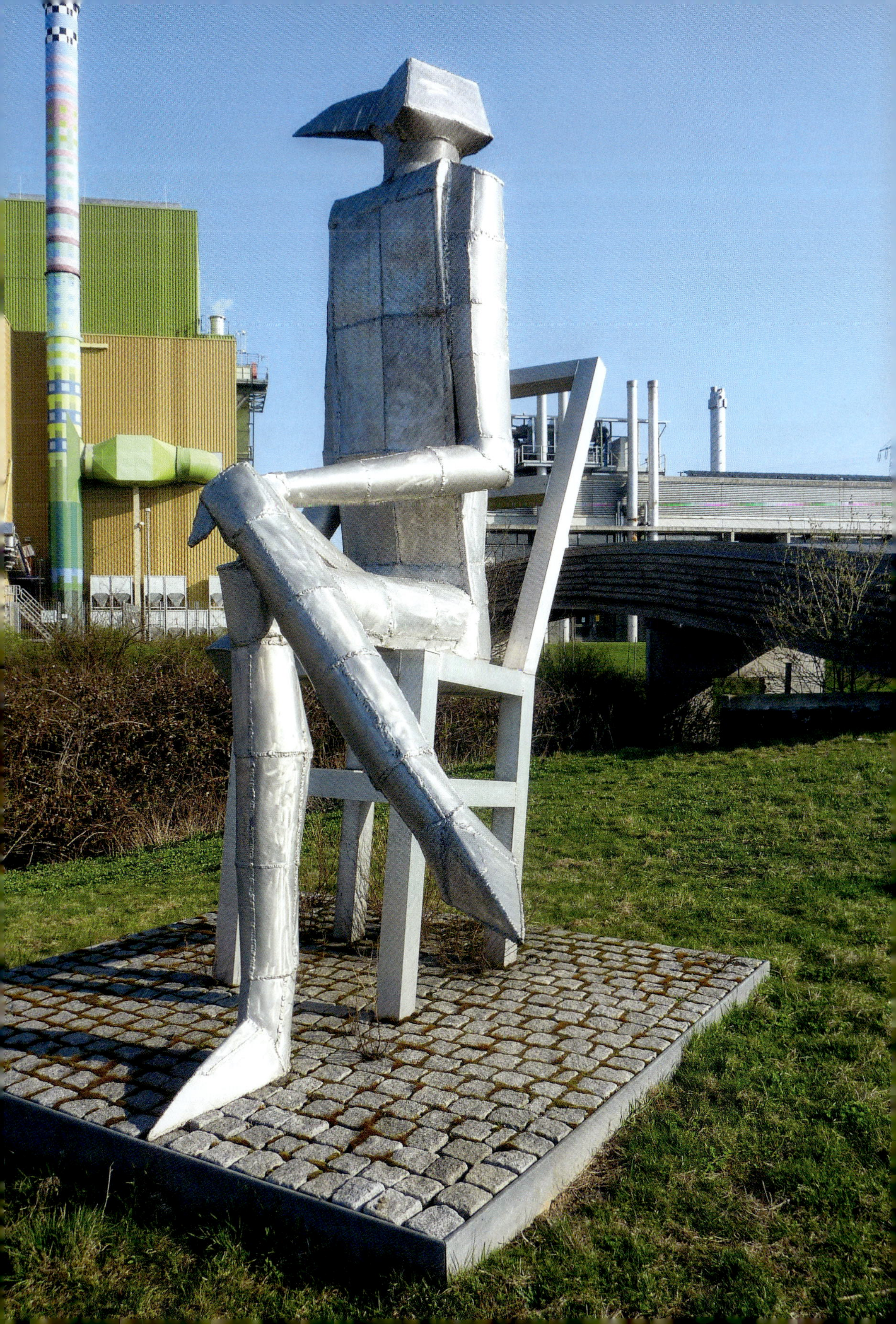

Weg weiter und überqueren den Kastengrundgraben und befinden uns dann beim ❷ **Naturschutzgebiet Weilbacher Kiesgruben**. Einst wurden die Kiesgruben als Deponie und für Motocross genutzt. Inzwischen wurden sie aber renaturiert. Im Mittelpunkt des Naturlehrgebiets befinden sich ein Besucherzentrum mit Restaurant und der 41 Meter hohe Regionalpark-Turm, ein Aussichtsturm.

Auf dem Panoramaweg Von hier gehen wir weiter und überqueren die Raunheimer Straße. Wir gehen immer geradeaus und stoßen auf den Weilbach. An ihm ein Stück links entlang und gleich wieder rechts führt uns die Strecke weiter geradeaus. Kurz vor der Rüsselsheimer Straße biegen wir rechts ab und wandern ein Stück parallel zu ihr. Nach der Überquerung der Rüsselsheimer Straße gehen wir zunächst geradeaus und dann leicht links bis zum Faulbrunnenweg. Auf ihm geht es links weiter und schon bald lassen wir die Bahnschienen und die Autobahn hinter uns. Vom Faulbrunnenweg gelangen wir in den Panoramaweg, den wir entlangwandern. Wir kommen zur Skulptur ❸ **Schauinsland**. Danach folgen noch weitere Skulpturen und Sitze. Insgesamt sind es fünf große Steinobjekte, die hier errichtet wurden, um die Landschaft zu reflektieren, in der und für die sie entstanden sind: Lärm und Stille, Eile und Ruhe, Wissen und Gefühle oder auch Kultur und Natur sind die Themen der Skulpturen. Jede der Skulpturen lädt zum Nachdenken, Anfassen und Staunen ein.

Zur Flörsheimer Warte Weiter auf dem Panoramaweg streifen wir Wicker, bevor wir die ❹ **Flörsheimer Warte** erreichen. Sie ist ein beliebtes Ausflugsziel. Ursprünglich

Riesiger Spielplatz bei Hochheim

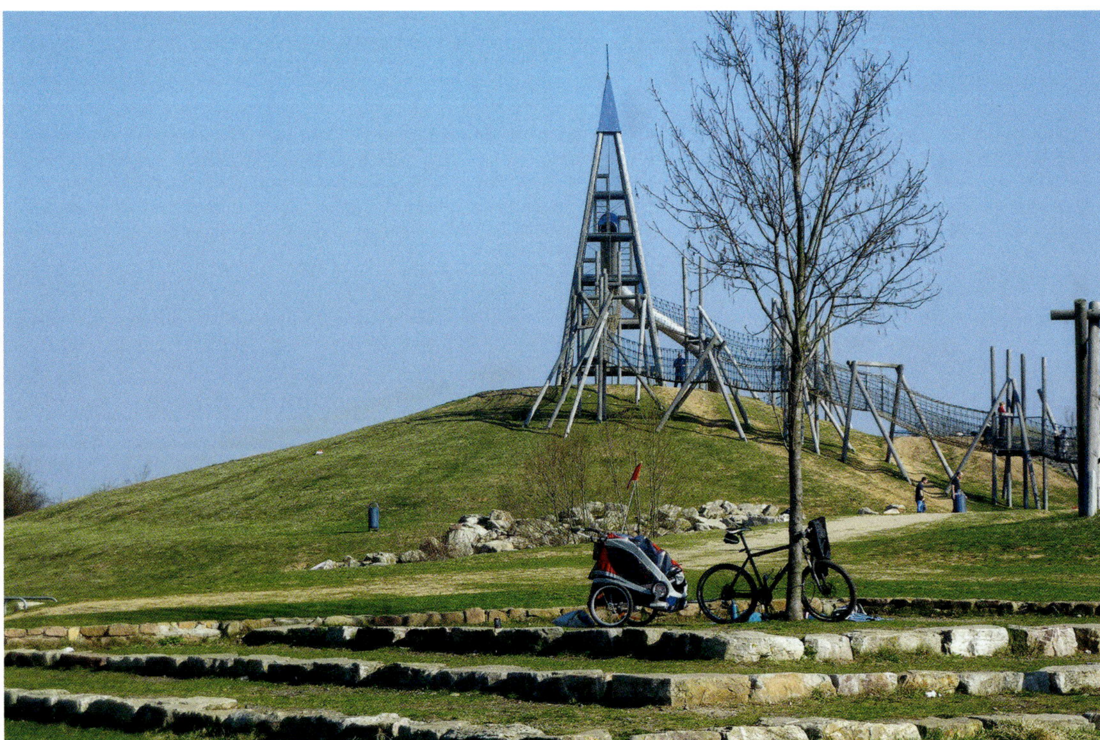

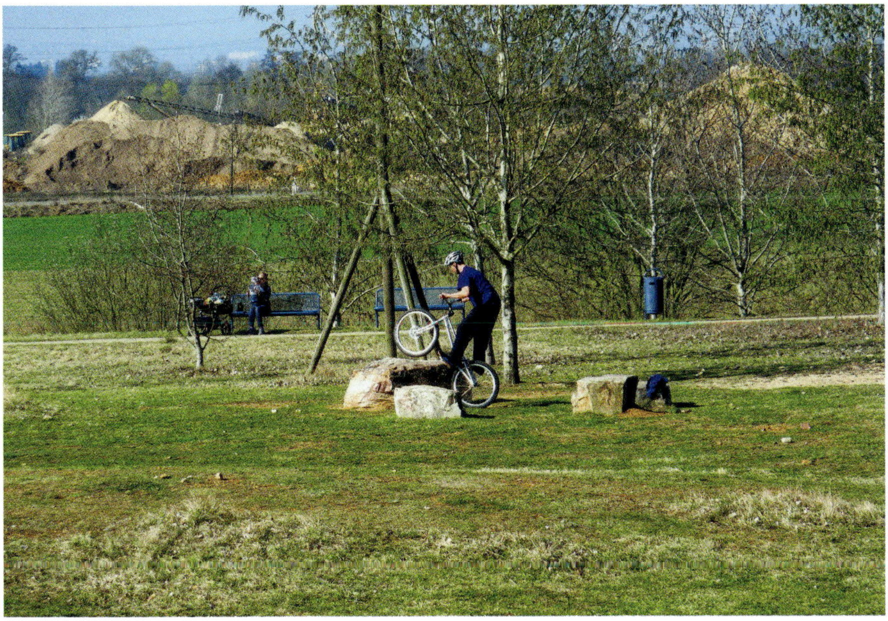

Hier üben auch die Erwachsenen ihre Stunts.

war die Warte ein Wachturm an der Kasteler Landwehr. Die Mainzer Erzbischöfe ließen die insgesamt vier Türme im 15. Jahrhundert zum Schutz ihrer Besitzungen Kastel, Kostheim, Flörsheim und Hochheim errichten. Heute lädt die Warte zu einem idyllischen Aufenthalt ein. Von der vierten Etage des ca. 30 Meter hohen Turmes hat man einen wundervollen Blick auf die Region.

Zum Aussichtsturm Weiter auf dem Weg gehen wir eine Weile parallel zum Wickerbach, bis wir den ❺ **Eisenbaum** erreichen – ein Aussichtsturm, der schon von Weitem zu sehen ist. Mit seiner Höhe von 18 Metern und einer Masse von 38 Tonnen wirkt er wie ein Respekt einflößender Riese aus Metall. An seinen zehn Ästen wurden grüne, 70 auf 70 Zentimeter große Eisenblätter installiert. Über eine Treppe gelangt man zur Aussichtsplattform in neun Metern Höhe, wo die Besucher mit Windrauschen und Vogelgezwitscher empfangen werden. Mit viel Glück und bei geeignetem Wetter erzählt der Eisenbaum sogar seine Geschichte.

Zum Ziel Anschließend laufen wir ein Stück auf dem Weg Obermühle, bevor wir links parallel zur Hochheimer Straße weiterwandern. Rechts überqueren wir die Straße und wandern dann auf der Straße Hochgewann weiter. Links führt uns nun der Bachweg aus dem Gewerbegebiet heraus. Wir halten uns rechts und überqueren den Main. Dann geht es weiter am Main entlang, bis wir ihn bei der Vogelinsel ein weiteres Mal überqueren können. Wir kommen zur Mönchhofstraße, der wir nach links folgen. Von der Ankerstraße geht es dann rechts wieder in die Ⓔ **Bleichstraße.**

Ein sehenswerter Stadtteil

Eddersheim ist ein Stadtteil von Hattersheim. Zu seinen besonderen Sehenswürdigkeiten im Ortskern gehören die Kirche St. Martin, die 1728 neu errichtet und später auch erweitert wurde. Zudem sind der seit 1332 nachzuweisende Propsteihof mit Gebäuden aus dem 18. Jahrhundert sowie die kleine Kapelle sehenswert.

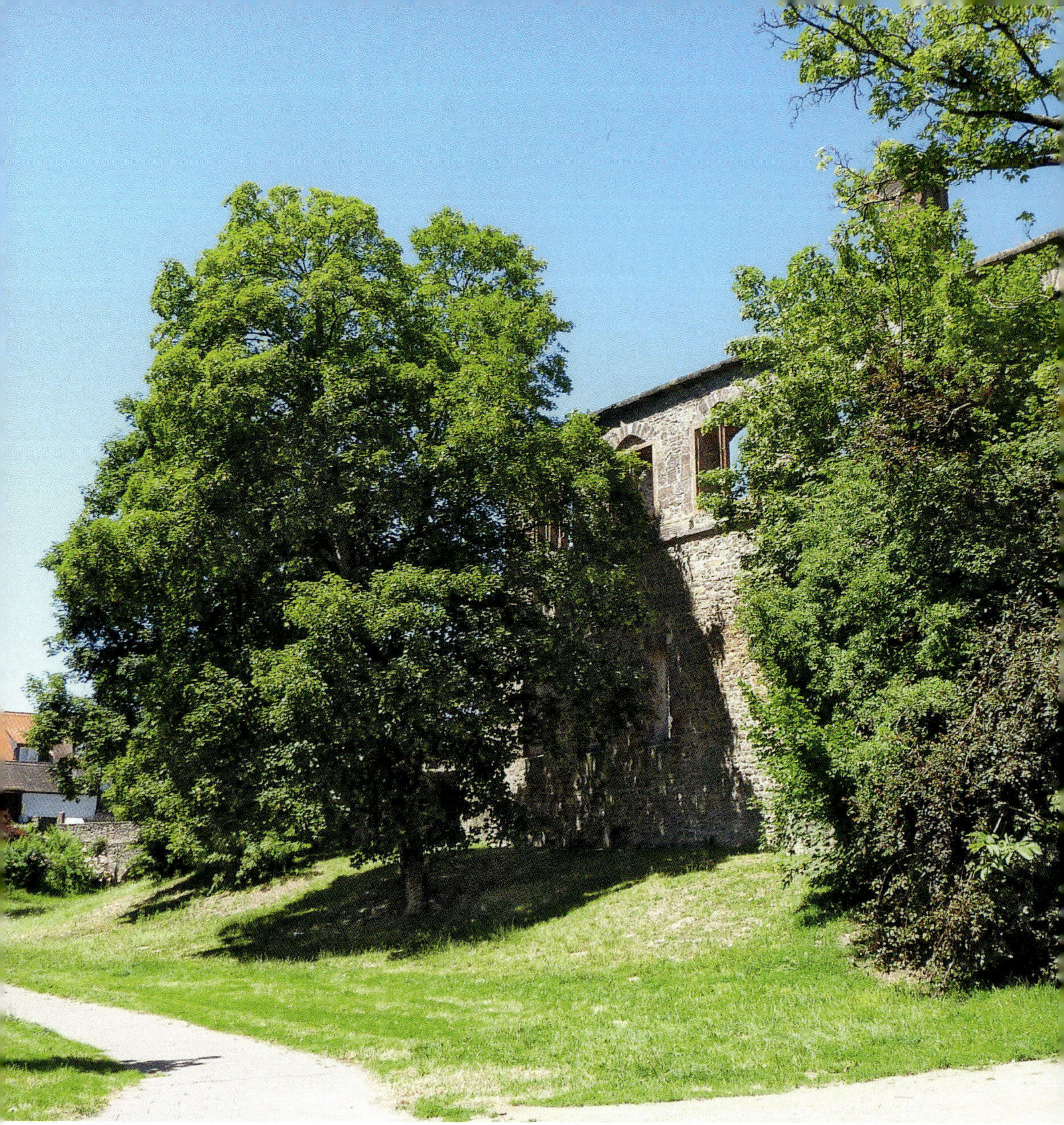

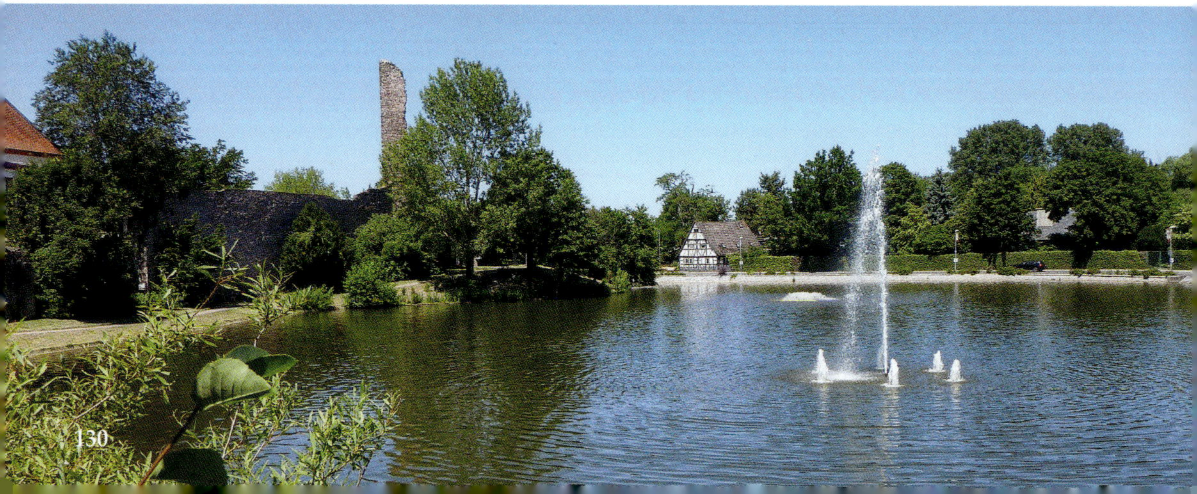

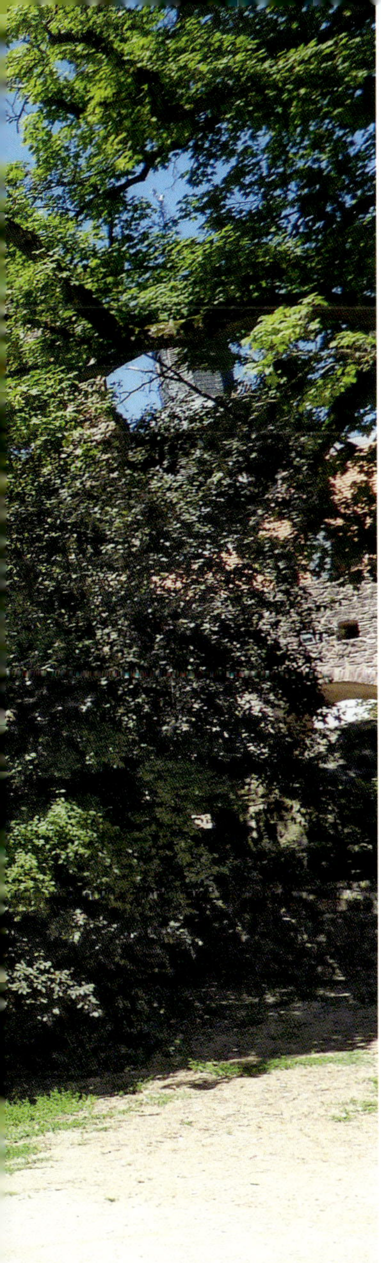

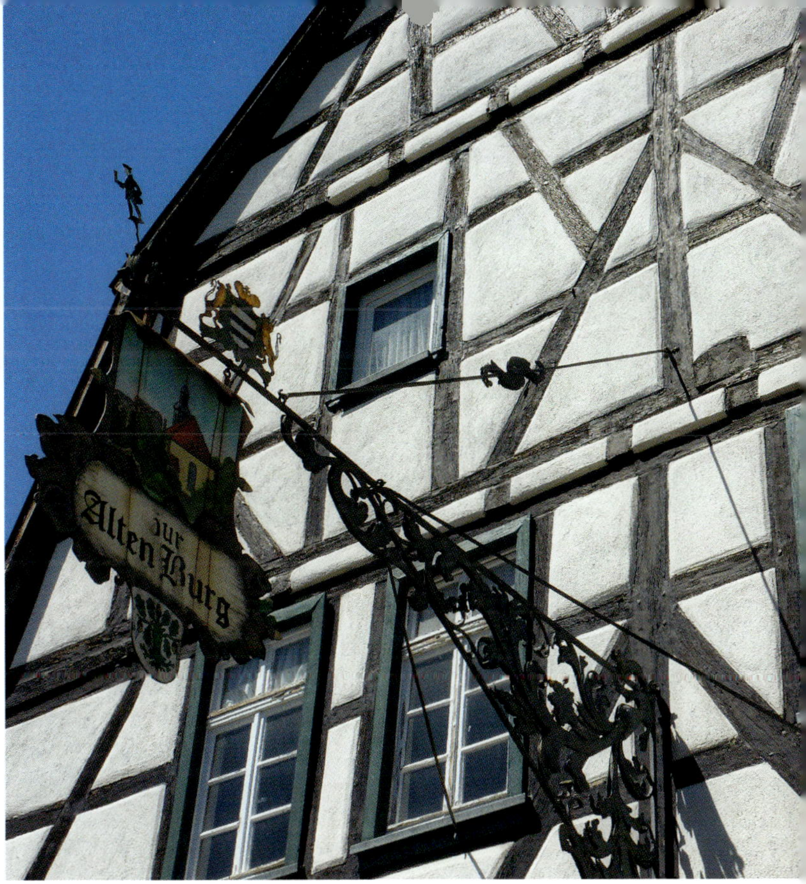

Im Süden der Stadt

Die Mauern der Ruine der ehemaligen Reichsburg Hayn (o. re., Tour 35); Apfelwein-Gasthaus in der Dreieichenhainer Altstadt (o. re., Tour 35); verwachsener Zaun des Jagdschlosses (u. re., Tour 33); herrliche Wasserspiele (u. li., Tour 35).

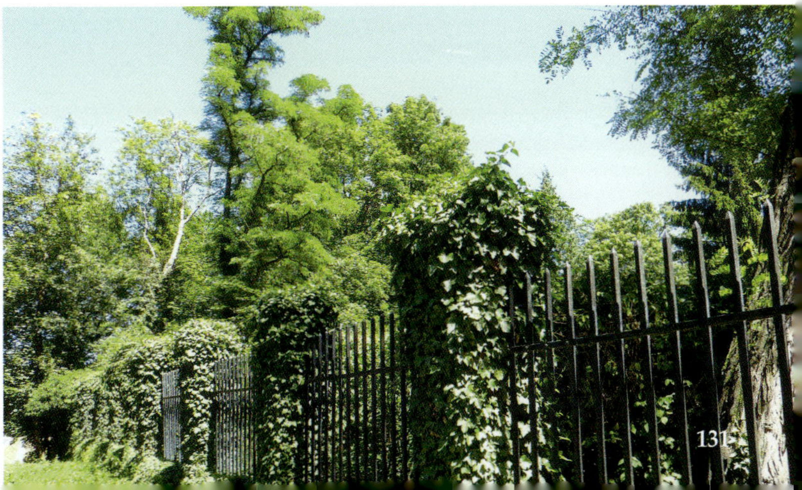

30

Von Heusenstamm nach Langen

Auf der Regionalpark-Rundroute

Schwer | 5 Std. | 205 Hm | 22 km

Tourencharakter
Lange Tour mit spannenden Teilzielen

Ausgangspunkt
Bahnhof Heusenstamm, 63150 Heusenstamm

Endpunkt
Freizeit- und Familienbad Langen, Teichstraße 29, 63225 Langen

Höchster Punkt
Auf der Bulau (205 m)

Anfahrt
Auto: Von der A3 über die Heusenstammer Straße und Frankfurter Straße zum Bahnhof
Bus & Bahn: Mit der S2 von Niedernhausen über Hofheim, Frankfurt und Offenbach zum Bahnhof Heusenstamm

Gehzeiten
Bahnhof – Hofgut 1 Std. – Auf der Bulau 2 Std. – Schloss Philippseich 1 Std. – Freizeit- und Familienbad 1 Std.

Beste Jahreszeit
Januar bis Dezember

Einkehr
Zum Treppchen, Bachgasse 15, 63225 Langen (Hessen), Tel. 06103/224 12, www.zum-treppchen-langen.de

Karte
Kompass Wanderkarte Frankfurt und Umgebung, Nr. 828

Info
Magistrat der Stadt Langen, Südliche Ringstraße 80, 63225 Langen (Hessen), www.langen.de

Mehrere historische Höhepunkte sind Bestandteil dieser Wanderung nach Langen. Neben dem anmutigen Schloss Schönborn direkt an der Biber sind das Mühlwäldchen, das Hofgut Patershausen oder auch die mystische Erlebnisstätte Auf der Bulau ein Teilziel.

Die Wanderung nach Langen ist die sechste Etappe der Regionalpark-Rundroute Rhein-Main. Das allseits bekannte Wegzeichen begleitet uns auf der Tour. Startpunkt ist der Ⓐ **Bahnhof in Heusenstamm**. Über die Schlossallee erreichen wir das erste Teilziel, das ❶ **Schloss Heusenstamm**, das auch Schloss Schönborn genannt wird.

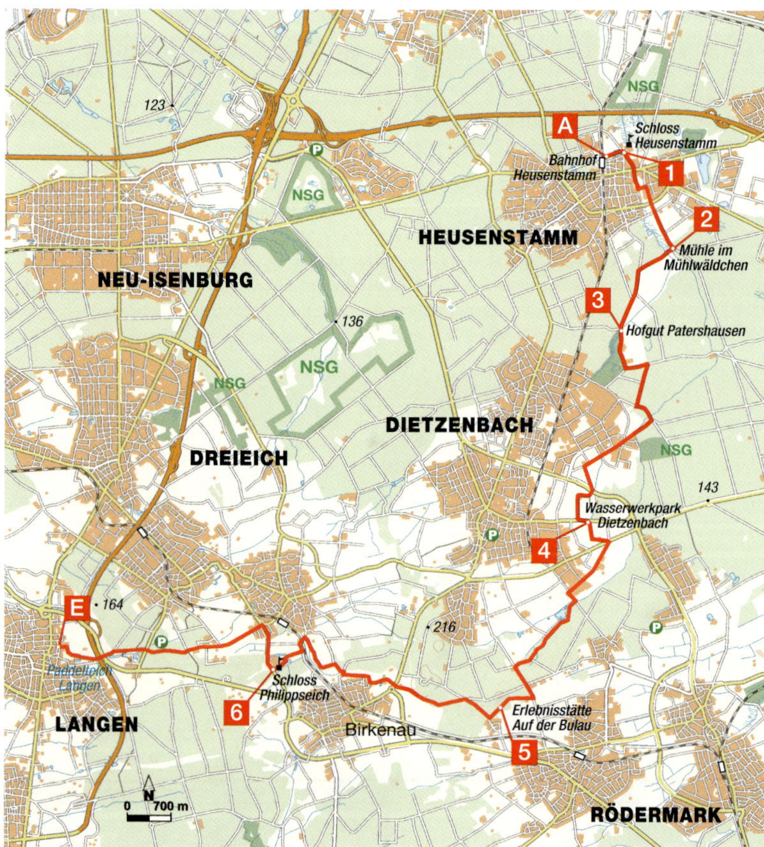

Zum Mühlwäldchen Anschließend folgen wir der Regionalpark-Rundroute weiter an der Biber entlang. Der Niederröder Weg führt uns zur Wüstung Rennigishausen. An der ehemaligen ❷ **Mühle im Mühlwäldchen** fanden einst Ausgrabungen statt. Direkt neben der alten Mühle wurde eine Brücke aus Bruchsteinen errichtet. Eine Hinweistafel informiert Interessierte über die Geschichte des Dorfes und der Mühle.

Altstadt von Langen

In Langen laden mehrere urige Lokale und Fachwerkhäuser zum Schlendern ein. Wer in den Gässchen der Altstadt einen Streifzug unternimmt, wird am Eingang der Bachgasse auf die beiden Sühnekreuze aus Sandstein stoßen. Sie stammen aus der Zeit zwischen dem 13. und 16. Jahrhundert. Sühnekreuze dienten als Gedenksteine oder erinnern an Verbrechen.

Zum Hofgut Weiter der Biber folgend, ist unser nächstes Ziel das ❸ **Hofgut Patershausen**. Bis zum 18. Jahrhundert war das Anwesen ein Kloster. Seither werden die Gebäude landwirtschaftlich genutzt. In direkter Nähe des Hofguts befindet sich das Naturschutzgebiet Nachtweide. Mehrere kleine Teiche lassen sich hier entdecken. Diese ziehen nicht nur die Ausflügler, sondern auch Laubfrösche an.

In Dietzenbach Jetzt führt uns die Regionalpark-Rundroute nach Dietzenbach zum ❹ **Wasserwerkspark**, der viele Informationen für Besucher bereithält. Aus unterirdischen Quellen sprudelt hier Wasser durch eine beeindruckend hohe Glassäule an die Erdoberfläche. Mehrere Sitzgelegenheiten laden zu einer Pause oder einem kleinen Picknick ein. Außerdem gibt es Informationstafeln, die sich mit den Themen Wasserschutz, Wassergewinnung, Wasseraufbereitung und -verteilung auseinandersetzen.

Auf der Bulau Unserer bekannten Markierung weiter folgend, ist Bulau, ein Stadtteil von Rödermark, nicht weit. Bekannt ist der Ort durch seine ❺ **Erlebnisstätte Auf der Bulau**. In der Antike verlief hier eine Römerstraße, die rekonstruiert wurde. Zudem wurden keltische Hügelgräber auf ihre vermutete Höhe aufgeschüttet und eine keltische Figurengruppe errichtet.

Nach Langen Das nächste Ziel auf der Regionalpark-Rundroute ist Dreieich-Offenthal. Von hier aus gelangen wir nach Götzenhain. Nicht weit entfernt steht das ❻ **Schloss Philippseich**. Ursprünglich stand hier ein Jagdhaus. Das Schloss mit seinen Nebengebäuden und dem Park ist in Privatbesitz und kann nicht besichtigt werden. Weiter der Markierung folgend, erreichen wir den Ⓔ **Paddelteich** von Langen mit einem Spielplatz und einem Freizeit- und Familienbad.

Torhaus und Pfarrkirche St. Caecilia in Heusenstamm

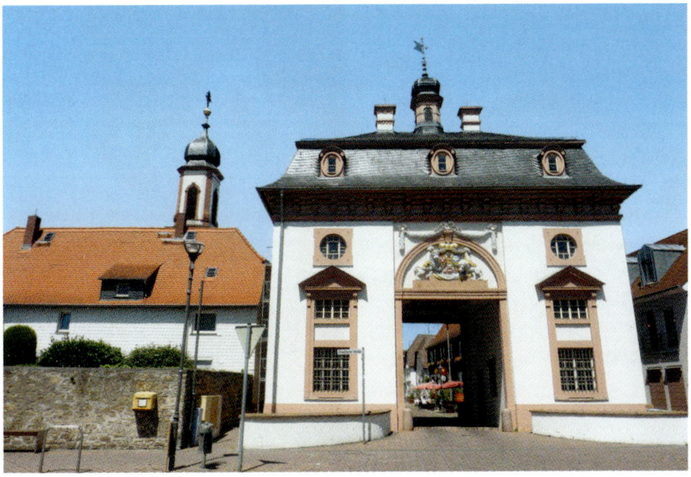

31

Gehspitzweiher und Langener Waldsee

Wanderung mit Bademöglichkeit

Mittel 3.5 Std. 200 Hm 15 km

Tourencharakter
Schöne Tour durch das Naturschutzgebiet zum Langener Waldsee

Ausgangs- und Endpunkt
Bahnhof Neu-Isenburg, 63263 Neu-Isenburg

Höchster Punkt
130 m

Anfahrt
Auto: Über die A5 Ausfahrt Neu-Isenburg, dort den Schildern bis zum Parkplatz Bahnhof Neu-Isenburg folgen
Bus & Bahn: S3 von Bad Soden über Frankfurt oder S4 von Kronberg nach Langen

Gehzeiten
Bahnhof – Naturschutzgebiet 0.5 Std. – Waldsee 1 Std. – Bahnhof 2 Std.

Beste Jahreszeit
April bis Oktober

Einkehr
Frankfurter Haus, Darmstädter Landstraße 741, 63263 Neu-Isenburg, www.frankfurter-haus.de

Karte
Kompass Wanderkarte Frankfurt und Umgebung, Nr. 828

Info
Stadt Neu-Isenburg, Hugenottenallee 53, 63263 Neu-Isenburg, www.neu-isenburg.de

Die Wanderung zum Langener Waldsee führt auf gemütlichen Waldwegen durch das Naturschutzgebiet Gehspitzweiher. Die Kamera sollte man dabeihaben, denn mit ein bisschen Glück lassen sich seltene Vogelarten entdecken. Bei warmen Temperaturen ist es empfehlenswert, Badesachen mitzunehmen.

Naturschutzgebiet Gehspitzweiher Vom Ⓐ **Bahnhof in Neu-Isenburg** startet diese waldreiche Wanderung. Am Bahnhof gibt es mehrere Parkmöglichkeiten. In nur wenigen Minuten erreichen wir den Wald. Von hier aus ist es zum ❶ **Naturschutzgebiet Gehspitzweiher** nicht mehr weit. Vogelfreunde zieht es regelmäßig an diesen Ort. Mehr als hundert verschiedene Vogelarten wurden an dem Weiher gesichtet. Dazu gehören der Eisvogel, der Baumfalke oder auch der Fischadler. Aber auch die Pflanzenwelt zeigt hier eine beachtliche Vielfalt. Mehr als 250 Pflanzenarten haben sich angesiedelt.

Am Gehspitzweiher wandern wir rechts weiter bis zum Isenburger Weg. Hier links weitergehend, tauchen wir immer tiefer in den Wald ein, bis die

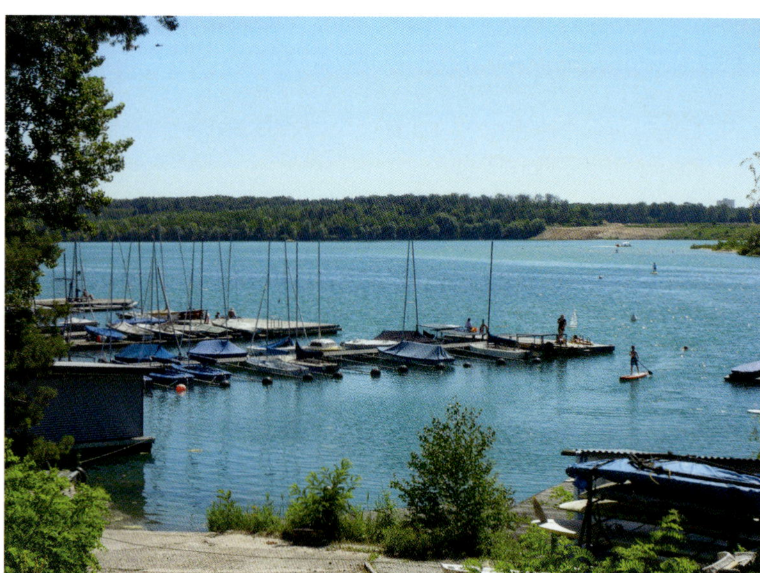

Schöner Blick auf den Langener Waldsee

Blechschneise erreicht ist. Über sie erreichen wir die Bachgrundschneise, der wir rechts folgen.

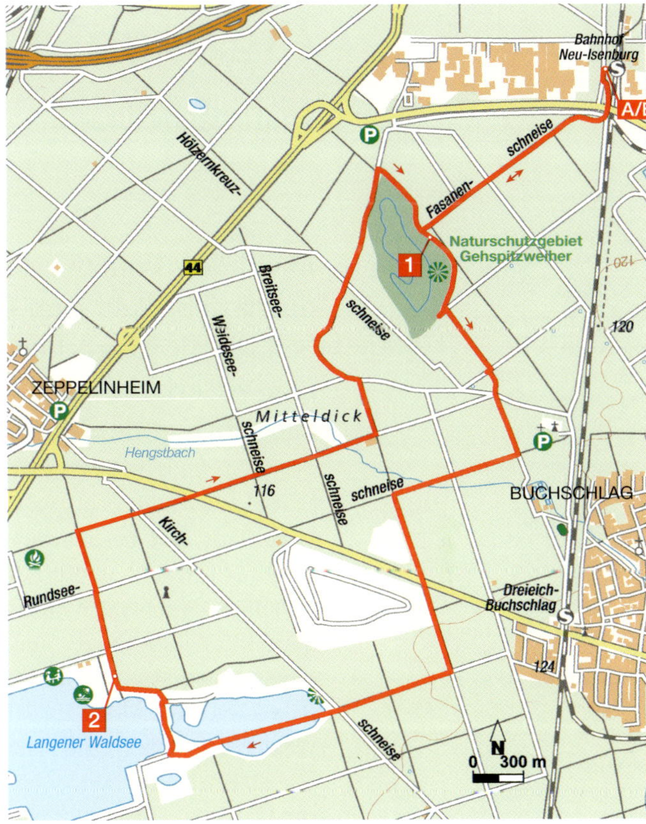

Langener Waldsee Nun führt die Wanderung weiter Richtung Zeppelinheim. Kurz bevor Zeppelinheim erreicht ist, stoßen wir auf die L3262, die wir überqueren, um nach kurzer Wegstrecke zum ❷ **Langener Waldsee** zu gelangen, der einst durch den Abbau von Kies entstanden ist. Der Waldsee ist in der Region bekannt und im Sommer als Bademöglichkeit beliebt. Schwimmen, Tauchen, aber auch Surfen, Segeln und Angeln sind hier möglich. Die Kleinsten freuen sich über herrliche Buddelspiele am 900 Meter langen Sandstrand. FKK wie auch Campen sind weitere Angebote am See. Der Waldsee war schon häufig Drehort für Filme und jedes Jahr im Juli treten hier rund 2000 Athleten beim Ironman Germany schwimmend gegeneinander an.

Im Hengstbachtal Vorbei an weiteren kleinen Weihern gelangen wir zur Wildscheuerschneise. Auf der Schneise gemütlich weiterwandernd Richtung Dreieich, erreichen wir wieder die L3262. Kurze Zeit später kommen wir ins Hengstbachtal. Der gleichnamige Bach geht später in den Gundbach und in den Schwarzbach über. Alsbald ist der Gehspitzweiher wieder erreicht und somit auch unser Ausgangspunkt, der Ⓔ **Bahnhof in Neu-Isenburg**.

Das Frankfurter Haus Für eine Stärkung lohnt sich der Abstecher zum Frankfurter Haus, das am Waldrand und direkt am Ortseingang von Neu-Isenburg liegt. Das Gasthaus aus dem Jahr 1702 hat gemütliche Gasträume und einen schönen Biergarten. Prominente wie auch Einheimische lassen sich gern von der typisch hessischen Küche verwöhnen. Neben Omas Speckpfannkuchen stehen Flammkuchen, Frankfurter Grüne Soße oder auch deftige Schweinshaxe auf der Speisekarte. Kinder können sich auf dem hauseigenen Spielplatz des Gasthauses austoben.

Hugenottenstadt

Neu-Isenburg wurde ursprünglich als Zufluchtsort von den Hugenotten gegründet. Im Stadtmuseum Haus zum Löwen kann die Geschichte erforscht werden. Neben der Gründung des Ortes gibt es hier Interessantes zur Lebensweise der ersten Hugenotten zu erfahren. Das Museum hat freitags von 17 bis 20 Uhr und samstags, sonntags und an Feiertagen von 11 bis 17 Uhr geöffnet und liegt in der Löwengasse 24, 63263 Neu-Isenburg. Infos: www.hugenottenhalle.de.

32 Jagdschloss Mönchbruch

Historische Pfade

Leicht · 2 Std. · 30 Hm · 8 km

Tourencharakter
Einfache Wanderung durch den Wald auf ebenen Wegen

Ausgangs- und Endpunkt
Tennisplatz Walldorf, Am Tennisplatz 13, 64546 Walldorf

Höchster Punkt
105 m

Anfahrt
Auto: Von der B44 über die Wageninger Straße in den Vitrolles-Ring, dann in Am Tennisplatz abbiegen
Bus & Bahn: Mit der S7 bis Bahnhof Walldorf, von dort durch die Langstraße ca. 800 Meter zu Fuß

Gehzeiten
Tennisplatz – Gundbach 0.25 Std. – Jagdschloss 1.5 Std. – Tennisplatz 0.25 Std.

Beste Jahreszeit
Januar bis Dezember

Einkehr
Jagdschloss Mönchbruch, Mönchbruch 1, 64546 Mörfelden

Karte
Kompass Wanderkarte Frankfurt und Umgebung, Nr. 828

Info
Stadt Mörfelden-Walldorf, Westendstr. 8, 64546 Mörfelden-Walldorf, Tel. 06105/93 80, www.moerfelden-walldorf.de

Im Süden Frankfurts geht es auf ebenen Wegen quer durch den Wald zum Gundwiesensee. Anschließend haben wir die Möglichkeit, das Jagdschloss Mönchbruch genau zu erkunden. Nach einer deftigen und köstlichen Pause bringt uns die Tour wieder zum Ausgangspunkt.

Mörfelden-Walldorf liegt zwischen Frankfurt am Main, Wiesbaden und Darmstadt und besteht aus den Stadtteilen Mörfelden und Walldorf. Erstmals erwähnt wurde Mörfelden im *Codex Laureshamensis* (ca. 830–850) unter dem Namen Mersenualt. In den nachfolgenden Jahrhunderten hatte Mörfelden immer andere Ortsnamen wie Mersfelt im Jahr 1016, Mersevelt im 13. und 14. Jahrhundert, Merßfeldt 1413, Merffeld 1550 oder auch Mehrfelden 1573. Im Mittelalter war Mörfelden von mehreren Wäldern umgeben, die zum Wildbann Dreieich gehörten. Nach dem Dreißigjährigen Krieg erklärte sich Landgraf Ernst-Ludwig von Hessen-Darmstadt bereit, protestantische Flüchtlinge aus Frankreich, die Waldenser, aufzunehmen. Dazu wurde im Jahr 1699 Walldorf von

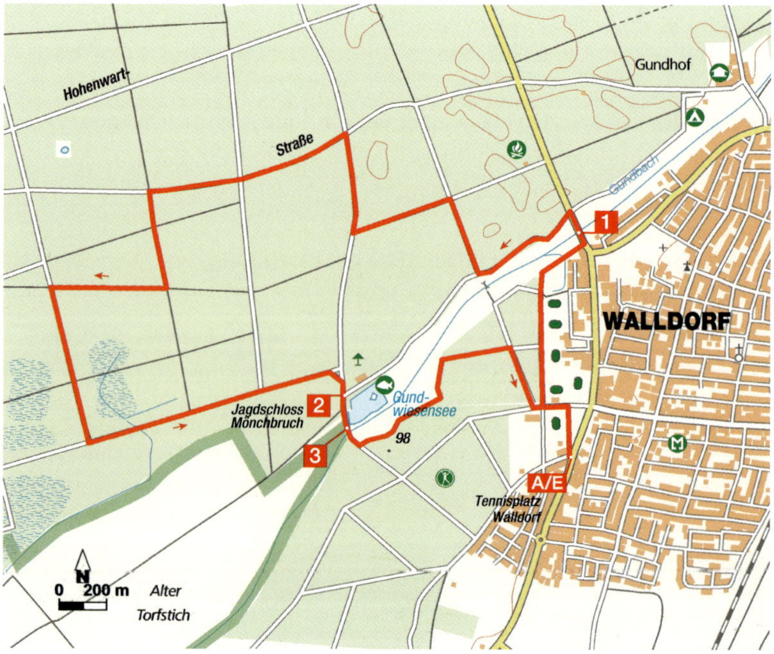

Rechte Seite: Entenpärchen im Gundwiesensee

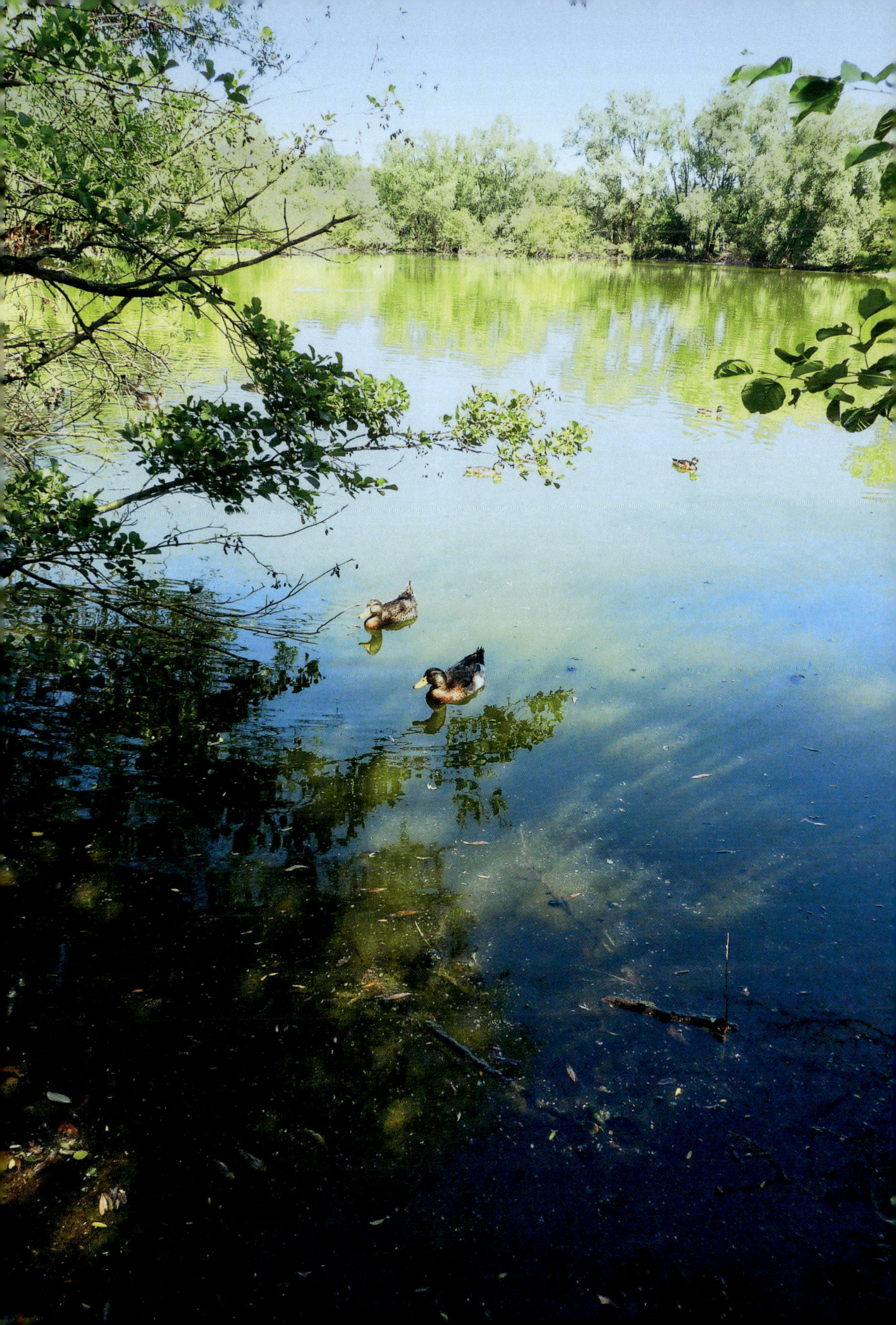

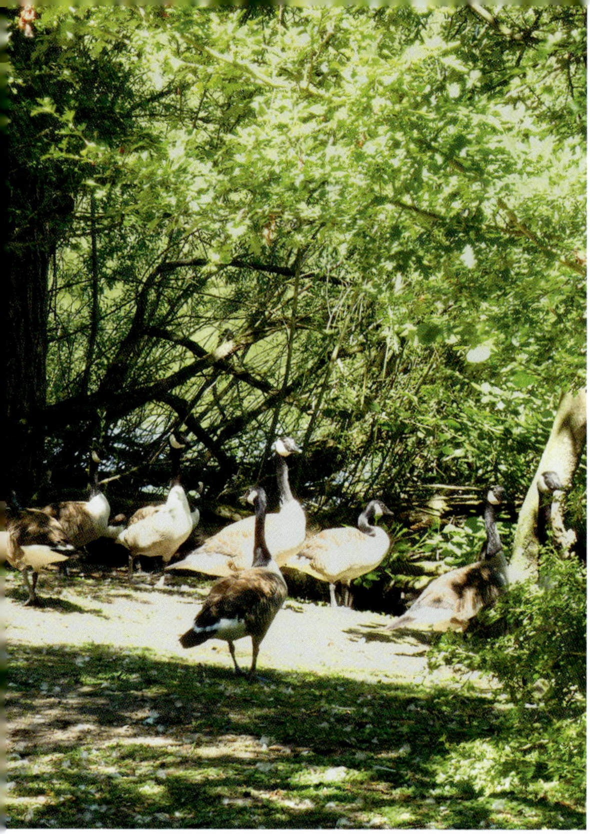

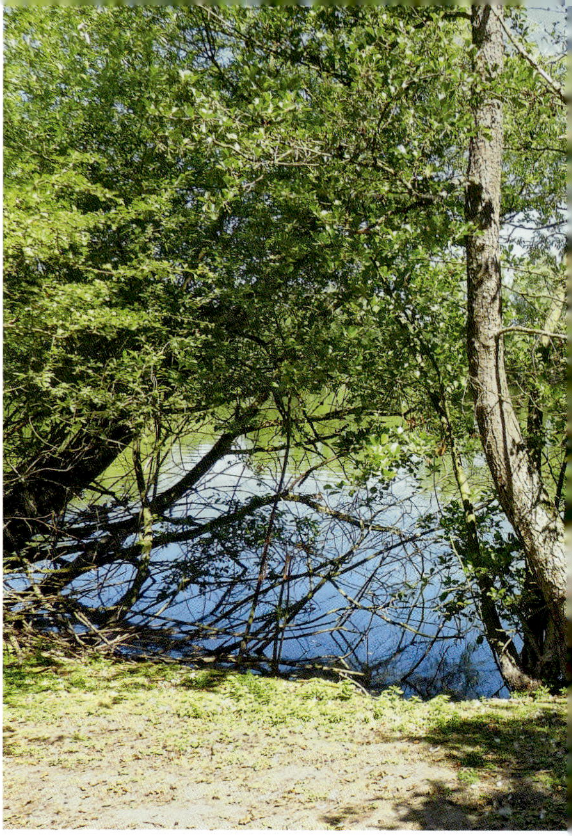

14 Familien als »Waldenserkolonie am Gundhof« gegründet. Seinen heutigen Namen erhielt der Ort erst im Jahr 1715.

In den Wald hinein Vom **Ⓐ Tennisplatz Walldorf** begeben wir uns links in die Straße In der Trift. Wir folgen dem Straßenverlauf nach rechts und können einige außergewöhnliche Bäume entdecken. Nach einigen Minuten geradeaus biegen wir rechts ab und stoßen auf die Straße An den Sportplätzen. Dieser folgen wir, bis wir links in die Okrifteler Straße einbiegen. Am Kreisel behalten wir die Richtung und die Straße bei und verlassen das Wohngebiet. Wir überqueren den **❶ Gundbach** und biegen kurz danach links ein. Nun wandern wir immer geradeaus parallel zum Gundbach. Wir überqueren die Hesselschneise und biegen danach rechts ab. Jetzt sind wir im Wald, wo wir ein gutes Stück geradeaus wandern. Später nehmen wir den linken Abzweig und stoßen auf die Rabenschneise, der wie ebenfalls links folgen. Am Ende der Rabenschneise biegen wir rechts in den Flörsheimer Grenzweg ein. An der Aschaffenburger Straße biegen wir links ab und folgen ihr bis zur Grohhausschneise. Diese gehen wir entlang, bis wir rechts in den Rüsselsheimer Grenzweg abbiegen können. An der nächsten großen Kreuzung folgen wir der Birkenseeschneise, die wir immer geradeaus wandern, bis wir links in die Ochsenlangenschneise abbiegen können. Dieser folgen wir,

Sehenswertes

In Mörfelden-Walldorf ist es lohnenswert, sich intensiver umzusehen. Neben dem Alten Rathaus aus dem Jahr 1876 mit seinem Brunnen »Erzählstein«, ist auch die Alte Schmiede von 1693 in der Hintergasse sehenswert. Zudem gibt es mehrere Fachwerkhäuser zu bestaunen, darunter der Historische Gasthof Goldener Apfel aus dem Jahr 1751 in der Langgasse.

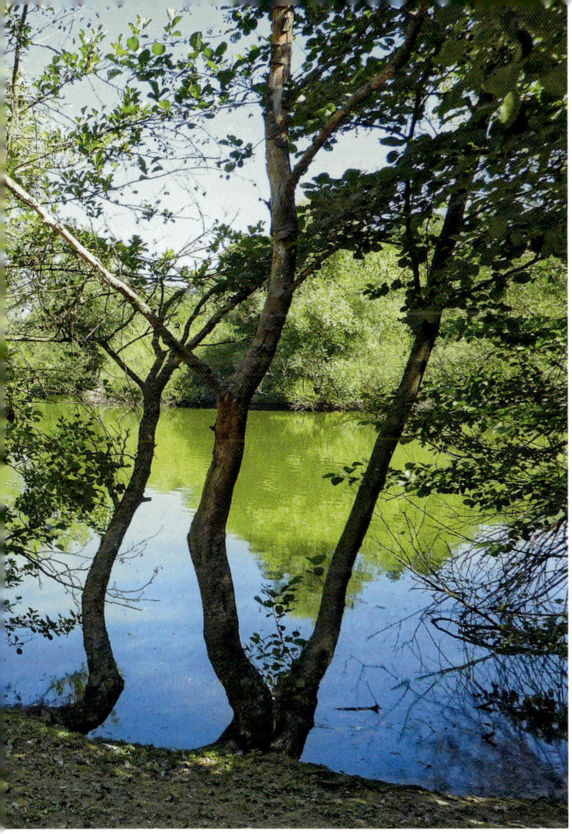

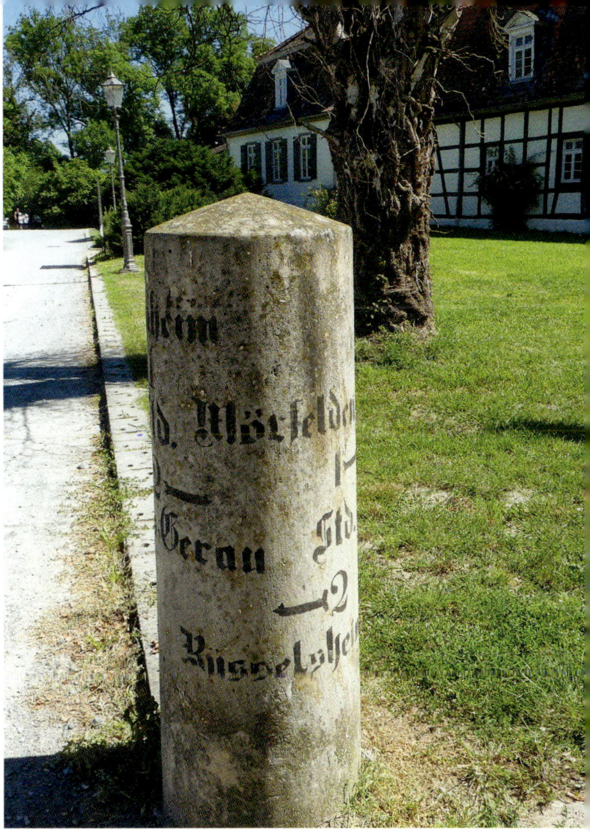

Links: Entenfamilie unterwegs zum Wasser

Mitte: Kleine Oase am Jagdschloss Mönchbruch

Rechts: Stundenstein nahe des Jagdschlosses Mönchbruch

überqueren die Spießtränkenschneise und kommen an eine Wegkreuzung. An ihr biegen wir links in die Dürbruchschneise ab.

Zum Gundwiesensee An der nächsten Kreuzung nehmen wir die Abzweigung Opelpfädchen und gelangen auf dem Weg zum ❷ **Gundwiesensee**. Der See wird von Büschen und Bäumen umsäumt und bietet insgesamt gute Möglichkeiten zum Angeln. Einige kleine Inseln laden zu romantischen Träumereien ein. Im See leben vorwiegend Karpfen, Schleien, Hechte und Welse. Am Ufer können dagegen Graureiher entdeckt und in Ruhe von den Bänken am Weiher beobachtet werden.

Das Jagdschloss Kurz vor dem Gundwiesensee verläuft der Flörsheimer Grenzweg, dem wir rechts folgen. Schon nach wenigen Minuten haben wir das ❸ **Jagdschloss Mönchbruch** erreicht. Es wurde um 1730 vom Landgrafen Ernst-Ludwig von Hessen-Darmstadt erbaut. Heute kann man hier übernachten. Zudem bietet das Restaurant Kulinarisches und der Biergarten Deftiges wie Ofenkartoffel, Flammkuchen oder Gegrilltes an. Für Kinder gibt es einen großen Spielplatz, auf dem sie ihrem Bewegungsdrang nachgehen können.

Über die Kuckuckschneise Kurz nach dem Gundbach geht es links ab. Parallel zum Bach führt die Strecke geradeaus, bis wir rechts in die Kuckuckschneise abbiegen können. Immer weiter auf ihr laufend, gelangen wir zu einer großen Wegkreuzung. Hier verlassen wir unseren Weg und biegen links in die Parkschneise ab. Dieser folgen wir und gelangen schließlich zu unserem Ⓔ **Ausgangspunkt**.

33

Wildschützer Steinbruch

»Sagenhafte« kurze Runde

Leicht | 1.5 Std. | 60 Hm | 5,8 km

Tourencharakter
Leichte, familientaugliche Rundwanderung entlang des Hexenbergs

Ausgangs- und Endpunkt
Breslauer Straße, 63128 Dietzenbach

Höchster Punkt
Steinbruch (220 m)

Anfahrt
Auto: Über die B459 und Offenbacher Straße durch Dietzenbach, dann weiter in die Offenthaler Straße, Forstweg und Münchener Straße in die Breslauer Straße
Bus & Bahn: Mit der S2 nach Dietzenbach Mitte, von dort mit dem Bus OF-99 zum Friedhof Dietzenbach und dann ca. 17 Minuten zu Fuß

Gehzeiten
Breslauer Straße – Steinbruch 0.5 Std. – Hochbehälter 0.25 Std. – Breslauer Straße 0.75 Std.

Beste Jahreszeit
Januar bis Dezember

Einkehr
Tafelrunde, Bensheimer Str. 2–10, 63128 Dietzenbach, www.tafelrunde-dietzenbach.de

Karte
Kompass Wanderkarte Frankfurt und Umgebung, Nr. 828

Info
Magistrat der Stadt Dietzenbach, Europaplatz 1, Tel. 06074/37 30, 63128 Dietzenbach, www.dietzenbach.de

Rechte Seite: Bequeme schmale Wege führen zum Steinbruch

Die familientaugliche Wanderung zum Wildschützer Steinbruch vom Dietzenbacher Stadtteil ist für Erwachsene wie Kinder geeignet. Bequeme Wege führen durch den beschaulichen Wald am Hexenberg entlang und bis zum Wildschützer Steinbruch.

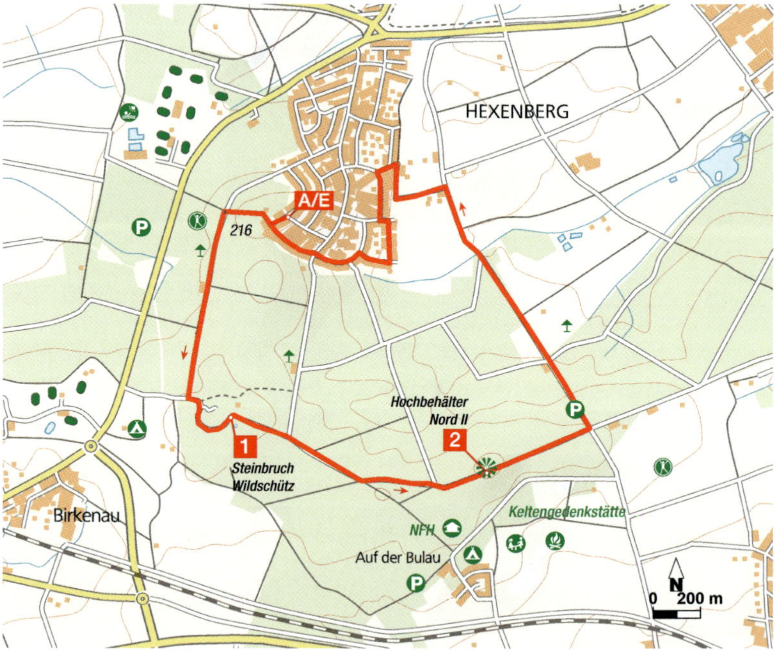

Im Dietzenbacher Ortsteil Hexenberg starten wir die lauschige Wanderung in der **A Breslauer Straße**. Der Ortsteil Hexenberg wurde nach der höchsten Erhebung Offenbachs benannt. Etwa 216 Meter misst der Hexenberg und es ranken sich mehrere Sagen und Mythen um ihn. Eine davon, *Die Zigeuner vom Hexenberg*, kann auf der Website des Kerbvereins Dietzenbach nachgelesen werden.

Zum Steinbruch Wildschütz Wir folgen der Breslauer Straße immer geradeaus, bis wir den Wald erreicht haben. Nun sind wir ungestört in der Natur. Mit ein bisschen Glück sehen wir Rehe oder Wildschweine. Anschließend biegen wir links ab und wandern auf weichen Waldpfaden

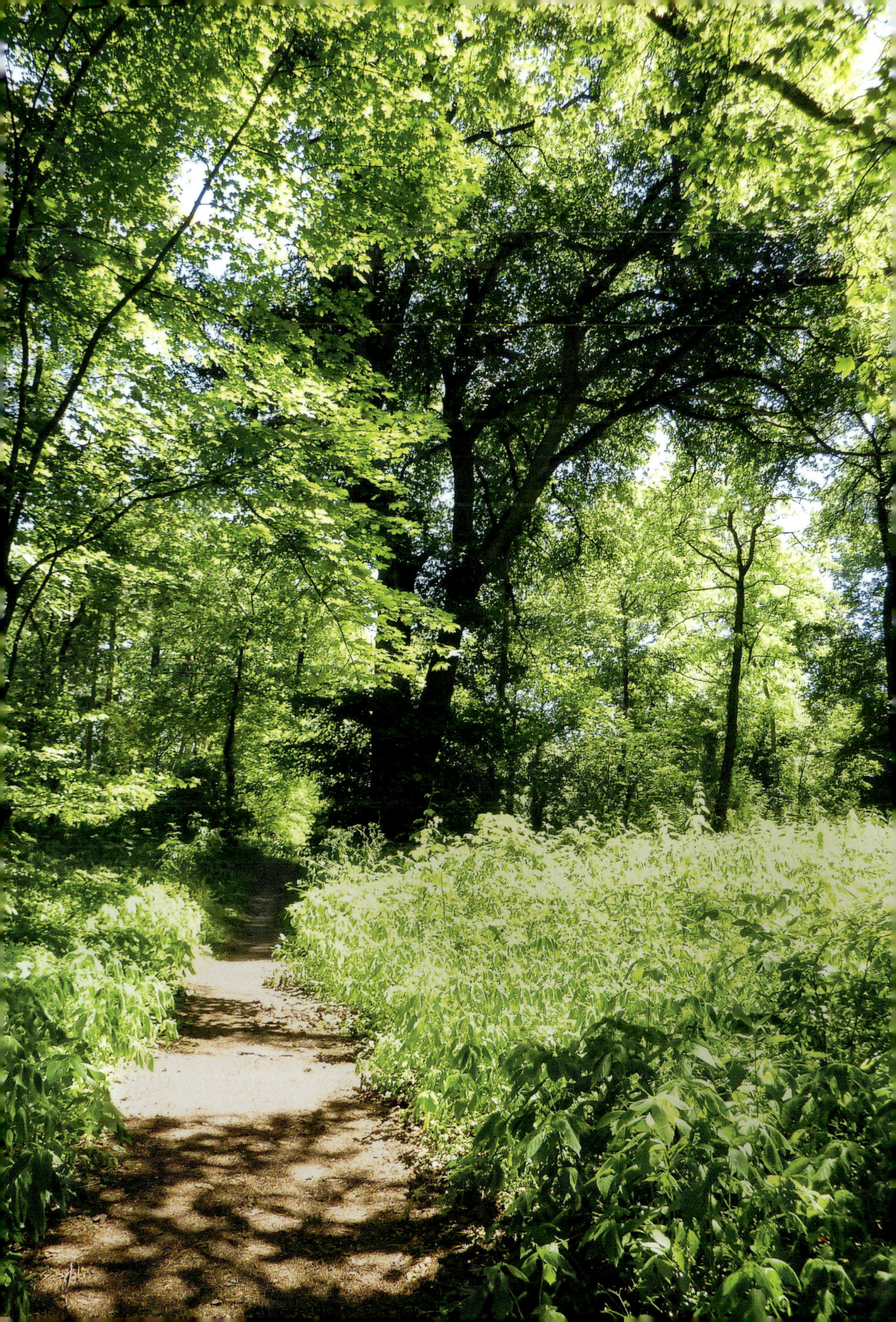

Hexenberger Wetter

Einen ganz speziellen Service für Besucher und Einheimische von Hexenberg bietet die private Website von Rüdiger Reiter. Unter www.dietzenbach-wetter.de können sich Wanderer über eine Webcam einen ersten Eindruck verschaffen und sich über die aktuelle Temperatur, Windgeschwindigkeit etc. informieren.

geradeaus. Kurze Zeit später erreichen wir den Rand von Offenthal, einem Stadtteil von Dreieich, der einst von Bauern und Handwerkern bewohnt wurde. Erstmals erwähnt wurde Offenthal möglicherweise in einer Schenkungsurkunde von König Ludwig dem Deutschen im Jahr 834, in dem die Grenzbeschreibung der Gemarkung Langen festgelegt wurde. Allerdings wird das von Forschern bezweifelt. Die erste sichere Erwähnung datiert auf das Jahr 837. Die Siedlung Offenthal verfügte über einen Schutzgraben und widmete sich bis 1850 hauptsächlich der Landwirtschaft. Hier, direkt am Waldrand, befindet sich ein idyllischer 4-Sterne-Campingplatz, der sehr gepflegt ist. Wir biegen links ab und erreichen den ❶ **Steinbruch Wildschütz**. Fast mystisch ist es hier und die Kinder finden viel Platz zum Herumtollen.

Schloss Philippseich bei Dreieich-Götzenhain

Ein Stück weiter geradeaus, dann biegen wir rechts ab. Diesem Weg folgen wir, bis wir an einer Kreuzung links abbiegen und weiterwandern. Der Weg führt uns zum

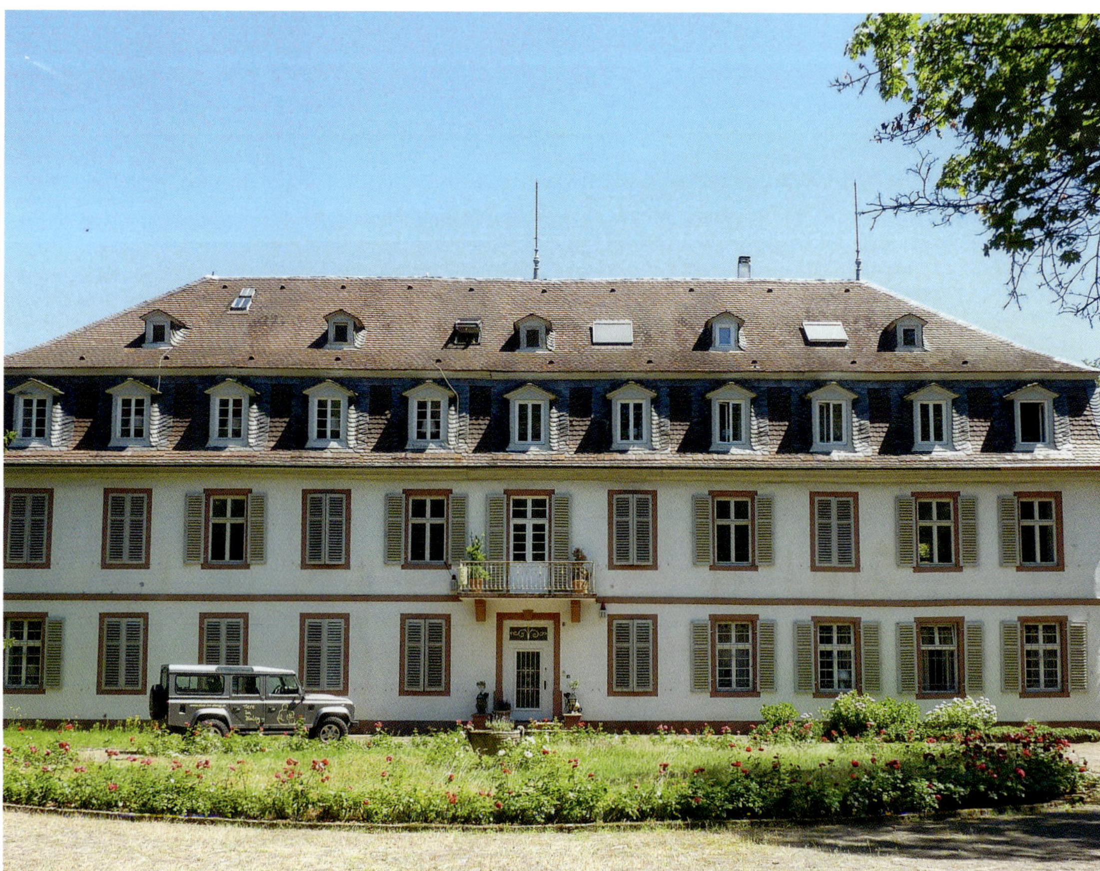

❷ Hochbehälter Nord II. Weiter geradeaus, biegen wir nach kurzer Zeit in den Urberacher Weg ein und folgen ihm eine gute Weile. Wir überqueren den Kaupenwiesengraben und wandern geradeaus Richtung Hexenberg. Später halten wir uns am Integrativen Reitstall links. Am Ortsrand biegen wir links ab und gehen parallel zum Kaupenweg. Später überqueren wir nochmals den Kaupenwiesengraben und halten uns anschließend gleich rechts. Nach einem kleinen Stück durch den Wald gehen wir wieder rechts und vor dem Kaupenwiesengraben links. Nun wandern wir parallel zum Kaupenwiesengraben, bis wir diesen wiederum überqueren können. Dann geht es rechts in die Berliner Straße und mit einer weiteren linken Abbiegung haben wir den **Ⓔ Ausgangspunkt**, die Breslauer Straße, wieder erreicht.

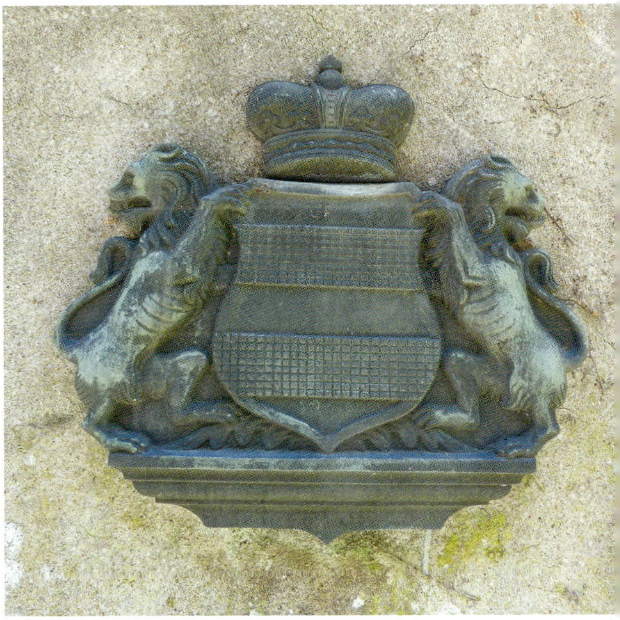

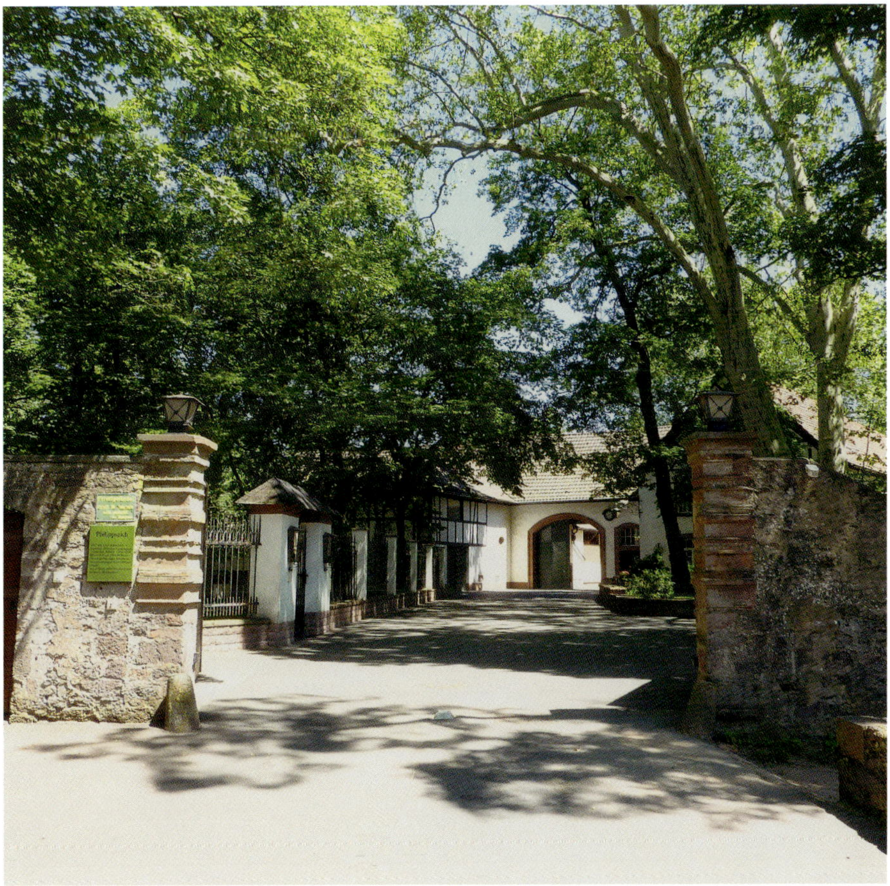

Oben: Sandsteinplatte mit Wappen aus Marmor

Unten: Das Schloss ist Privatgelände und kann nicht besichtigt werden.

34

Zur Reiterruhe

Beschauliche Waldidylle

Leicht | 2.5 Std. | 90 Hm | 11 km

Tourencharakter
Einfache, aber längere Wanderung durch Bachtäler

Ausgangs- und Endpunkt
Weiherstraße, 63128 Dietzenbach

Höchster Punkt
Naturdenkmal Eichen (185 m)

Anfahrt
Auto: Über die A661 und B459 nach Dietzenbach, dort in die Frankfurter Straße und danach in die Weiherstraße abbiegen
Bus & Bahn: Mit der S2 bis zum Bahnhof Dietzenbach, von dort 1 km zu Fuß

Gehzeiten
Weiherstraße – Naturdenkmal 0.75 Std. – Naturschutzgebiet 1 Std. – Weiherstraße 0.75 Std.

Beste Jahreszeit
Januar bis Dezember

Einkehr
Hofcafé Familie Lenhardt, Am Kirchborn 10, 63303 Dreieich, Tel. 06103/80 24 17, www.lenhardtshofladen-eis.de

Karte
Kompass Wanderkarte Frankfurt und Umgebung, Nr. 828

Info
Magistrat der Stadt Dietzenbach, Europaplatz 1, Tel. 06074/37 30, 63128 Dietzenbach, www.dietzenbach.de

Tief durchatmen und einfach mal die Seele baumeln lassen, das ist das Motto auf dieser Tour. Viel Grün und Vogelstimmen erwarten die Wanderer auf dieser Waldtour zwischen Dietzenbach, Neu-Isenburg und Dreieich.

Übers Feld in den Wald Die Stadt Dietzenbach liegt zwischen Frankfurt und Offenbach und ist gut mit öffentlichen Verkehrsmitteln zu erreichen. Von der **A** **Weiherstraße** von Dietzenbach gelangen wir zum Reinhard-Göpfert-Haus, einen Veranstaltungsort. An der Nordweststraße halten wir uns rechts und wenige Meter weiter dann links. Nun befinden wir uns auf einem bequemen Feldweg. An der nächsten Gabelung halten wir uns rechts und wandern an den Baumgruppen entlang zum Waldrand. Hier gehen wir links, bis wir rechts in den Wald abbiegen können. Nach wenigen Minuten haben wir das kurze Waldstück durchstreift und

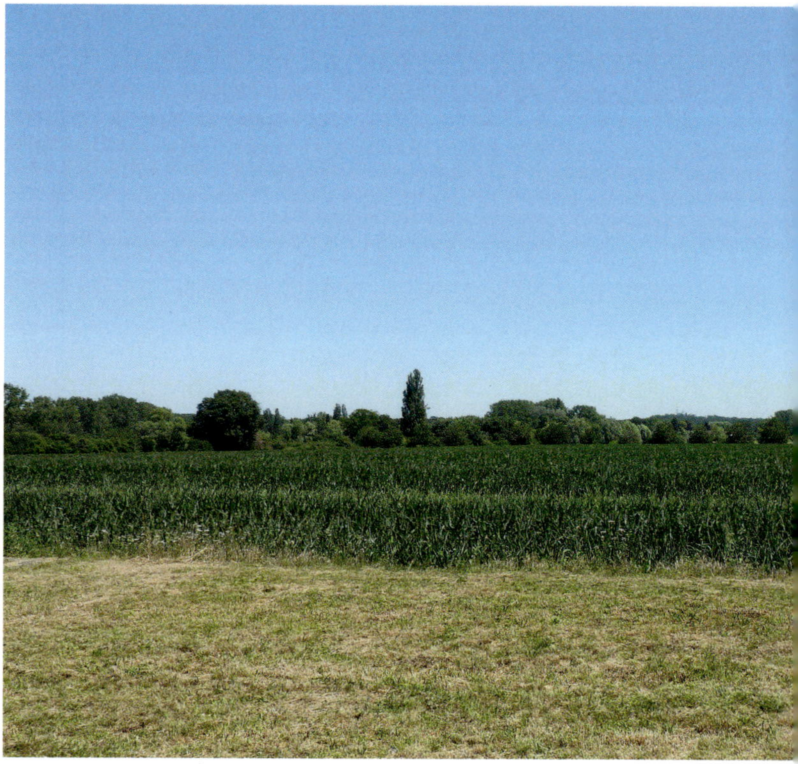

Weitläufige Felder

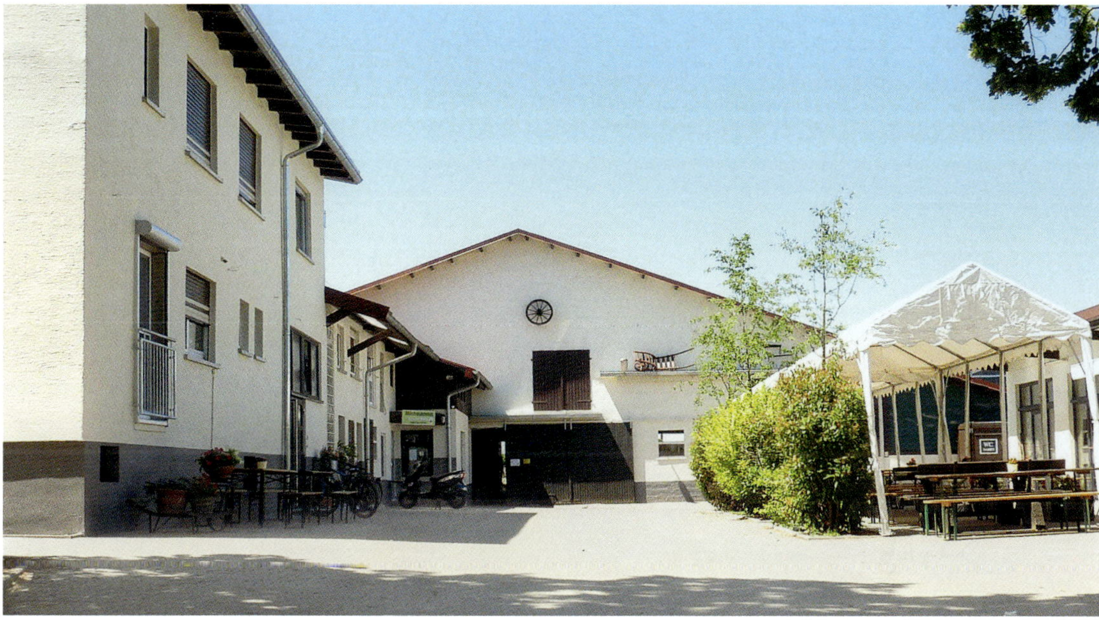

gehen weiter rechts am Waldrand entlang. Bald kommen wir zum Biberbach. Kurz danach geht es links und dann rechts über das Feld, bis wir wieder den Waldrand erreicht haben.

Der Hofladen von Familie Lenhardt

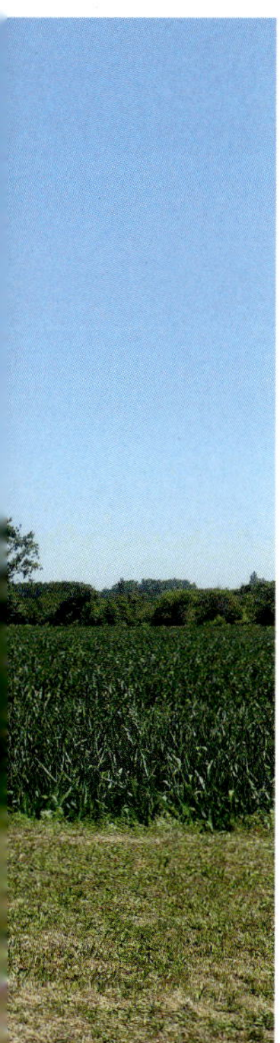

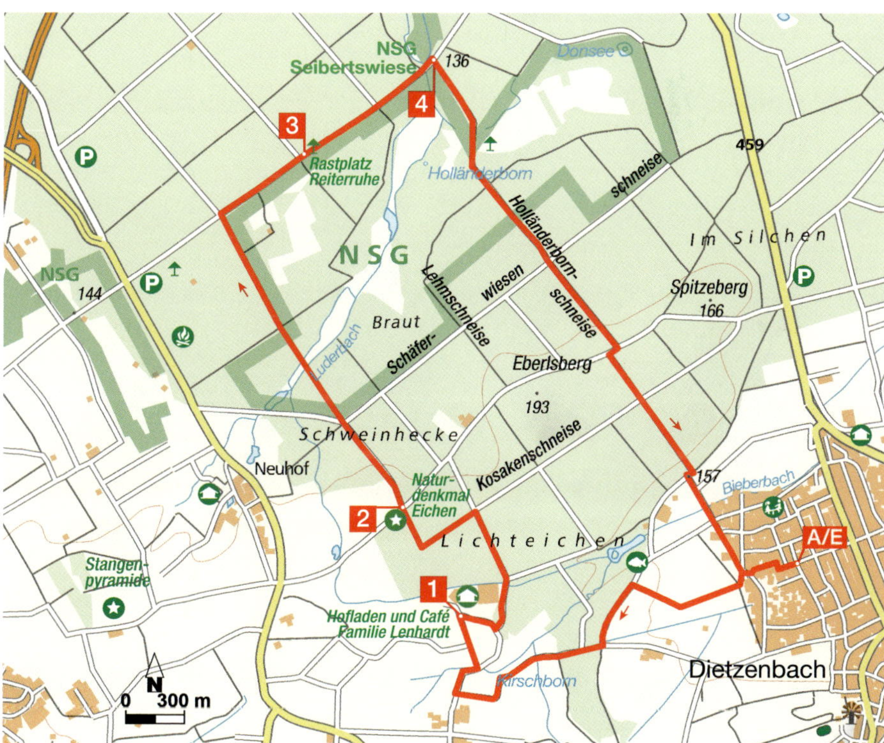

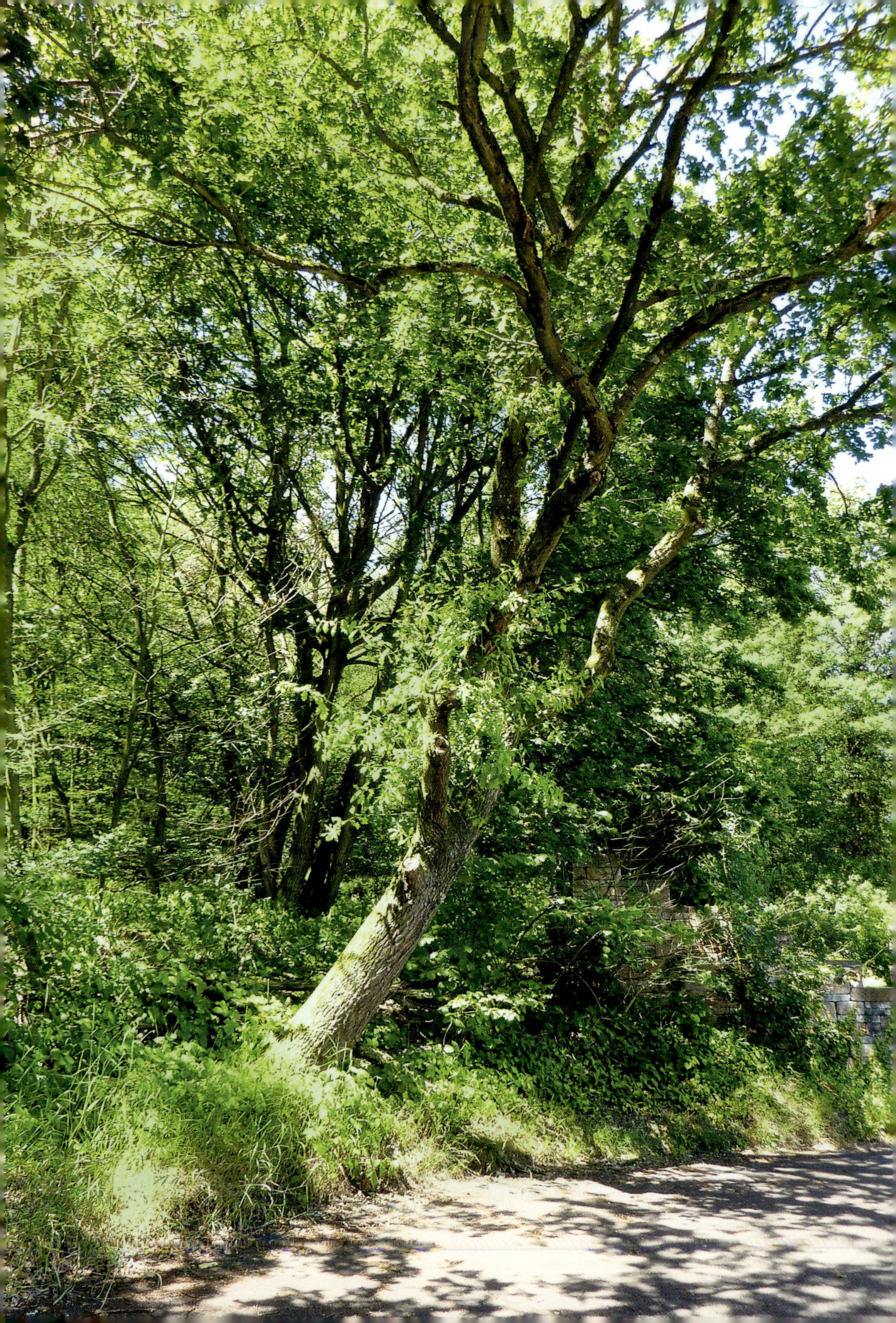

Kurze Auszeit Rechts führt uns der Weg jetzt direkt in den Wald, zum ❶ **Hofladen und Hofcafé** von Familie Lenhardt. Der Hofladen bietet frische Milch, Joghurt und Quark, aber auch Apfelwein und Saft an. Im Café werden die Gäste mit Eistorten und Eisspezialitäten aus eigener Herstellung verwöhnt. Weißes Kaffee-Eis, Mango-Sorbet und auch Beeren-Mix-Sorbet erfreuen sich großer Beliebtheit.

Naturdenkmal Eichen Geradewegs geht es nun zur Kosakenschneise, auf der wir links abbiegen. Wir folgen dem Weg und erreichen den Offenbacher Weg und das ❷ **Naturdenkmal Eichen**. Zwei große Eichen säumen den Weg, die um 1780 gepflanzt wurden und Reste eines Huteichenbestands sind. Auf dem Bänkchen unter einer der Eichen kann man noch innehalten und picknicken, bevor es weitergeht.

Zur Reiterruhe Auf der anderen Seite des Offenbacher Weges halten wir uns geradeaus und überqueren die Schäferwiesenschneise. Als Nächstes treffen wir auf den Luderbach. Nach wenigen Minuten biegen wir rechts in die Mainwegschneise ein und folgen ihr bis Schöner Wald. Wir biegen rechts in die Bestewiesenschneise ein, queren die Emsterschneise und gelangen schließlich zum ❸ **Rastplatz Reiterruhe**. Den Gedenkstein stellte ein Sprendlinger Unternehmer 1973 für seinen Sohn auf, der ein leidenschaftlicher Reiter war.

Zur Seibertswiese Ein gutes Stück weiter queren wir wieder den Luderbach. Anschließend biegen wir rechts in die Holländer-Born-Schneise ein und erreichen das ❹ **Naturschutzgebiet Seibertswiese**. Die Seibertswiese liegt im Forstgebiet von Dreieich. Durch Schadstoffe in der Luft und den Einsatz von Düngemitteln sind die Tiere und Pflanzen in den Feuchtwiesen bedroht. Weiter auf unserem Weg ist die Gotthard-Franke-Hütte nicht mehr weit. Bei schlechtem Wetter bietet die Schutzhütte ein Dach über dem Kopf. Wir folgen der Holländer-Born-Schneise und überqueren die Schäferwiesenschneise. Danach treffen wir auf den Offenbacher Weg, dem wir ein kurzes Stück rechter Hand folgen. Links bringt uns dann die Sandschneise über die Kosakenschneise bis zum Biberbach. Diesen lassen wir hinter uns und biegen in den Weg rechts gegenüber der Kirchbornstraße ein. Wir folgen den Feldern ein Stück und biegen dann links ab. Danach erreichen wir links abbiegend die Nordweststraße, die uns kurz rechts und links abbiegend zum Reinhard-Göpfert-Haus bzw. zur Ⓔ **Weiherstraße** bringt.

Die Geschichte von Dietzenbach wird im Heimatmuseum (Darmstädter Straße 7–11) präsentiert. In einem Fachwerkhaus aus dem Jahr 1765 können Interessierte Funde aus Dietzenbach und Umgebung bestaunen. Neben einer film- und kinogeschichtlichen Ausstellung werden landwirtschaftliche Großgeräte gezeigt. Zudem erhält man Einblicke in die Arbeit und das Leben im 19. und 20. Jahrhundert.

Linke Seite: Urige Natur

SkulpTouren Park und Kunst-Haltestellen

Am Biberbach hinter dem Dietzenbacher Rathaus befindet sich dieser außergewöhnliche Park. Unter dem Motto »Anfassen, Ertasten und Benutzen« laden verschiedene Kunstwerke wie »Der Traum, Möbel und Kuchen« oder »Romeo und Julia Komplexhütte« zum Staunen und Nachdenken ein. Zudem gibt es mehrere Kunst-Haltestellen in Dietzenbach wie der »Waldgeisterstamm«, »Ballett der Bewegung« oder auch der »Steinberg-Kreisel«. Infos unter www.dietzenbach.de.

35

Zur Stangenpyramide

Beeindruckende Landschaftskunst

Leicht 3 Std. 200 Hm 13 km

Tourencharakter
Landschaftlich reizvolle Runde mit spektakulärem Aussichtsturm

Ausgangs- und Endpunkt
Burg Hayn, Fahrgasse 52, 63303 Dreieich

Höchster Punkt
Ebertsberg (192 m)

Anfahrt
Auto: Über die A661 und B488 über die Koberstädter Straße nach Dreieichenhain, dann in die Waldstraße abbiegen und weiter in die Fahrgasse
Bus & Bahn: Mit der S-Bahn bis zum Bahnhof Dreieich-Dreieichenhain. Von dort ca. 700 m zu Fuß zur Burg

Gehzeiten
Burgruine – Ebertsberg 1 Std. – Naturschutzgebiet 0.75 Std. – Stangenpyramide 0.75 Std. – Burgruine 0.5 Std.

Beste Jahreszeit
Januar bis Dezember

Einkehr
Gasthaus Alte Burg, Fahrgasse 50, 63303 Dreieich, Tel. 06103/849 13, www.alte-burg.com

Karte
Kompass Wanderkarte Frankfurt und Umgebung, Nr. 828

Info
Fremdenverkehrsamt Dreieich, Hauptstraße 45, 63303 Dreieich, Tel. 06103/60 10, www.dreieich.de

Von der Burg Hayn führt die Wanderung zum Ebertsberg und zum Naturschutzgebiet Luderbachaue. An der Seibertswiese vorbei geht es zum Hofgut Neuhof und zur Stangenpyramde, wo wir bei gutem Wetter einen schönen Rundumblick genießen können.

Dreieichenhain ist der zweitgrößte Stadtteil von Dreieich im Süden Frankfurts. Mehrere denkmalgeschützte Fachwerkgebäude aus dem 16. und 19. Jahrhundert zieren den historischen Ortskern. Zudem können hier die erhaltene Stadtmauer, das Obertor, das im Jahr 1350 erbaut wurde, und das Untertor aus dem 15. Jahrhundert besichtigt werden.

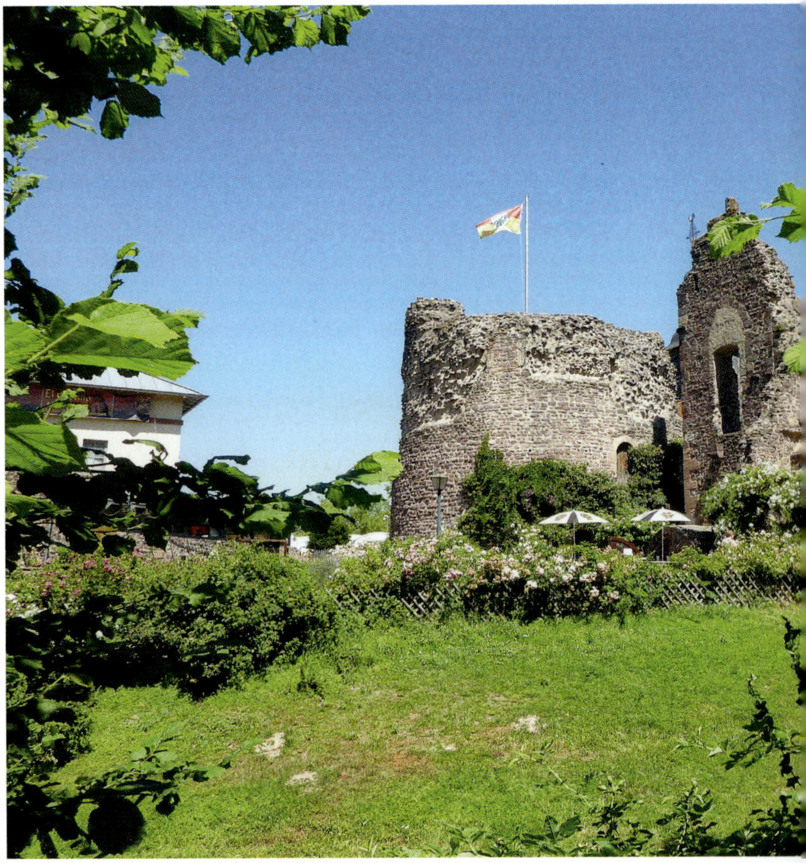

Die Burg Hayn wird auch einfach Hain oder Dreieichenhain genannt.

Zum Ebertsberg An der hochmittelalterlichen Ⓐ **Burgruine von Burg Hayn** ist unser Startpunkt für diese schöne Rundwanderung. Vom Parkplatz der Altstadt von Dreieichenhain gehen wir bis zum Kreisverkehr und erreichen kurz danach die Felder. Die Strecke führt direkt bis zum Golf-Club Neuhof. Nach dem Erreichen und der Überquerung des Luderbachs gehen wir weiter zum ❶ **Ebertsberg**. Im Anschluss kommen wir zum ❷ **Naturschutzgebiet Luderbachaue**. Es besteht aus einem über 290 Hektar großen Waldbestand und ist nach einem Zufluss des Mains benannt. Seltene Pflanzen und bedrohte Tierarten haben hier eine Heimat bekommen. Wir tauchen tief in den Wald ein und genießen die Ruhe.

Hofgut Neuhof Nun führt unsere Wanderung an der Seibertswiese vorbei. Über die Flitterseewiese erreichen wir nach kurzer Wegstrecke die L3315, die wir queren. Weiter geht es auf ebener Strecke zum ehemaligen Hofgut Neuhof. Das herrschaftlich-ysenburgische Hofgut wurde um 1500 gegründet. Graf Johann Philipp von Ysenburg-Büdingen ließ das mittlerweile verfallene Hofgut im 18. Jahrhundert wieder aufbauen. In der Gutsschänke kann man sich heute wunderbar stärken. Nachmittags werden die Gäste mit Torten und Kuchen aus der hauseigenen Konditorei verwöhnt. Zum Angebot gehören auch Weine aus dem Weingut Schumacher, Herxheim am Berg/Weinstraße.

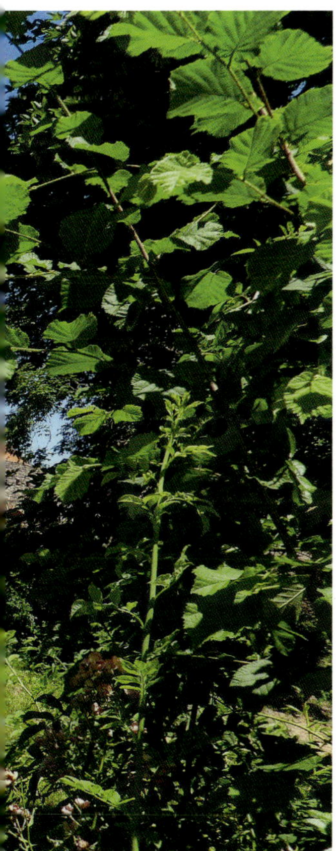

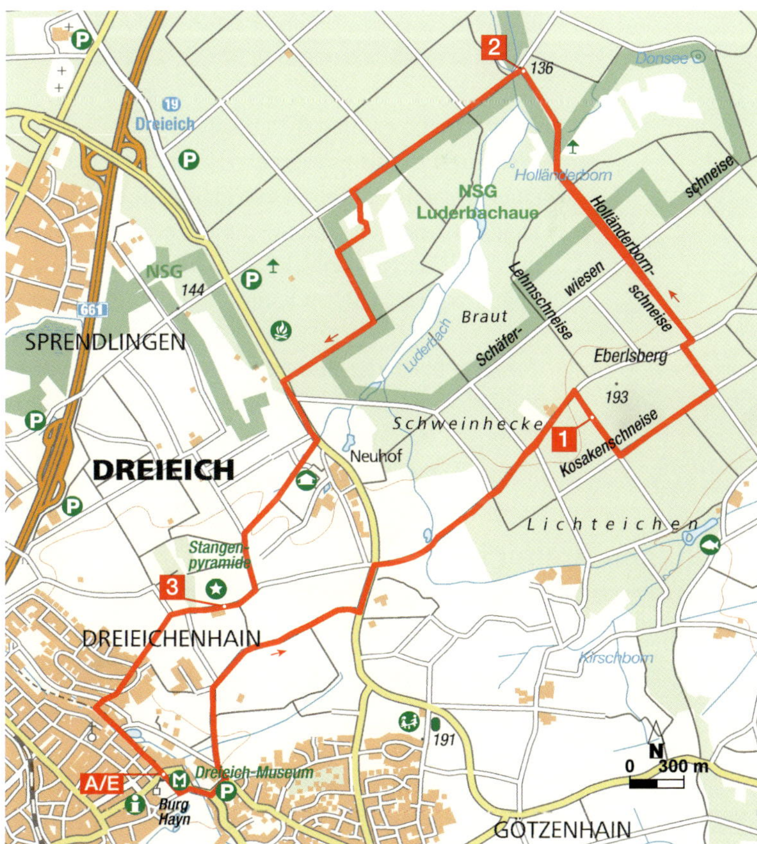

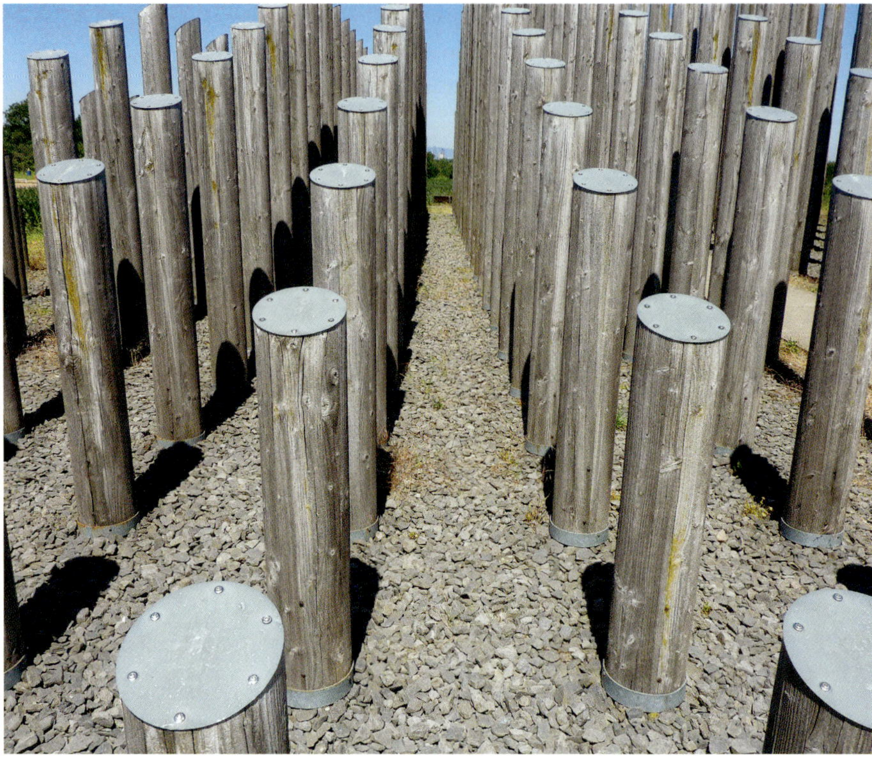

Viele Stangen ziert das Kunstobjekt.

Zur Stangenpyramide Anschließend geht es zum Höhepunkt dieser Tour. Schon von Weitem ist die ❸ **Stangenpyramide** zu sehen. Mehr als 450 Rundhölzer wurden zu einer Pyramide verleimt, die eine Grundfläche von 18 mal 24 Metern einnimmt. Die kleinsten Stangen sind etwa 65 Zentimeter lang, während die Größten sechs Meter messen. Das Kunstobjekt dient als attraktiver Aussichtspunkt, von dem man weit über Frankfurt blicken kann.

Zur Burg Nach der Besichtigung der Stangenpyramide verläuft die Strecke über den Winkelsmühlenweiher direkt zurück zur Ⓔ **Burg Hayn**. Die Burg war einst der Wohnsitz der Herren von Hagen-Münzenberg. Neben dem Palas ist der Bergfried noch erhalten. Eine wahre Schönheit ist die Gartenanlage der Burg. Alte Bäume, gepflegte Rasenflächen und Kräuterbeete können hier bewundert werden. Außerdem wachsen in dem Garten mehr als 160 alte und neue Rosensorten, die durch ihre Farbenpracht verzaubern. Nähere Informationen zur Geschichte der Burg erhalten Interessierte im Dreieich-Museum, das sich in der Burg befindet. Auf dem Dach des Museums gibt es Bienenstöcke, die vom hiesigen Bienenstockverein versorgt werden. Ihr Honig wird im Museum verkauft. Die Einnahmen aus dem Honigverkauf werden für den Erhalt der Burganlage verwendet.

Wildbann Dreieich

Der Wildbann Dreieich stammt aus dem Mittelalter. Um 950 wurde hier ein königlicher Jagdhof errichtet, die spätere Burg Hayn in der Dreyeich, die unter der Verwaltug eines Reichsvogts stand. Der erste Vogt der Dreieich war Eberhard von Hagen. Mit »Wildgeld« konnte bis 1832 das Recht zur Jagd im Wildbann erworben werden.

In Dreieichenhain finden alljährlich das Hayner Burgfest und die Burgfestspiele statt; das Hayner Burgfest schon seit rund 80 Jahren. Es gehört zu den wenigen innerstädtischen Mittelalterfesten und steht unter wechselnden Themen. Neben mehreren Bühnen und Marktständen sind Spielleute, Gaukler und Jongleure vor Ort, um die Besucher zu unterhalten. Handwerker stellen ihre Produkte aus und die Schankwirte sorgen für Speis und Trank.

Das Untertor in der Altstadt

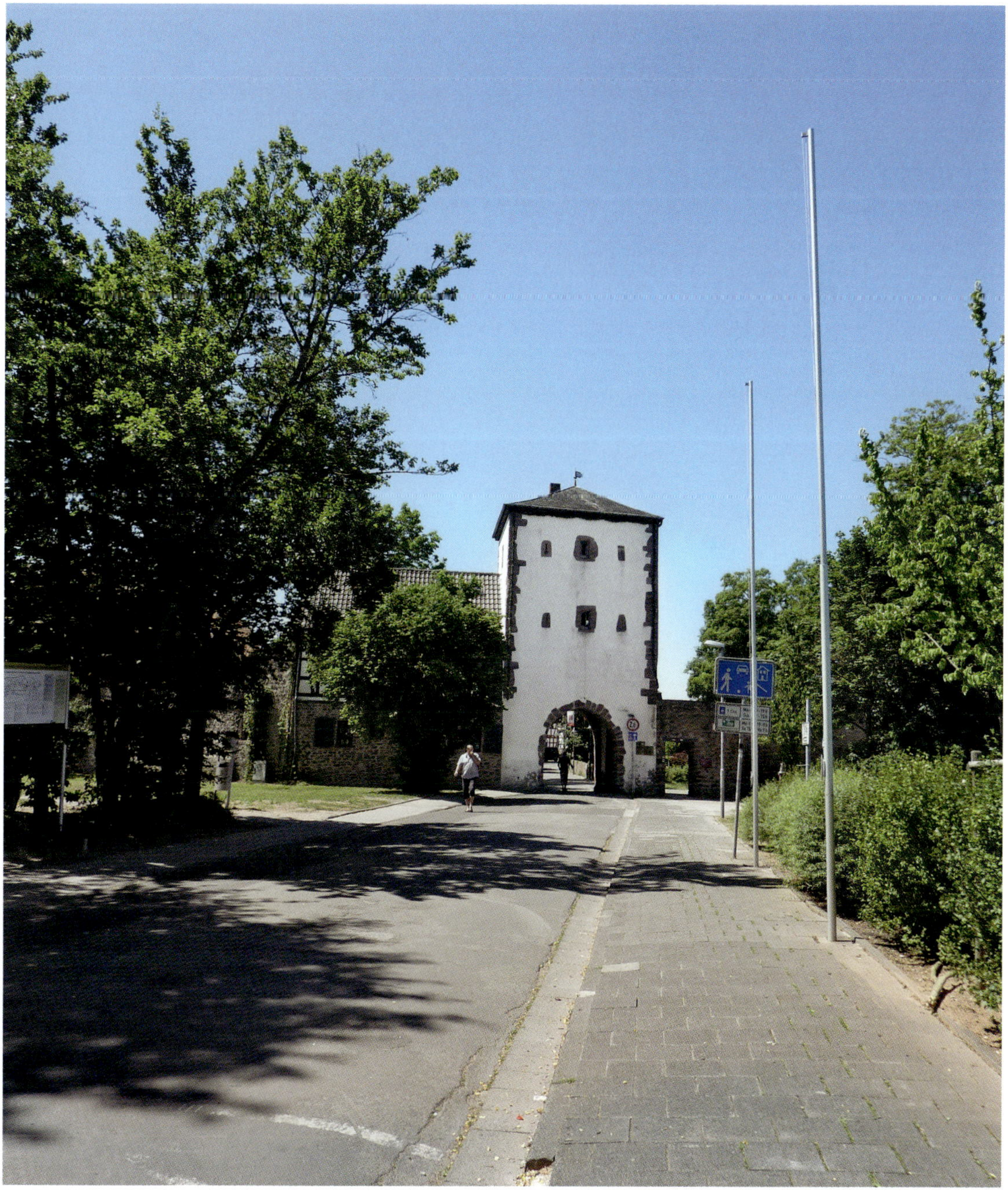

Für jeden Tag die richtige Tour

1	●	Im Stadtwald Karben	3.5 Std.	181 Hm	16 km	●	●	●	●		●	●
2	●	Entlang der Niddaaue	1.5 Std.	20 Hm	6,5 km	●	●	●	●		●	●
3	●	Von Bonames nach Höchst	3.5 Std.	85 Hm	15 km	●	●	●	●		●	●
4	●	Kurpark und Stadtwald Bad Vilbel	2 Std.	105 Hm	6,8 km	●	●	●	●	●	●	●
5	●	Kleine Waldrunde in Bad Vilbel	2 Std.	180 Hm	6 km	●	●	●	●	●	●	●
6	●	Rund um Bergen-Enkheim	3.5 Std.	163 Hm	11 km	●	●	●	●	●	●	●
7	●	Lohrberg und Heiligenstock	4.5 Std.	108 Hm	16,5 km	●	●	●	●		●	●
8	●	Berger Bischofsheimer Hang	4 Std.	190 Hm	16 km	●	●	●	●		●	●
9	●	Fechenheimer Waldsee	1 Std.	15 Hm	2,6 km	●		●	●	●	●	●
10	●	Naturschutzgebiet Berger Hang	2.5 Std.	151 Hm	11 km	●	●	●	●	●	●	●
11	●	Maintaler Hühnerbergrunde	3 Std.	92 Hm	10,5 km	●	●	●	●		●	●
12	●	Mainuferweg Mühlheim	5.5 Std.	190 Hm	22 km	●	●	●	●		●	●
13	●	Dietesheimer Steinbrüche	1.5 Std.	60 Hm	4,9 km	●	●	●	●	●	●	●
14	●	Steinheimer Grenzwanderung	4 Std.	72 Hm	13 km	●	●	●	●		●	●
15	●	Lämmerspieler Rundweg	2 Std.	15 Hm	7,5 km	●	●	●	●		●	●
16	●	Auf Goethes Spuren	3.5 Std.	170 Hm	11 km	●	●	●	●	●	●	●
17	●	Naturpfad Weilruh	1.5 Std.	50 Hm	6,5 km	●	●	●	●	●	●	●
18	●	Zum Goetheturm	1.5 Std.	60 Hm	5,5 km	●	●	●	●	●	●	●

Nr.		Tour	Gehzeit	Höhenunterschied	Länge	Einkehr	kindergeeignet	Sehenswürdigkeit	wintergeeignet	viel Sonne	schattiger Weg	ÖPNV
19	●	Schäfersteinpfad	3 Std.	100 Hm	12,6 km	●	●	●	●	●	●	●
20	●	Zum StadtWaldHaus	2 Std.	121 Hm	9 km	●	●	●	●	●	●	●
21	●	Zum Pinkelbaum	1 Std.	55 Hm	4,2 km	●	●	●	●	●	●	●
22	●	Sossenheimer Obstpfad	1.5 Std.	14 Hm	4,8 km	●	●	●	●	●	●	●
23	●	Stromschnellen Nied	2 Std.	70 Hm	7,5 km	●	●	●	●		●	●
24	●	Schwanheimer Düne	2 Std.	103 Hm	10 km	●	●	●	●		●	●
25	●	Von Niederrad in die Altstadt	1.5 Std.	72 Hm	6,2 km	●	●	●	●		●	●
26	●	Golfrundweg	1.25 Std.	34 Hm	4,9 km	●	●	●	●	●	●	●
27	●	Agendawald	2 Std.	60 Hm	6,8 km	●	●	●	●	●	●	●
28	●	Entdeckungen in der Rosenstadt	1 Std.	30 Hm	4 km	●	●		●		●	●
29	●	Weilbacher Kiesgruben	5.5 Std.	170 Hm	21 km	●	●	●	●		●	●
30	●	Von Heusenstamm nach Langen	5 Std.	205 Hm	22 km	●	●	●	●	●	●	●
31	●	Gehspitzweiher und Langener Waldsee	3.5 Std.	200 Hm	15 km	●	●	●		●	●	●
32	●	Jagdschloss Mönchbruch	2 Std.	30 Hm	8 km	●	●	●	●	●	●	●
33	●	Wildschützer Steinbruch	1.5 Std.	60 Hm	5,8 km	●	●	●	●	●	●	●
34	●	Zur Reiterruhe	2.5 Std.	90 Hm	11 km	●	●	●	●	●	●	●
35	●	Zur Stangenpyramide	3 Std.	200 Hm	13 km	●	●	●	●	●	●	●

Piktogramme erleichtern den Überblick

Gehzeit

Höhenunterschied hinauf/hinab

Länge

Einkehr

kindergeeignet

Sehenswürdigkeit

wintergeeignet

viel Sonne

schattiger Weg

ÖPNV

PS:

Entspannung, Ruhe und einfach mal ein paar Schritte gehen kann so motivierend für den Alltag sein. Für mich ist der Spaziergang im Wald ein pures Lebenselixier. Die Stille im Wald wirkt wie eine frische Brise für meine Ohren. Meine Sinne nehmen jeden Windhauch und jede Bewegung wahr und lassen mich konzentrierter werden. Selbst das Atmen fällt leichter und wird gleichmäßiger. Als Städter ist es manchmal nicht so einfach, dem Trubel in den Straßen zu entfliehen. Umso spannender war es bei der Recherche dieses Buches herauszufinden, dass es schon in nächster Nähe waldige Oasen in und bei Frankfurt gibt.

Auf gemütlichen Pfaden ...

Manche Waldwege in der Metropole sind gerade am Wochenende stark frequentiert. Aber auch abseits der beliebten Routen lassen sich viele Strecken entdecken. Kein Wanderer kam mir bei den Touren 27 und 34 entgegen. Bei der Tour 21 habe ich mich köstlich am »Pinkelbaum« amüsiert und die Einkehrmöglichkeit sehr genossen. Die Tour 24 war für mich wegen der Vegetation besonders interessant.

Spannende Gegensätze ...

Waldgebiete inmitten von Verkehrsadern, dazu Brunnen mit Geschichte, märchenhafte Kunstobjekte, verträumte kleine Weiher unter den Einflugschneisen des Flughafens – die vielen Gegensätze sind faszinierend. Romantische Brücken und historische Plätze begegneten mir bei der Tour 16. Die Tour 20 enthält viel Wissenswertes über die Tier- und Pflanzenwelt des Stadtwalds. Hier begegnete ich auch dem einen oder anderen Hasen. Auf historische und moderne Architektur traf ich dagegen bei der Tour 35.

Ich wünsche Ihnen ebenfalls gute Erholung auf den Waldpfaden und eine wohltuende Wanderzeit.

Ihre

Antje Bayer

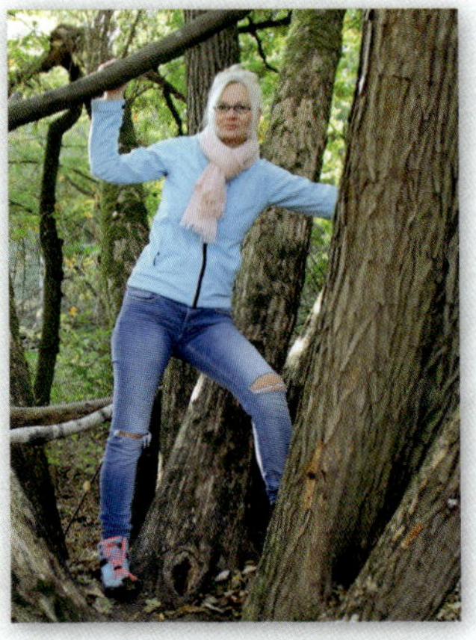

Antje Bayer

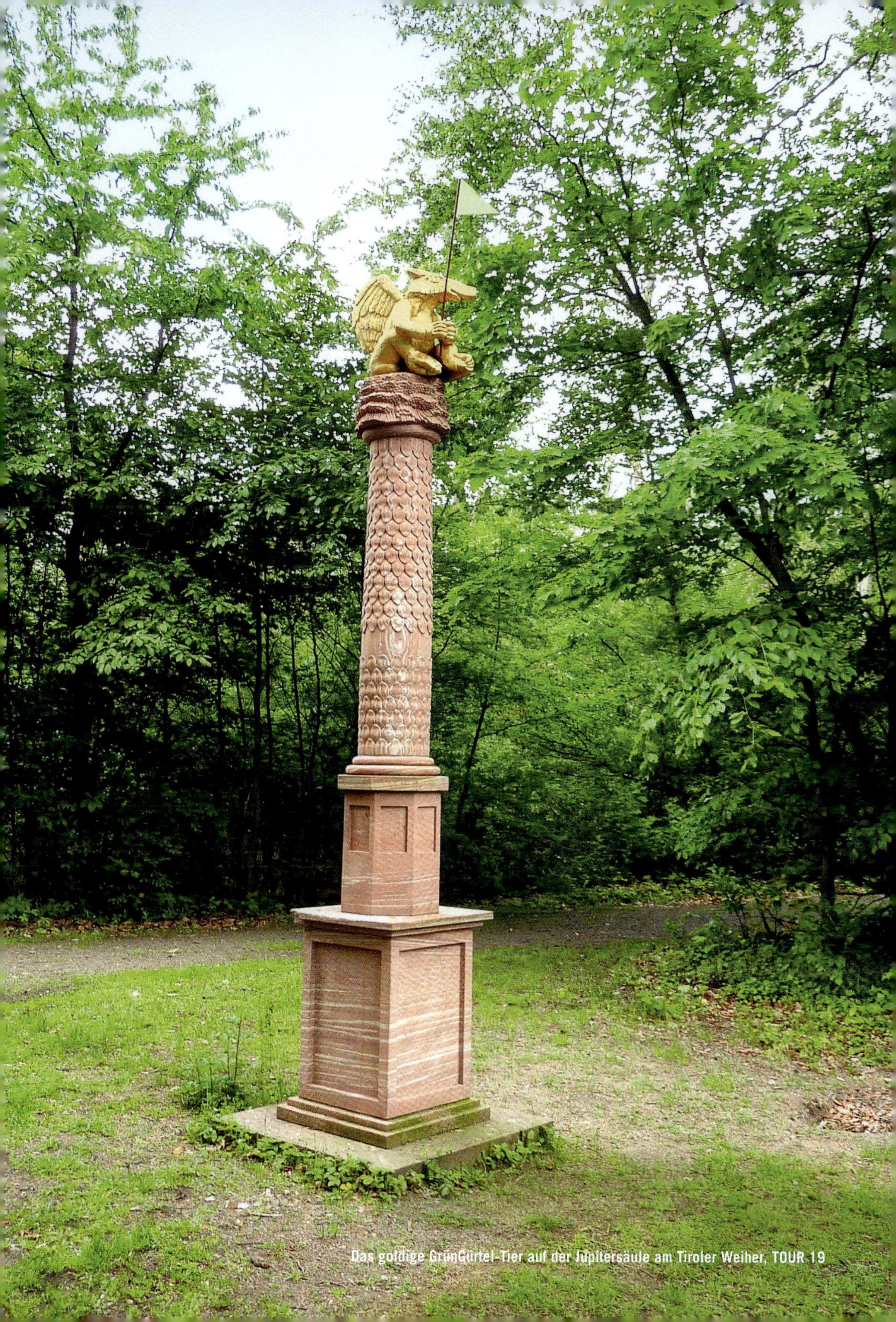

Das goldige GrünGürtel-Tier auf der Jupitersäule am Tiroler Weiher, TOUR 19

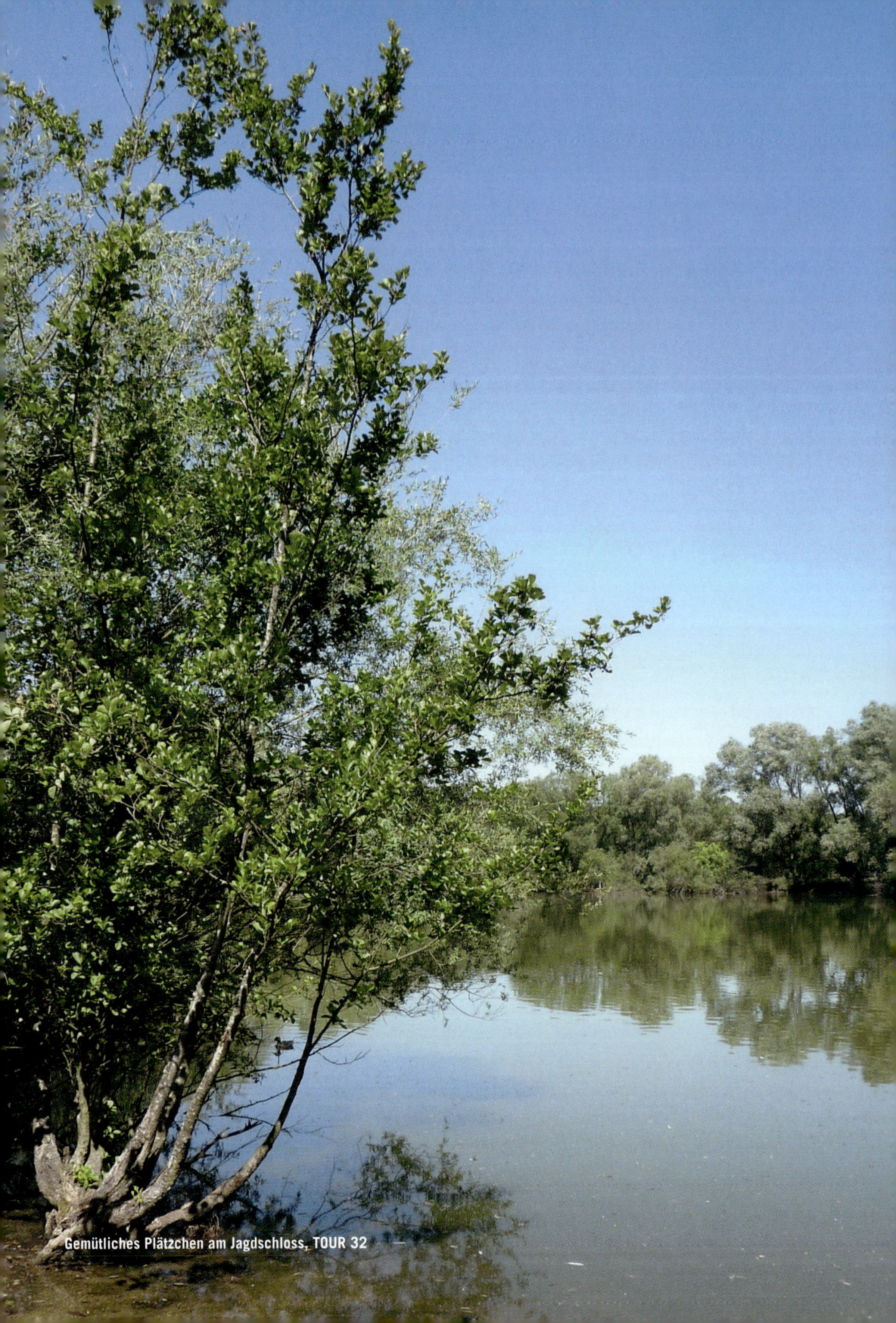

Gemütliches Plätzchen am Jagdschloss, TOUR 32

Register

Impressum

Verantwortlich: Stefanie Krüger
Redaktion: Birgit Günther
Layout: BUCHFLINK Rüdiger Wagner, Nördlingen
Korrektorat: Simona Fois
Umschlaggestaltung: Ralph Hellberg
Repro: Cromika, Verona
Kartografie: Bruckmann Verlag GmbH, Heidi Schmalfuß
Herstellung: Stephanie Schlemmer
Printed in Slovenia by Flojancic

★★★★★

Sind Sie mit diesem Titel zufrieden? Dann würden wir uns über Ihre Weiterempfehlung freuen.
Erzählen Sie es im Freundeskreis, berichten Sie Ihrem Buchhändler, oder bewerten Sie bei Onlinekauf. Und wenn Sie Kritik, Korrekturen, Aktualisierungen haben, freuen wir uns über Ihre Nachricht an Bruckmann Verlag, Postfach 40 02 09, D-80702 München oder per E-Mail an lektorat@verlagshaus.de.

Unser komplettes Programm finden Sie unter www.bruckmann.de

Empfehlung der Redaktion: Sie sind auf der Suche nach weiterführender Literatur? Dann empfehlen wir den Titel *Vergessene Pfade Taunus*. Oder Sie werfen einen Blick in die Zeitschrift *BERGSTEIGER*. Hier werden Sie bestimmt fündig.

Bildnachweis: Alle Bilder im Innenteil stammen von der Autorin.
Umschlagvorderseite: Wald bei Frankfurt im Spätsommer (Mares Lucian/shutterstock.com)
Umschlagrückseite: Morgennebel an der Nidda (Frank Wagner/shutterstock.com)

Die Deutsche Nationalbibliothek verzeichnet diese Publikation in der Deutschen Nationalbibliografie; detaillierte bibliografische Daten sind im Internet über http://dnb.d-nb.de abrufbar.

ISBN 978-3-7343-1363-9